»Bevor die Rolle der Frau mit ihrem ›Wesen‹, ihrer ›Natur‹ begründet werden sollte, tauchte eine andere Argumentation auf: die Ökonomie. Hausmutter sein ist ein Beruf, ohne sie läuft der Laden nicht. Der Begriff der Hausmutter wird heutzutage nur noch abwertend verwendet, als ›Hausmütterchen‹, doch früher stand er für etwas anderes, er war ein Herrschaftsbegriff.«

Die Autorin

Evke Rulffes, geboren 1975 in Ostfriesland, studierte Kulturwissenschaft, Kunstgeschichte und Niederländische Philologie in Berlin und Amsterdam. Ihre Dissertation *Die angewiesene Frau* (2018) beschäftigt sich mit Haushaltsratgebern aus der Spätaufklärung. Sie ist Redaktionsmitglied der Zeitschrift *ilinx – Berliner Beiträge zur Kulturwissenschaft* und macht neben dem Schreiben kulturhistorische Ausstellungen, zurzeit gemeinsam mit Jasmin Mersmann eine Ausstellung zur Rezeptionsgeschichte von gebundenen Füßen (*Binding Bodies*, Hamburg und Berlin 2022/23).
Evke Rulffes lebt und schreibt in Berlin.

EVKE RULFFES

Die Erfindung der Haus-frau

GESCHICHTE
EINER ENTWERTUNG

HarperCollins

2. Auflage 2021
Originalausgabe

Umschlaggestaltung von Lübbeke, Thoben, Naumann, Köln
Umschlagabbildung von Stefanie Naumann
Gesetzt aus der Stempel Garamond
von GGP Media GmbH, Pößneck
Druck und Bindung von CPI books GmbH, Leck
Printed in Germany
ISBN 978-3-7499-0240-8
www.harpercollins.de

Klimaneutral
Druckprodukt
ClimatePartner.com/15109-2009-1001

MIX
Papier
FSC® C083411

Inhalt

Liebe geht durch den Magen

Der phänomenale Sonntagsbraten meiner Großmutter wurde grundsätzlich von Erbsen und Möhren aus der Dose begleitet. Für meine Großmutter war die Konservendose ein Segen. Nach ihrem Tod fanden sich Batterien von großen Weckgläsern mit undefinierbarem Inhalt im Keller, die dort seit den 1960er-Jahren verschmäht worden waren. Bis sie 40 war, hatte sie auf einem ostfriesischen Bauernhof gelebt, auf dem sie hart arbeiten musste – sobald sie den Hof geerbt hatte und verpachten konnte, zog sie mit ihren beiden Kindern aufs Dorf. Kühlschrank, Tiefkühltruhe und Konserven ersparten ihr die Plackerei des Einmachens und wurden gerne und viel genutzt.

Seit einiger Zeit lässt sich in der bürgerlichen Mittelschicht eine entgegengesetzte Tendenz beobachten. Fertiggerichte sind verpönt, Einmachen, Kochen und Backen en vogue. Dinge selbst herzustellen, kann sehr viel Spaß machen, das fertige Produkt erfüllt einen oft mit großer Befriedigung. Wenn es aber zum erwarteten Standard wird, kann das auch zu enormem Druck führen, wie ein Beispiel aus meiner näheren Umgebung zeigt: Im gutsituierten Berliner Stadtteil Prenzlauer Berg ist es üblich, zu Kindergeburtstagen mindestens vier Kuchen zu backen. Einen für morgens, einen für die Kita oder Schule und mindestens zwei für die Party. Auch nur einen davon zu kaufen, kommt einem Tabubruch gleich.

Die selbst gebackenen Kuchen symbolisieren die Liebe für das Kind, in den Augen des sozialen Umfeldes ebenso wie in den Augen der Mutter – in der Regel ist es immer noch die Mutter, die diese Kuchen backt. Im 19. Jahrhundert sollten sich die bürgerlichen Ehefrauen noch die Liebe ihres Mannes erkochen, heute richtet sich diese von der Gesellschaft mit Argusaugen beobachtete und bewertete Liebe auf die Kinder.

Paare, die eine gleichberechtigte Partnerschaft führen wollen, stoßen schnell an ihre Grenzen, wenn Kinder geboren werden. Immer noch übernehmen die Frauen einen Großteil der Care-Arbeit. Das hat vielfältige, teilweise für Deutschland spezifische, historisch gewachsene Gründe. Im Hinblick auf die Kinderbetreuung scheint mir aber ein Punkt zentral zu sein: Ein tiefsitzendes schlechtes Gewissen beschleicht viele Mütter, wenn sie sich nicht ›genug‹ um ihre Kinder kümmern. In einer Zeit, in der wir dachten, von gesellschaftlichem Druck so frei wie noch nie zu sein, wachsen die Ansprüche an Mütter enorm (auch an die Väter, aber doch lange nicht so stark). Alle Lebensentwürfe von Frauen werden von Bewertung begleitet – ob sie sich für Kinder und Beruf entscheiden, oder dafür, zu Hause zu bleiben, oder in Teilzeit gehen und damit Altersarmut riskieren, oder sich gegen Kinder entscheiden (und sogar abtreiben) –, nichts scheinen sie richtig machen zu können. Ich will hier nicht in die Falle tappen, ein strukturelles Problem zu einem individuellen zu erklären (mach dich mal locker!), sondern der Frage nachgehen, woher der gesellschaftliche Anspruch an die Perfektion der Mutter kommt und wie er mit dem Modell der Hausfrau zusammenhängt. Die gegenwärtige Situation hat Mareice Kaiser in ihrem Buch *Das Unwohlsein der modernen Mutter* plastisch geschildert, ich kann die Lektüre nur empfehlen. Um sich von diesem Unwohlsein zu befreien, müssten Frauen aufbegehren. Aber hier scheint mir das schlechte Gewissen dazwischenzufunken, das Kinderbetreuung mit Liebe verwechselt. Der Ursprung dieser Verwechslung lässt sich ins 18. Jahrhundert zurückverfolgen.

Außerdem hat mich immer schon die Frage umgetrieben, wie es bloß dazu kommen konnte, dass eine Arbeit (die Haus- und Care-Arbeit) mit einem Geschlecht und dem Familienstand (weiblich und in Partnerschaft / Mutter) verknüpft ist – und diese Arbeit dann auch noch gar nicht als Arbeit angesehen wird, weil sie nicht bezahlt wird. Und wie konnte sich dieses für viele Frauen lange Zeit alternativlose Konzept so völlig selbstverständlich und bis ins 20. Jahrhundert hinein unhinterfragt halten?

Ein Blick in historische Haushaltsratgeber kann zumindest ein bisschen zur Beantwortung dieser Fragen beitragen, denn die Ratgeber sind immer wieder von Hinweisen auf die Verteilung von Geschlechterrollen durchzogen, egal, ob sie explizit patriarchale Strukturen befürworten oder diese in subtiler Weise und wie nebenbei propagieren. Dabei muss allerdings beachtet werden, dass diese Literatur nie die historische ›Wahrheit‹ wiedergibt, sie spiegelt vielmehr die Idealvorstellungen der Autor*innen und die jeweiligen gesellschaftlichen Normen, an deren Durchsetzung gearbeitet werden soll. An Kleinigkeiten wie Hygiene- und Erziehungstipps oder Rezepten lässt sich jedoch immer wieder auf das Alltagsleben der Zeit schließen, denn darum geht es ja in diesen Büchern.

Mein Professor Thomas Macho machte mich auf die Hausväterliteratur aufmerksam, ein Genre, das im 17. und 18. Jahrhundert enorm populär war, nur die Bibel wurde damals öfter verkauft. Diese Alltagsratgeber waren für große

Landhaushalte geschrieben und boten neben Anleitungen zum Feldbau und Rat bei Tierkrankheiten auch Rezepte für Geheimtinte, oder wie mit diebischem Personal umzugehen ist. Sie richteten sich immer an das haushaltsführende Ehepaar, Hausmutter und Hausvater. Als ich unter den vielen skurrilen Titeln den einzigen sah, der ausschließlich die Hausmutter nannte, wurde ich neugierig: *Die Hausmutter in allen ihren Geschäfften* (1778–1781), verfasst von dem Brandenburger Landgeistlichen Christian Friedrich Germershausen.[1] Es war so erfolgreich, dass sich der Autor in allen folgenden Publikationen nur noch »Verfasser der Hausmutter« nennen ließ. Ich ahnte nicht, dass ich mir ein Werk mit fünf Bänden von je 800 bis 900 Seiten aufhalste (in Fraktur!). Doch das Ganze las sich einfacher, als ich dachte, und war sogar sehr viel lustiger als vermutet. Es war aber vor allem der Tonfall des Autors, der mich überraschte. In Schriften dieser Zeit, in denen es um die Position der Frau geht, wird erstens grundsätzlich über die Frau geschrieben, und zweitens fast immer in moralisierendem Tonfall (oder später idealisierend, aber auch moralisch). Nicht so die *Hausmutter*. Obwohl der Autor Geistlicher ist, spricht er seine Leserin auf Augenhöhe an, als Chefin des Betriebs. Das hat mich zunächst am meisten verblüfft. Erst beim näheren Lesen erschlossen sich auch moralisierende Stellen, die aber mit Humor und subtiler transportiert werden (nicht, dass das besser ist, aber auf jeden Fall ungewöhnlich).

Der Autor publizierte nur wenige Jahre nach der *Hausmutter* einen ebenso langen *Hausvater*, er ist damit der Erste, der die Anleitungsbücher nach Geschlecht trennt. Diese beiden Werke sind nicht nur in Hinsicht auf die geschlechtsspezifische Trennung der Arbeitsbereiche exemplarisch für die gesellschaftlichen Entwicklungen dieser Zeit, sondern auch in

Hinsicht auf die Trennung von Haushalt und Landwirtschaft. Vor allem schrieben sie vor, wer wofür zuständig sein sollte: die Frau für den von nun an als ›privat‹ angesehenen Bereich, der Mann für den ›öffentlichen‹.

Allerdings ist die Frau des Hauses in der *Hausmutter* noch lange nicht mit der Hausfrau des späten 19. Jahrhunderts zu vergleichen, die auch unserem heutigen Verständnis nähersteht. Sie wird in diesem Buch als Betriebsleiterin angesprochen, die den Stand ihres Hauses repräsentiert und meistens über eine je nach Größe des Besitzes mehr oder weniger große Anzahl von Bediensteten verfügt. ›Hausmutter‹ ist zu dieser Zeit noch ein Herrschaftsbegriff. Sie trägt genauso wie ihr Mann zum gemeinsamen Vermögen bei, und das kann nur wachsen, wenn sie als Betriebsleiterin die absolute Kontrolle über Ausgaben, Personal und Arbeitsabläufe ausübt. Sie steht nicht selbst in der Küche, melkt Kühe oder wechselt Windeln, sie muss aber die Kochrezepte und die Wertung der Zutaten kennen, um die Zubereitung standesgemäßer Gerichte anzuordnen; sie sollte wissen, wie sich die Mägde beim Melken überwachen lassen, damit möglichst wenig Haare in die Butter gelangen oder damit nicht heimlich Milch abgezweigt wird; und sie sollte im Falle eines Brandes die Rettungsmaßnahmen für den Hausrat koordinieren können. Außerdem muss sie in der Lage sein, das Gut auch ohne ihren Ehemann zu führen.

Die Einstellung des Autors ändert sich allerdings eklatant im letzten Band, in dem es um Mutterschaft und Kindererziehung geht. Wurde Moral zuvor mithilfe von Humor vermittelt, wechselt jetzt der Tonfall – der Leserin wird ein schlechtes Gewissen eingeredet, wenn sie sich nicht wie eine

›gute Mutter‹ verhält, die Betriebsleitung wird auf einmal zur Nebensache erklärt. Hieran lässt sich die Entstehung des neuen Mutterbildes ablesen, das Ende des 18. Jahrhunderts in Preußen propagiert wurde, ein Mutterbild, welches das Bild von der Frau in der deutschen Gesellschaft stark prägen sollte. Die Verlagerung des gesellschaftlichen Drucks nach innen, der sich in Gestalt des schlechten Gewissens äußert, macht dieses Modell der Mutter bis heute so wirkmächtig.

Im letzten Drittel des 18. Jahrhunderts sollten sich im Zuge der Aufklärung und beschleunigt von der Französischen Revolution die Strukturen der ständischen Gesellschaft nach und nach auflösen und den Weg für das aufstrebende Bürgertum frei machen. Germershausens *Hausmutter* erscheint mitten in einer von Unsicherheit geprägten Zeit, in der sich auch die ökonomische Ordnung stark veränderte, was die Ordnung der Geschlechter ins Wanken brachte. Die ›Kategorie Geschlecht‹ wird in der Folge wichtiger als die des Standes. Genau auf dieser Schwelle zur bürgerlichen, standesübergreifenden Trennung von eher männlichen und eher weiblichen Sphären ist die *Hausmutter* zu situieren, wenn sie diese Trennung nicht sogar befördert hat.

Das Konzept der bürgerlichen Hausfrau entwickelte sich im Laufe des 19. Jahrhunderts. Bürgerliche Ehefrauen übernahmen immer mehr der Dienstleistungen, die vorher gegen Bezahlung ausgeführt worden waren (Stillen, Kochen, Kinderversorgung und -erziehung, Kleiderpflege und -herstellung, Einkaufen, Putzen etc.). Es galt als Zeichen von bürgerlichem Wohlstand, dass die Ehefrau nicht ›arbeiten‹ musste, was bedeutete, dass sie kein Geld verdienen durfte, weil es dem Ansehen ihres Mannes geschadet hätte. Die Übernahme der häuslichen Arbeit wurde zunehmend mit der Liebe zu Ehemann und Kindern begründet und eingefordert. Dazu trug auch das bürgerliche Ideal der Liebesheirat bei, das mit der Aufklärung und Romantik populär wurde: Da vordergründig nicht mehr aus rein ökonomischen Gründen geheiratet wurde, war die Ehefrau dazu verpflichtet, die häusliche Arbeit ohne Erwartung einer Gegenleistung als ›Liebesdienst‹ zu versehen. Während sich die männlichen Berufe in dieser Zeit professionalisierten, setzte bei den häuslichen Tätigkeiten eine Deprofessionalisierung ein – die Hausfrau und Mutter sollte letztendlich als Amateurin alleine alle Aufgaben übernehmen, die früher in einem stark arbeitsteiligen Haushalt verschiedenen Expert*innen überlassen gewesen waren.

Die Veränderung, die das Frauen- und Mutterbild Ende des 18. Jahrhunderts erfuhr, bildete die Voraussetzung für die Entstehung der Hausfrau. Der Blick auf diese Zeit bietet uns eine historische Perspektive auf unverändert aktuelle Themen wie der Verteilung von Erziehungs- und Care-Arbeit, ungleicher Bezahlung oder der Vereinbarkeit von Familie und Beruf. Und er zeigt vor allem eines: Es war nicht immer so, und es muss auch nicht so bleiben.

1.
Vom Beruf zur Bestimmung

MEISTERINNEN, EXPERTEN- UND ARBEITSPAARE

Die Hausfrau ist eine Entwicklung des 19. Jahrhunderts, die Hausmutter war sozusagen ihre Vorgängerin; doch auch die Hausmutter war nur ein Rollenmodell neben vielen anderen für Frauen vor der Zeit um 1800. Neben der Tatsache, dass zu vielen Zeiten nur ein Teil der Bevölkerung überhaupt verheiratet war, arbeiteten auch Ehefrauen in allen möglichen Berufen. Gegen Ende des 18. Jahrhunderts wurde das Bild der ländlichen Hausmutter mit der bürgerlichen Ehefrau verknüpft und als Rollenmodell für alle Frauen propagiert, indem es zur ›natürlichen Bestimmung der Frau‹ deklariert wurde.

Das Konzept der bürgerlichen Hausfrau hat sich uns so nachhaltig eingeprägt, dass wir immer noch der Vorstellung anhängen, Frauen seien seit Urzeiten für den Haushalt (also für das Sammeln und nicht das Jagen) zuständig, während die Männer durch eine körperlich oder intellektuell stärker fordernde ›richtige‹ Arbeit für den Unterhalt der Familie sorgen (für Geld oder kalorienhaltiges Fleisch). Auch wenn diese Vorstellung heute an Bedeutung verloren zu haben scheint, greift sie doch nach wie vor oft massiv in unsere Lebensrealitäten und -entwürfe ein. Tatsächlich mussten Frauen immer schon mehr Tätigkeiten im Haushalt übernehmen als Männer, anders gesagt: Männer haben diese oft verweigert. Doch bis weit ins 19. Jahrhundert hinein gab es nur wenige Menschen, die es sich leisten konnten, nicht zum gemeinsamen Haushaltseinkommen beizutragen, ob Frauen, Männer oder Kinder. Viele Betriebe waren Familienbetriebe und auf die unentgeltliche Mitarbeit aller Familienmitglieder angewiesen. Aber auch jedes zusätzliche, außerhalb des familiären Zusammenhangs erwirtschaftete Einkommen war nicht nur willkommen, sondern lebensnotwendig.

Die im frühen Mittelalter entstehenden Städte, die über eigene Stadtrechte verfügten, waren die ersten, die Frauen ein vom Vater oder Ehemann unabhängiges Bürgerrecht zusprachen. Das geschah vor allem auf Drängen der Kaufleute, die den Reichtum dieser Städte begründeten. Denn die Händler waren die meiste Zeit auf Reisen, unterdessen mussten ihre Ehefrauen die Geschäfte vor Ort weiterführen. So benötigten sie die Bürgerrechte etwa, um säumige Schuldner*innen vor Gericht verklagen zu können. Darüber hinaus mussten die Ehefrauen lesen und schreiben können – auch auf Latein, der damals internationalen Sprache –, und vor allem das Rechnen beherrschen. Die Kaufleute gründeten deshalb eigene Schulen, die auch ihren Töchtern offenstanden. Immerhin ließ jeder der deutschen Kleinstaaten seine eigene Währung prägen, sodass die Kaufleute nicht nur mit unterschiedlichen Preisen, sondern auch mit unterschiedlichen Zahlungsmitteln zu jonglieren hatten. Außerdem gab es unzählige verschiedene Maße und Gewichte, die im überregionalen und internationalen Handel ständig umgerechnet werden mussten. Frauen waren aktiv an diesen Geschäften beteiligt oder führten sie unabhängig von ihrem Ehemann.[2]

Aber ohnehin waren selbstständige Handwerkerinnen, Händlerinnen, Ärztinnen oder Wirtinnen in den Städten des Mittelalters keine Seltenheit – mit oder ohne Ehemann. Nur etwa die Hälfte der Bevölkerung war überhaupt verheiratet, und aus städtischen Registern der Bewohner*innen geht hervor, dass es viele uneheliche Kinder gab. Als die mittelalterlichen Städte und Gemeinden immer größer wurden, musste die Bevölkerung effizienter organisiert werden. Der Haushalt als kleinste Einheit sollte die Verwaltung erleichtern. Der Haushaltsvorstand, bestehend aus Hausmutter und Hausvater, sollte das Sagen über die Haushaltsmitglieder haben – Kinder, unverheiratete Verwandte, Gesinde und die oft wechselnden Untermieter*innen. So verwandelte sich die Ehe im späten Mittelalter zunehmend in eine verbindliche Form der Beziehung von Frauen und Männern und gewann allgemeine gesellschaftliche Bedeutung. Allerdings existiert die statische Kernfamilie, wie wir sie kennen, eigentlich erst ab dem 20. Jahrhundert. In der Frühen Neuzeit waren Familienstrukturen immer dynamisch und nie statisch. Das ist schon angesichts der höheren Sterblichkeitsrate von Frauen, die nicht selten im Kindbett starben, keine überraschende Erkenntnis. Halb- oder Stiefgeschwister, Stiefmutter oder Stiefvater zu haben war die Regel, nicht die Ausnahme; Patchworkfamilien sind keine Erfindung moderner Gesellschaften. Es kam auch vor, dass ein Familienmitglied mit keiner oder keinem anderen Angehörigen der Familie blutsverwandt war.[3]

In den wachsenden Städten schlossen sich die Handwerker*innen in Zünften zusammen, um ihre gemeinsamen Interessen im Machtgefüge der Stadt durchzusetzen. Die Zünfte regulierten unter anderem den Arbeitsmarkt und die Preise – heute würde man dazu Kartellabsprachen sagen – mit dem Ziel, den einzelnen Betrieben ein ausreichendes Einkommen zu sichern. Ausbildung und Prüfungen sollten die Qualität der handwerklichen Leistungen garantieren, zudem zahlten alle in eine gemeinsame Kasse ein, um Mitgliedern und deren Familien in der Not helfen zu können. Wer kein Zunftmitglied war, durfte den entsprechenden Beruf in einer Stadt nur mit der Sondergenehmigung des Stadtrates ausüben. Die Anzahl der Meister und Meisterinnen und damit der erlaubten Betriebe war begrenzt, um die Konkurrenz gering zu halten. Und als Konkurrenz wurden zunehmend auch die weiblichen Zunftmitglieder betrachtet.

DIE VERDRÄNGUNG DER FRAUEN AUS DEN ZÜNFTEN

In Köln zum Beispiel waren die Zünfte der Garnmacherinnen, Seidenweberinnen und Goldspinnerinnen ausschließlich weiblich besetzt. Für Frankfurt am Main sind für die Zeit von 1300 bis 1500 Durchschnittszahlen überliefert, die über das Geschlechterverhältnis innerhalb verschiedener Berufe Auskunft geben: 65 Berufe waren reine Frauensache (dazu zählte z. B. das Bierbrauen), bei 17 Berufen waren Frauen in der Mehrzahl, bei 38 war das Verhältnis von Frauen und Männern ausgeglichen, und 81 Berufe wurden von Männern dominiert.[4] Töchter aus dem Bürgertum erlernten einen Beruf, um als Witwe ihren Lebensunterhalt sichern zu können; nach der Heirat arbeiteten sie entweder im Geschäft ihres Mannes mit oder übten den erlernten Beruf unabhängig aus, manchmal stieg auch der Ehemann in ihr Geschäft mit ein. Das erlernte Wissen wurde zur Aussteuer gerechnet und konnte die Höhe der Mitgift verringern. Dienstmägde erhöhten folglich ihre Heiratschancen, indem sie eine informelle Ausbildung im Haus ihrer Herrschaft erhielten.

Mit dem Wachstum städtischer Gesellschaften im 15. Jahrhundert drängten immer mehr Gesellen auf den Arbeitsmarkt, was den Konkurrenzdruck noch verstärkte. Infolgedessen wurden die Frauen nach und nach aus vielen Zünften verdrängt. Denn so stark die Position der Handwerkerinnern in den Zünften auch gewesen sein mag, gleichberechtigt waren Frauen in der patriarchalen Gesellschaft nicht. Zunächst wurde ihnen in vielen Zünften die Mitgliedschaft verweigert, einzig Witwen blieb die Möglichkeit, alleine eine Werkstatt zu führen. Dann wurde die Dauer begrenzt, für die eine Witwe den Betrieb nach dem Tod ihres Mannes weiterbetreiben durfte – war dieser Zeitraum überschritten, musste sie sich mit einem Gesellen oder Meister aus der Zunft neu verheiraten, um ihre Tätigkeit fortsetzen zu können. Als Nächstes wurde Dienstmägden und schließlich auch den Meistertöchtern die Mitarbeit in der Produktion verboten, so wurden die Meister gezwungen, mehr männliche Lehrlinge einzustellen.[5]

Die Regularien griffen stark in das ein, was man heute ›Privatleben‹ nennt: Viele Zünfte verboten den Gesellen, zu heiraten, was diese sich ohnehin nicht hätten leisten können. Da die Meisterstellen in einer Stadt begrenzt waren, um die Konkurrenz niedrig zu halten, stellte die Ehe mit einer Witwe oder Meistertochter, also das Einheiraten in eine schon existierende Werkstatt, für die Gesellen manchmal die einzige Möglichkeit dar, Meister zu werden. Auch hier konnten die Ausbildung und die Zunftrechte die Aussteuer einer Frau erhöhen. Die Meister andererseits mussten den Zunftordnungen zufolge verheiratet sein, weil die Ehe einen stabileren Lebenswandel versprach, aber auch, weil ein Geschäft allein nicht zu führen war. In den verschiedenen Zunftordnungen wurden unehelich geborene Anwärter nach und nach von einer Mitgliedschaft in der Zunft ausgeschlossen; ein Weber in Frankfurt klagte 1455 gegen seinen Ausschluss aus der Zunft, weil er eine unehelich geborene Frau geheiratet hatte. Er gewann vor Gericht und durfte bleiben, seine Frau aber durfte an den Zunftfeiern nicht teilnehmen.[6]

Die Verdrängung der Frauen aus den Zünften geschieht nicht so gradlinig, wie es hier erscheint, sondern über mehrere Jahrhunderte hinweg und je nach Stadt und Zunft in sehr unterschiedlichem Tempo. Die Hälfte der Bevölkerung in den Städten lebt von der Hand in den Mund, 50 bis 80 Prozent des Einkommens muss für Nahrung ausgegeben werden, Rücklagen oder Vorräte anzulegen ist nicht möglich. In ökonomisch schwierigen Zeiten wie dem Dreißigjährigen Krieg von 1618 bis 1648 mit seinen Verwüstungen, den Verheerungen durch Pestepidemien oder Missernten während der Kleinen Eiszeit 1570 bis 1700 versuchen die Wohlhabenden ihre Privilegien zu schützen. Damals wie heute gilt: Wenn es um Verteilungskämpfe geht, ob nun um Arbeitsstellen oder die Höhe des Lohns, ziehen Frauen sehr oft den Kürzeren. An den zentralen gesellschaftlichen Positionen sitzen zu dieser Zeit schließlich ausnahmslos ältere, wohlhabende Männer mit viel Einfluss, alle anderen sind von der Politik ausgeschlossen. Und noch eines zeigt sich schon hier: Einfluss nehmen lässt sich am besten in der Gruppe, gut vernetzt. Ob die Seilschaften nun Stadtrat, Zunft, Karnevalsverein, Lion's Club oder Unternehmensvorstand heißen, die Strukturen, zu denen Frauen der Zugang verwehrt oder erschwert wird, haben eine lange Tradition, heute bilden sie das, was wir die gläserne Decke nennen. Ausnahmen von Frauen, die in ihrem Beruf erfolgreich waren, gab es auch nach dem 16. Jahrhundert immer wieder – diese waren aber oft abhängig von einem wohlhabenden und wohlwollenden familiären Netzwerk.

Eine weitere Tendenz prägte die Verdrängung von Frauen aus den Zünften des Spätmittelalters, die sich bis in die Gegenwart fortsetzt: die Dequalifizierung. In dem Moment, in dem ein Beruf sich professionalisiert und als lukrativ erweist, wird er für Frauen eingeschränkt. Illustrieren lässt sich das an der Erfindung des Strumpfstrickrahmens. Solange das Strumpfstricken eine ›freie Kunst‹ war und nicht viel einbrachte, durften Frauen es ohne Reglementierung ausüben. Zur neu gegründeten Zunft bekamen sie aber keinen Zugang. Wenn sie als Witwen das Gewerbe weiter ausübten, durften sie nur ohne Rahmen stricken, daran auch nicht ausgebildet werden und nicht auf dem Markt, sondern nur aus ihrem Haus heraus verkaufen; und selbst dieses Privileg durften sie nicht an ihre Töchter weitergeben.[7] Aber auch bei Berufen, die traditionell Frauen zugeschrieben wurden, übernahmen die Männer in dem Moment, in dem diese Tätigkeiten mit einer Machtstellung verknüpft waren, so arbeiteten in Herrschaftsbetrieben vor allem Köche und nur wenige Köchinnen. Frauen (vor allem Müttern) blieb und bleibt bis heute das Alltagskochen vorbehalten, und bis heute gibt es nur wenige

Sterneköchinnen. Umgekehrt übernahmen Frauen Berufe, die an Prestige verloren. So wurde zum Beispiel der Sekretär von der Sekretärin abgelöst, als um 1900 die Schreibmaschine in die Kontore und Büros Einzug hielt.[8]

Es wurde Frauen also zusehends schwer gemacht, in ihrem Beruf ohne Ehemann erfolgreich zu sein, und auch als Ehefrauen, die zum Familieneinkommen beitragen mussten, sahen sie sich immer mehr in Zuarbeiterpositionen mit geringen Einkommensmöglichkeiten verdrängt. Sie stellten Textilien in Heimarbeit her, arbeiteten in den entstehenden Manufakturen oder als Tagelöhnerin, wenn sie nicht als Ehefrau gemeinsam mit ihrem Mann einem Betrieb vorstanden.

DER ORGANIST IST EINE FRAU – SPRACHE UND GESCHICHTSSCHREIBUNG

Dass die Ehefrau als Teil des Arbeitspaares selbst in dieser Führungsposition in unserem kulturellen Gedächtnis nicht präsent ist, liegt nicht zuletzt an der Sprache: Dieses Expertenehepaar verbarg sich hinter der männlichen Berufsbezeichnung, wie auf den Illustrationen von Jost Amman zu sehen ist. In dessen »Ständebuch« aus dem Jahr 1568 zeigt der Holzschnitt »Der Schellenmacher« ein Ehepaar, und als »Der Organist« ist eine Organistin zu sehen. Die im Deutschen übliche Bezeichnung macht noch heute einen Unterschied; wenn von ›Ärzten‹ oder ›Juristen‹ die Rede ist, tauchen vor dem inneren Auge ausschließlich Männer auf. Das war in der DDR anders, dort war es aber im Gegensatz zur BRD auch völlig normal, dass Frauen Ärzte oder Baggerfahrer waren und sich auch als solche bezeichneten. Grundsätzlich ist die deutsche Sprache eine patriarchalische Sprache, in der die Allgemeinbezeichnung die männliche Form ist, das sogenannte generische Maskulinum, in dem Frauen sich mitgemeint fühlen sollen, es aber genau genommen nicht sind. In der Entwicklung von Kreolsprachen, bei denen zwei Sprachen aufeinandertreffen und sich zu einer entwickeln, gibt es am Anfang meistens eine Bezeichnung für beide Geschlechter. Wenn sich die Sprache etabliert, wird die zuvor neutrale Bezeichnung in patriarchalischen Gesellschaften nun für Männer und beide Geschlechter genutzt, für Frauen gibt es eine abgewandelte Bezeichnung. Der Mann hat das Anrecht auf die Allgemeinbezeichnung, die Frau wird als Abweichung von der Norm gesehen und mit einer eigenen Endung bedacht.[9] Die Entscheidung mancher Nachrichtensprecher*innen, die weibliche Form mitzubenutzen, ob ausgesprochen oder mit kurzer Pause vor dem »-innen«, macht einen riesigen Unterschied im öffentlichen Bewusstsein. Eine geschlechtergerechte Sprache verändert unsere Sicht auf die Welt, sie macht zum Beispiel Mädchen die Möglichkeit bewusst, auch Ingenieurin oder Bundeskanzlerin werden zu können, und bewahrt die historischen Leistungen von Frauen in unserem kulturellen Gedächtnis.

Das Verschwinden der Frauen aus der Geschichte liegt auch darin begründet, dass die universitäre Geschichtsschreibung in ihren Anfängen im 19. Jahrhundert ausschließlich von Männern betrieben wurde. Frauen wurden erst zu Beginn des 20. Jahrhunderts allgemein zu Hochschulausbildung und Lehre zugelassen. So durften Frauen in Preußen seit 1908 studieren und ab 1918 selbst Lehrveranstaltungen abhalten. Lise Meitner, die in Wien Mathematik, Physik und Philosophie

Jost Amman, *Der Schellenmacher*, 1568

Jost Amman, *Der Organist*, 1568

studiert hatte und 1906 dort promovierte, setzte ihre Experimente bei Otto Hahn in Berlin fort, durfte aber während der ersten zwei Jahre das Institut nur über den Hintereingang betreten und hatte keinen Zugang zu den offiziellen Arbeitsräumen. Es dauerte lange, bis sich Professorinnen etablieren konnten, denn in den Berufungsgremien sitzen zunächst nur Männer. Der Einfluss auf Stellenbesetzungen und Publikationsmöglichkeiten unterliegt der *gatekeeper*-Struktur. So fallen in der Geschichtsschreibung Frauenbiografien von in ihrer Zeit bekannten Naturforscherinnen, Künstlerinnen, Erfinderinnen und Schriftstellerinnen unter den Tisch und werden vergessen. Erst im Zuge der Neuen Frauenbewegung der 1970er-Jahre gelangte die Geschichtslosigkeit von Frauen ins Bewusstsein der Gesellschaft, zunächst zumindest ins Bewusstsein der Historikerinnen, die sich um die Sichtbarkeit der vergessenen weiblichen Lebensläufe bemühen, wie zum Beispiel die von Sophie von La Roche, Henriette Herz, Rahel Levin und anderen Intellektuellen um 1800. Die gelehrten Frauen sind in den Salons und in Briefwechseln wichtige Austauschpartnerinnen für prominente Dichter, Philosophen und Naturforscher der Zeit wie Goethe oder die Brüder Humboldt. Sie werden aber in deren veröffentlichten Schriften mit keinem Wort erwähnt und publizieren auch nur selten selbst, und dann oft anonym oder unter männlichem Pseudonym – publizierten sie unter eigenem Namen, hatten sie nur aufgrund ihres Geschlechts mit Gegenwind zu rechnen, der sich in der Ausdrucksweise mit einem heutigen Shitstorm vergleichen lässt. Sichtbarkeit, zeitgenössisch oder im Rückblick, ist nur durch den Zugang zur Öffentlichkeit, zu Publikations- oder Ausstellungsmöglichkeiten und Rezensionen gewährleistet.

Es kommt hinzu, dass Historiker nur das erkennen, was ihr Weltbild zulässt, das zeigten in letzter Zeit besonders deutlich falsch gedeutete Ausgrabungen: Jahrzehntelang wurden mit Waffen begrabene Tote automatisch als Männer kategorisiert, weil die Archäologen es sich nicht anders vorstellen konnten. In den letzten Jahren wird dieses Vorurteil durch Knochenanalyse widerlegt: Auch Frauen wurden mit Waffen und anderen Machtinsignien begraben. Das gilt übrigens auch für die sogenannten Jäger- und Sammler-Gesellschaften. In ihnen beteiligten sich, wie man erst in neuerer Zeit herausgefunden hat, Frauen genauso an der Jagd wie umgekehrt die Männer am Sammeln. Und es ist eine Meldung wert, dass Ötzi Nähzeug dabeihatte, dabei ist es doch eigentlich logisch, dass Seemänner, Soldaten oder Gesellen auf Wanderschaft nähen und kochen können mussten.[10]

HAUSARBEIT IN STADT UND LAND – NEUE VERHÄLTNISSE ZEICHNEN SICH AB

Durch den Dreißigjährigen Krieg und die immer wiederkehrende Pest hatten die vorher so reichen Städte stark gelitten. Ihr Wohlstand hatte sich aus dem Fernhandel gespeist – diese Handelswege waren durch den Krieg gekappt worden und blieben es. So kamen die geschwächten Städte unter die Herrschaft der absolutistischen Fürstentümer, wodurch auch eine von den Zünften unabhängige Wirtschaft entstand: Der Bedarf an Waren für die Repräsentation des Hofes war groß, und so wurden Luxushersteller*innen an den Zünften vorbei zu Hoflieferant*innen oder -handwerker*innen erklärt.

Auch die Ausstattung der stehenden Heere erzeugte eine immense Nachfrage, sodass die Arbeitsverbote der Zünfte umgangen wurden. Nun fertigte die arme Landbevölkerung in Heimarbeit Textilien oder Garn für sogenannte Verleger an, die ihnen die Rohstoffe vorfinanzierten und die Produkte dann vermarkteten. Da die Heimarbeiter*innen nicht zu einer Zunft gehörten, unterstanden sie weder deren Schutz noch waren sie sozial abgesichert, sodass die Verleger ihnen lediglich Hungerlöhne zahlen konnten.

Auf der einen Seite ermöglichte der Absolutismus manchen Frauen, in ihrem Beruf erfolgreich zu sein, ob als Hoflieferantin, Künstlerin, Konditorin oder Handwerkerin, und in der Gunst des Hofes den Zunftzwang zu umgehen. Auf der anderen Seite hatte die neue Ordnung mit ihrem enormen Verwaltungsbedarf die Ausweitung einer Schicht zur Folge, in der Frauen keinen Anteil mehr am Beruf ihres Mannes hatten: der Beamtenschicht. Die absolutistischen Staaten brauchten eine Vielzahl von Beamten für die Organisation des Militärs, des Hofs, für die Grenzsicherung, die Erhebung und Eintreibung von Zöllen und Steuern, ganz abgesehen von Notaren, Stadtschreibern oder Richtern. Diese Art von Arbeit veränderte das Familienleben und die Position der Ehefrau. Der Beamte verließ das Haus, um im Büro oder im Gericht zu arbeiten, und ab einem bestimmten Einkommen gehörte es zu den Aufgaben seiner Ehefrau, den Haushalt repräsentativ zu führen. Dass bei den meisten das Einkommen dafür nicht ausreichte, ändert nichts an dem Umstand, dass ein repräsentatives Haus zu führen zum Ideal wurde, das es anzustreben galt. Auch wenn manche Frauen ihre Männer bei der Amtsführung unterstützten, war es auf keinen Fall vorgesehen, dass sie ihn, wie in anderen Berufen üblich, vertreten konnten.

Der absolutistische Staat hatte eine neue Gesellschaftsschicht geschaffen, deren Beruf Arbeit und Familienleben so stark trennte wie nie zuvor. Die Töchter aus diesen wohlhabenden Beamtenfamilien wurden von Anfang an auf ihre Rolle als Ehefrau und Hausmutter vorbereitet.

Schon im 16. Jahrhundert hatte es als Zeichen von Wohlstand und bürgerlicher Ehrbarkeit gegolten, wenn die Ehefrau nicht zum Einkommen beitragen musste, dies wurde nun auch zu einem Ideal für erfolgreiche Handwerksbetriebe. Gleichzeitig bedeutete dieser Wohlstand einen sprunghaften Anstieg von repräsentativen Pflichten, die nun in den Bereich der Ehefrau fielen, wie das Organisieren von aufwendigen Mahlzeiten oder die Pflege der hochwertigen Einrichtung – der Fußboden aus Holz oder Stein benötigte eine andere Behandlung als ein gestampfter Lehmboden, von Teppichen ganz zu schweigen. Das Gleiche galt für das aus zerbrechlichem und kostbarem Material gefertigte Geschirr oder feine, empfindliche Textilien, deren Instandhaltung anspruchsvoller war, wie Glas, Silber oder Seide. Jeder soziale Aufstieg zieht einen Rattenschwanz an Arbeit und Folgekosten nach sich. Wir kennen das noch heute: das Silberbesteck und die teuren Gläser, die nicht in den Geschirrspüler dürfen, sondern per Hand abgewaschen werden müssen, oder die Bluse, die man nicht waschen kann, sondern nach jedem Tragen in die Reinigung bringen soll. Den Meisterehefrauen und -töchtern blieb bei steigendem Lebensstandard weniger Zeit für die Mitarbeit in der Produktion. Dazu kommt, dass sich der Aufwand der Hausarbeit nach den geltenden Reinlichkeitsvorstellungen bemisst, die sich (bis heute) je nach Zeit und Schicht ändern. Man kann demnach selbst für die oberen Schichten sagen, dass die Frauen nicht weniger gearbeitet haben, ihre Arbeit hat sich nur verlagert, und die Möglichkeit zum Geldverdienen wurde ihnen genommen. Dieser Prozess erfuhr über die Jahrhunderte immer neue Schübe, am stärksten durch die Industrialisierung und das starke Anwachsen der bürgerlichen Schicht im 19. Jahrhundert. Dazu später mehr.

Auf dem Land bietet sich ein anderes Bild: Hier waren Haushalt und Landwirtschaft länger untrennbar miteinander verbunden (auch wenn städtische Haushalte noch im frühen 20. Jahrhundert Tiere hielten und viele einen Gemüsegarten bestellten). Das Wort ›Ökonomie‹ bezeichnete bis ins 19. Jahrhundert hinein die Haus- und Landwirtschaft in Abgrenzung zur ›Technologie‹, die sich auf die Weiterverarbeitung von Bodenschätzen und landwirtschaftlichen Produkten in Manufakturen bezog. Die Wirtschaft stützte sich stark auf die produzierenden Haushalte. Die den Höfen vorstehenden Ehepaare waren die Motoren der Landesökonomie.

Auf dem Land war die Arbeitsteilung nach Geschlecht nicht unüblich, was sich vor allem darin äußerte, dass Knechte sich weigerten, bestimmte Aufgaben zu übernehmen, weil sie Frauenarbeit seien. Wann und wo etwas als Frauenarbeit oder als Männerarbeit gesehen wurde, variiert aber je nach Region, Zeit, Alter der Personen oder Stand und wurde sehr viel flexibler praktiziert als heute angenommen. Je ärmer ein Haushalt, desto mehr wurde angepackt, wo es nötig war; Kinder halfen überall mit, also spannen auch Jungen Garn oder arbeiteten in der Küche. Man könnte auch sagen: Je größer ein Hof, desto spezialisierter wurden die Arbeiten, und hier wurde stärker nach Geschlecht verteilt; in kleinen bis mittelgroßen Höfen konnte man sich das nicht leisten. Auch auf dem Land wurden Arbeitsgebiete, die sich professionalisierten, wie die

Milchwirtschaft oder das Weben, oft von Männern übernommen und als spezialisierte Lohnarbeit besser angesehen. Auch auf dem Land aber galt ein Ehepaar als ›Arbeitspaar‹, dessen Aufgaben zwar unterschiedlich verteilt, jedoch als gleichwertig angesehen wurden, weil sie sich ergänzten. Frauen sorgten beispielsweise durch den Verkauf ihrer Produkte für Bargeld und nahmen infolgedessen eine wichtige Stellung in der familiären Ökonomie ein, oder sie übten als Ehefrau des Vogtes als ›Amtsehepaar‹ politischen Einfluss aus.[11]

MÄNNERBÜNDE: DIE REFORMATION, DER HAUSVATER UND DIE ABWERTUNG DER EHEFRAU

Welche alltäglichen Aufgaben im ländlichen Haushalt zu bewältigen waren, kann man an einer sehr frühen Form der Ratgeberliteratur ablesen, den seit der Antike verbreiteten Ökonomiken und Vorläufern der Hausväterliteratur. Sie wurden durchweg von Männern geschrieben und boten Unterweisungen zum Führen eines Haushaltes. Das konnte alles Mögliche beinhalten: Kochrezepte, Bauernregeln zu Wettervorhersagen, Säe- und Erntezeiten, den Umgang mit Krankheiten von Tieren wie Menschen, Methoden der Konservierung von Nahrungsmitteln und, natürlich, Anleitungen zum Schnapsbrennen und Bierbrauen. In manchen Ökonomiken lässt sich ablesen, welche Rolle die Ehefrau übernehmen sollte – der griechische Philosoph Xenophon aus dem 4. Jahrhundert v. Chr. etwa verwendet in seiner Hauswirtschaftslehre *Oikonomikos* als Vorbildfigur einen 30-jährigen Mann, der seiner 14-jährigen Ehefrau erklärt, welche Aufgaben sie im Haushalt zu übernehmen hat. Wohingegen der römische Agrarschriftsteller Columella 400 Jahre später in seinem Werk über die Landwirtschaft einen Band an die Verwalterin mit der Bemerkung richtet, dass die Ehefrauen lieber in der Stadt blieben, als sich um das Landgut zu kümmern (was er aber auch nicht zu erwarten scheint). Die Ökonomiken des Mittelalters sind vielfach pragmatisch geschrieben und richteten sich an den Hausvorstand, eine Rollenverteilung der Geschlechter findet sich in dieser Zeit eher in Ehelehren. Viele Autoren schrieben von ihren Vorläufern ab und kolportierten vor allem veraltetes Wissen. Die antiken Anleitungen, die in Europa verloren gegangen waren, fanden über den Umweg arabischer, persischer und hebräischer Übersetzungen wieder ins Lateinische zurück und wurden im 15. Jahrhundert auch in die deutschen Ökonomiken aufgenommen, ohne dass sie, allein schon wegen der unterschiedlichen klimatischen Bedingungen, praktisch anwendbar gewesen wären.[12]

Auf diesem antiquierten Stand bewegte sich die hauswirtschaftliche Ratgeberliteratur, bis Johann Coler um 1600 sein sechsbändiges *Hausbuch* publizierte. Coler hatte sich auf den adeligen Landsitzen, wo er als Hauslehrer arbeitete, für die Landwirtschaft interessiert. Er berichtet, dass sein Vater bei der Umsetzung der antiken Schriften gescheitert sei und sich deswegen bei Bauern, Schäfern, Gärtnern und Weinbauern der Umgebung nach deren Methoden erkundigt habe. Coler brachte nun die praktischen Erfahrungen dieser Menschen und die seiner Mutter (und noch vieles mehr) zu Papier. Er will zwischen Gelehrten und Alltagswissen vermitteln, der Begriff der ›Erfahrung‹ wird zum Gütezeichen. Dass das alltägliche Wissen der Bauernschaft, des ›gemeinen Volks‹, ernst genommen und in Buchform gebracht wurde, war neu. Das Werk entwickelte sich zum Verkaufsschlager – es gab 51 Teil- und 15 Gesamtausgaben – und gilt heute als einer der wichtigsten Alltagsratgeber des 17. Jahrhunderts.[13] Coler begründete mit seinem *Hausbuch* ein neues Genre, das im Nachhinein als ›Hausväterliteratur‹ bezeichnet werden sollte. Es zeichnet sich im Gegensatz zu den Ökonomiken des Mittelalters dadurch aus, dass es religiös-moralische Anweisungen für das Verhalten der Hausbewohner und -bewohnerinnen gibt, was vor allem heißt, dass alle (auch die Ehefrau) dem Hausherrn untergeordnet sind und sich auch so verhalten sollen. Von der Ehefrau wird Gehorsam und Beistand verlangt, die Hierarchie von Mann und Frau auch schon mal mit dem Verhältnis von Gott und Mensch gleichgesetzt.

Der moralische Duktus der Hausväterliteratur ist undenkbar ohne die Reformation, die sich seit dem frühen 16. Jahrhundert durchzusetzen begann. Sie trug dazu bei, das häusliche und bäuerliche Leben aufzuwerten, unterwarf es jedoch zugleich der Pflicht zum christlichen Lebenswandel. Das richtige Leben nach christlichen, das heißt hier protestantischen Regeln gewann stark an Gewicht. Praktizierte Religion sollte nicht mehr nur etwas für den Klerus sein, sondern den Alltag durchdringen – der Alltag wird zum gelebten Dienst an Gott. Reformation und Gegenreformation verschärften den moralischen Zugriff von Kirche und Staat auf das Leben der Menschen. Galt im Mittelalter ein Paar als verheiratet, wenn es sich vor Zeugen das Eheversprechen gegeben hatte, wurde die Eheschließung nun eine kirchliche Angelegenheit, und der Staat versuchte in den folgenden Jahrhunderten durch Heiratsverbote die Demografie zu steuern.

Bei Luther bedeutet die Aufwertung der Familie zunächst die Aufwertung der Elternschaft: Der Herrschaftsanspruch des Hausstandes leitet sich aus dem Elternamt, dem Ehepaar ab, nicht aus dem des Hausvaters. Das lässt sich in der katechetischen Erläuterung des Begriffs ›täglich Brot‹ ersehen, in dem man »fromm Gemahl« in beide Richtungen lesen kann. Luther versteht unter ihm »alles, was zur Leibes Nahrung und Nothdurft gehört, [als] Essen, Trinken, Kleider, Schuh, Haus, Hof, Acker, Vieh, Geld, Gut, fromm Gemahl, fromme Kinder, fromm Gesinde, fromme und treue Oberherrn, gut Regiment, gut Wetter, Friede, Gesundheit, Zucht, Ehre, gute Freunde, getreue Nachbarn und desgleichen«.[14] Bei den Begriffen Nahrung und Nothdurft geht es also um mehr als die Existenzgrundlage und ihre Erhaltung; es scheint um das gute, das angemessene Leben aus der Perspektive des herrschenden Ehepaares zu gehen, wenn zum täglichen Brot Besitz, frommes Gesinde und das für eine reiche Ernte notwendige gute Wetter gehören.

Gehörten Frauen zu Beginn noch zu den treibenden Kräften der Reformation, so wurden sie im Laufe des Jahrhunderts zunehmend in den Hintergrund gedrängt; auch die Ehe wurde hierarchischer gewertet und es kam zu einer Abwertung der Rolle der Ehefrau.[15] Die Hierarchie im Haus wird mit christlicher Weltanschauung gerechtfertigt: Die Frau soll ihrem Mann dienen. Verstöße dagegen sind dann gleich Verstöße gegen die göttliche Ordnung. Doch auch bei der biblischen Begründung kommt es auf die Einstellung des Übersetzers an – in der Hauslehre der lateinischen Version des Alten Testaments regiert die »mulier fortis« als selbstständige Herrin in ihrem Haushalt; für Augustinus, den einflussreichen Kirchenlehrer der christlichen Spätantike, repräsentiert sie damit die Kirche. Luther macht in seiner Übersetzung aus der »starken Frau« das »tugendsame Weib«.[16]

Nach Beginn der Reformation sollte es ein Jahrhundert dauern, bis sich ein evangelischer Pfarrstand gebildet hatte. Zunächst wurden die Prediger aus allen möglichen Schichten rekrutiert, ihre Ehefrauen haben in der Regel hinzuverdient. Auf dem Land heiratete die erste Generation der evangelischen Geistlichen oft ihre Köchin oder eine Bauerntochter (mancher katholische Pfarrer wurde von seiner Haushälterin gezwungen zu konvertieren, um ihre Beziehung und die gemeinsamen Kinder zu legitimieren). Gegen Ende des 16. Jahrhunderts wurden nur noch ausgebildete Theologen berufen. Damit gehörten auch die evangelischen Geistlichen zur gebildeten oberen Schicht, die sich nun durch Heiratspraktiken gegen andere Schichten abschloss. Sie heirateten üblicherweise möglichst Pfarr- oder auch Beamtentöchter; eine Heirat mit einer Handwerkertochter galt im 17. Jahrhundert schon als sozialer Abstieg. Für die Pfarrfrauen war es nicht mehr vorgesehen, einen Beruf für Lohn auszuüben, sie sollten stattdessen ihren Mann unterstützen, indem sie den Haushalt führten (allerdings sorgten sie immer noch für die Bargeldeinnahmen des Haushaltes, indem sie für das Eintreiben der Abgaben zuständig waren).[17]

Der Begründer der Hausväterliteratur, Coler, lehnte es zunächst explizit ab, eine Ehelehre in sein Hausbuch zu integrieren, er wollte sich auf das Wirtschaften konzentrieren. Auch die Aufgabenverteilung nach Geschlechtern spielt bei ihm noch keine große Rolle. Im Kochen beispielsweise hält er sich selbst infolge seiner umfassenden Recherchen für den besten Experten: »Nun hab ich mir auch ein Kochbuch zu schreiben vorgenommen/ davon ein guter Mann gesagt: als ers erstlich gesehen/ Ho/ das kann mir meine Köchin auch wol sagen: es ist wunder/ das ein solcher Mann mit solchen kindischen Possen umbgehen sol. Aber höre mein lieber guter Freund/ sey du in deinem Sinn so klug als du kanst/ so weis ich doch/ das du und deine Köchin so viel in dem Fall nicht wissen: als ich weis.«[18]

In einer Neuauflage von 1602 aber stellte Coler dem ersten Band die sogenannten »Haustafeln« Luthers voran, in denen das christlich vorbildliche und geforderte Verhalten der einzelnen Stände und deren hierarchische Beziehungen festgelegt werden: Die Ehefrau wird als Gehilfin des Mannes definiert, die Kinder und das Gesinde haben sich unterzuordnen. Das war jedoch politisch motiviert; Coler nahm Partei für die Reformation und damit in einem Konflikt zwischen den Konfessionen, der sich immer weiter zuspitzen und 16 Jahre später in den Dreißigjährigen Krieg münden sollte. Coler kam aus einer lutherischen Streittheologenfamilie und hatte zu diesem Zeitpunkt gerade seine erste Pfarrstelle angetreten. Das lässt sich auch daran ablesen, dass in weiteren Auflagen die moralischen Passagen zunehmen; das Kapitel *Von der Trunckenheit* ist zum Beispiel länger als das über das Bierbrauen. Außerdem wird der Verfasser immer vehementer in seinen Seitenhieben gegen die katholische Kirche; posthume Verleger strichen diese Stellen wieder heraus, um das Buch überkonfessionell verkaufen zu können. Der moralische Duktus, der nach Coler fester Bestandteil der Hausväterliteratur werden sollte, gründete also ursprünglich in einer politischen Stellungnahme. Was allerdings Moral bedeutete, änderte sich im Laufe der Jahrzehnte. So wurden auch Colers recht freizügige Bemerkungen über Sexualität (bei Menschen und Tieren) gestrichen, ebenso anzügliche oder unflätige Anekdoten.[19]

Die protestantischen Landgeistlichen konnten zunächst nicht wie die katholischen auf ein etabliertes Abgabensystem zurückgreifen. Für die Grundversorgung wurde ihnen ein Stück Land zur Verfügung gestellt, das sie mit ihrer Frau bewirtschaften sollten. In dem Moment, in dem diese Frau nicht mehr aus der bäuerlichen Schicht stammte, entstand der Bedarf an Anleitungsliteratur, die reales Wissen der Bauern und Bäuerinnen und humanistisch gebildete Theologen zusammenbrachte. Coler schrieb zunächst für seine eigenen Kollegen, unerfahrene Landpfarrer, die aus dem bürgerlich-städtischen Milieu stammten. Im Laufe der Zeit nahm er immer mehr Themen in sein Werk auf, um ein größeres Publikum zu erreichen – das *Hausbuch* wuchs auf 20 Bücher an. Neben Hauswirten, Ackerleuten und Apothekern spricht der Autor auch Handwerksleute, Kaufleute und Wandersleute an, außerdem explizit städtische Berufsgruppen, wie Laboranten und Barbiere; Themen wie Traumdeutung und Astrologie sowie ein Arznei- und Wunderbuch sind schon von Anfang an dabei.

Die zahlreichen Ratgeber, die unter der Bezeichnung ›Hausväterliteratur‹ zusammengefasst werden, sind sehr unterschiedlich, jeder Autor verfolgt seine eigene Agenda. Mal gibt es Anleitungen zum Hausbau mithilfe von Grundrissen oder zu den Methoden, die Grenzen der Ländereien abzustecken; mal juristische Hilfestellung oder einen Abschnitt über das Handlesen. Da das Jagen adeliges Privileg war, taucht dieses Thema nur bei adeligen Autoren auf, die Bienenzucht hingegen ist in allen Büchern ein Thema. Gemeinsam ist ihnen, dass sie es nicht bei spezialisierter Literatur belassen, sondern immer das große Ganze im Blick haben; das jeweilige Werk soll alles Wissen über den Haushalt und über alles, was nach

Meinung des Autors dazugehört, bereitstellen. Die Publikationen sind unterschiedlich stark religiös ausgerichtet, tendenziell aber mehrten sich ab dem 18. Jahrhundert im Zuge der Aufklärung die säkularen Bücher, welche die »diesseitige Glückseligkeit« für wichtiger befanden als die jenseitige. Unterschiedlich ist auch die Einstellung gegenüber Frauen. Manchmal gibt es einen Teil, der die Hausmutter explizit adressiert, er beinhaltet meistens Kochrezepte, Anleitungen zum Konservieren von Nahrungsmitteln und das Arzneibuch. Coler zum Beispiel empfiehlt Hebammenbücher und betont die Erfahrung von Frauen bei Schwangerschaft und Geburt. Ein anderer Autor hingegen wettert 100 Jahre später gegen Hexen und Frauen im Allgemeinen, will Hebammen verbieten und nur noch ausgebildete Chirurgen die Geburt übernehmen lassen. Falls in den Ratgebern Aufgaben nach Geschlecht verteilt werden, fällt das je nach Autor sehr unterschiedlich aus. Grundsätzlich sind die Bücher immer an das Ehepaar gerichtet, in vielen Titeln tauchen auch die Hausmütter auf.[20]

Die Vorgaben zu Ehe und Haushalt bildeten nicht die Realität der gesellschaftlichen Verhältnisse ab, sondern waren dazu da, die Lebensweise der Bevölkerung zu korrigieren. Die Umsetzung dieser Vorgaben stand auf einem ganz anderen Blatt. Hierarchien in der Ehe wurden durch das Vermögen oder andere Zugaben wie Zunft- oder Bürgerrechte beeinflusst, die der jeweilige Ehepartner einbrachte, und außerdem durch die soziale Stellung der Herkunftsfamilie. Der geforderte ›Gehorsam‹ der Ehefrau gegenüber dem Hausvater weist darauf hin, dass er in der Alltagswirklichkeit fehlte und somit erst eingefordert werden musste.[21]

»DER GEMÜTHLICHE BEGRIFF DES GANZEN HAUSES« – EINE EINFLUSSREICHE FIKTION

Das Bild von bäuerlichen Lebensstrukturen, in denen der Hausvater der Herrscher in seinem Haus ist, hat im Nachhinein der Volkskundler Wilhelm Heinrich Riehl stark mitgeprägt. Er publiziert Mitte des 19. Jahrhunderts ein vierbändiges reaktionäres Manifest mit dem Titel *Die Naturgeschichte des Volkes als Grundlage einer deutschen Social-Politik*, mit dem er gegen »den socialistischen Geist der Gleichmacherei« anschreibt. Das erste Kapitel des Bandes *Die Familie*, den er vor allem Frauen zur Lektüre empfiehlt, behandelt »Die soziale Ungleichheit als Naturgesetz«. Seine Beweisführung für die Naturgegebenheit der sozialen Ungleichheit beruft sich auf die von Gott geschaffene anatomische Ungleichheit der Geschlechter und den biblischen Befehl, die Frau solle dem Mann dienen. In diesem Sinne ist es ihm eine Herzensangelegenheit, die Frauen ins Haus zu beordern und so die Ordnung der deutschen Gesellschaft wiederherzustellen. Wenn man diesen Text liest, könnte man meinen, dass zu Riehls Zeit die Frauen völlig gleichberechtigt waren und es unzählige Politikerinnen, Professorinnen und Künstlerinnen gegeben hat, gegen die sich der Autor zur Wehr setzen musste: Das »massenhafte Aufsteigen weiblicher Berühmtheiten und ihr Hervordrängen in die Öffentlichkeit ist allemal das Wahrzeichen einer krankhaften Nervenstimmung des Zeitalters.« Wenn jedoch die »ganze Familie« und das »ganze Haus« erst wieder etabliert seien, würden die Frauen »nicht mehr fessellos und persönlich eigenherrisch in's Weite schweifen wollen; sie werden ihre Seligkeit wieder darin finden, zu Hause zu bleiben«. Das richtete sich auch gegen die Einrichtung der Salons, in denen sich seit dem

18. Jahrhundert Intellektuelle trafen und die oft von gebildeten jüdischen Frauen geleitet wurden. Riehls eigene Frau war übrigens Sängerin, gab aber ihren Beruf, wie damals im Bürgertum nicht anders möglich, mit der Heirat auf. Seine Töchter wurden Malerin, Musikerin und Lehrerin. Er plädierte auch Ende des 19. Jahrhunderts noch gegen das Wahlrecht für Frauen und wollte stattdessen, um das Konzept der Familie zu stärken, Junggesellen nur eine halbe Stimme zusprechen.

Doch nicht nur die autoritären Strukturen zwischen Ehepartnern möchte Riehl stärken, auch von der demütigen Untergebenheit des Gesindes, das im Gegenzug in die patriarchalische Familienstruktur mit aufgenommen wird, zeichnet er ein idyllisches Bild. Der »freundliche, gemüthliche Begriff des ganzen Hauses« umfasse nicht nur die Familienmitglieder, sondern auch das Gesinde, die er »freiwillige Genossen und Mitarbeiter der Familie« nennt. Im ganzen Haus würde der »Segen der Familie« auch auf sonst familienlose Leute erstreckt, sie würden »wie durch Adoption in das sittliche Verhältniß der Autorität und Pietät« miteinbezogen.[22] Riehl sammelte seine Erkenntnisse auf Reisen, die er durch Deutschland unternahm, er gilt als erster, der durch die sogenannte ›teilnehmende Beobachtung‹ die Lebensweise der Bevölkerung untersuchte. Diese Methode bildet die Grundlage der modernen Ethnologie. Seine Gesprächspartner waren aber weder Bäuerinnen noch Knechte oder Mägde, sondern vor allem bürgerliche männliche Landbewohner mit Kontakten zur bäuerlichen Bevölkerung, wie Pfarrer, Beamte, Lehrer oder Ärzte. Durch diesen paternalistischen Filter wird die Realitätsferne, mit der Riehl seine Betrachtungen über das bäuerliche Zusammenleben aufschreibt, plausibel: Mägde und Knechte beispielsweise als »freiwillige Genossen und Mitarbeiter« zu bezeichnen, ist zu jeder Zeit realitätsfremd gewesen. Auch ist die Vorstellung, das Gesinde sei größtenteils ein Leben lang bei einem Arbeitgeber geblieben, historisch widerlegt; und den Gerichtsstreitigkeiten um nicht gezahlte Löhne beispielweise ist zu entnehmen, dass ein patriarchalisch-harmonisches Familienbild, der »freundliche und gemüthliche Begriff des ganzen Hauses“, reine Projektion ist.[23]

Die Bezeichnung ›Hausväterliteratur‹ taucht Mitte des 19. Jahrhunderts auf und ist zunächst abfällig gemeint: Agrarwissenschaftler verachten das unwissenschaftliche Sammelsurium an Themen, die nichts mit der Landwirtschaft zu tun haben. Der Begriff des Hausvaters wird als altbacken angesehen und hat nichts mehr mit dem früheren Herrschaftsbegriff zu tun. Ein Historiker will Ende der 1940er-Jahre die Hausväterliteratur ins Bewusstsein der Geschichtswissenschaft bringen und ihr Ansehen verbessern: Otto Brunner. Er publiziert eine Studie über die Ökonomik eines Adeligen von 1682 und leitet anschließend im Rückgriff auf Riehl eine Theorie davon ab, die enormen Erfolg hatte und bis heute als gültig angesehen wird: die Idee des ›Ganzen Hauses‹.[24] Diese Vorstellung soll die Lebenssituation der Menschen vor der Industrialisierung von der Moderne abgrenzen. Sie geht, grob gesagt, davon aus, dass in vormodernen Zeiten alle Menschen in großen Haushalten wie eine große Mehrgenerationenfamilie inklusive Gesinde zusammengelebt und vor allem landwirtschaftliche Haushalte alles, was sie zum Leben brauchten, selbst hergestellt haben. Diese Theorie ist inzwischen durch zahlreiche historische Studien zum Alltagsleben der Menschen widerlegt worden, hält sich aber hartnäckig. Brunner leitete seine Idee aus der Hausväterliteratur ab, die er nicht als Literatur las, die

Regeln vorgeben wollte, sondern als Spiegel der historischen Realität. Dies betrifft auch die hierarchischen Strukturen, die den Hausherrn an die Spitze des Haushaltes setzten. In seinem Beitrag beklagt Brunner den Zusammenbruch dieser Strukturen und will den Hausvater als Herrschaftsbegriff gesehen wissen, der impliziert, dass der Hausvater die Mitglieder seines Haushaltes beschützt.

Der Österreicher Brunner hatte Karriere im Dritten Reich gemacht und schon in den 1930er-Jahren den ›Anschluss‹ Österreichs an das Deutsche Reich gefordert. Als dieser stattfand, bezeichnete Brunner ihn als »Rückkehr unter den Schutz und Schirm des deutschen Reiches«.[25] So ist sein Plädoyer für die Herrschaftsstrukturen des Ganzen Hauses auch als Sehnsucht nach einer Ordnung zu lesen, die viele Deutsche nach dem verlorenen Krieg vermissten. Brunner war wegen seiner Rolle im Nationalsozialismus 1945 seiner Lehrtätigkeit enthoben und 1948 vorzeitig in den Ruhestand versetzt worden. Die 1949 erschienene Studie *Adeliges Landleben und europäischer Geist* über die Hausväterliteratur brachte ihm so viel Anerkennung, dass er an die Universität Hamburg berufen wurde, nachdem er seine anderen Publikationen vom völkischen Wortschatz gesäubert hatte. In Hamburg konnte er weiter Karriere machen und wurde Dekan seiner Fakultät.[26]

Brunner traf mit seinem Werk über eine mehrere Jahrhunderte zurückliegende Epoche den Nerv seiner Zeit. Während des Krieges war die von den Nationalsozialisten stark forcierte Geschlechterordnung ins Wanken geraten: Frauen hatten die Arbeit der Männer übernommen und in deren Abwesenheit sich und ihre Familien durchgebracht. Als ihre Männer nach

1945 aus Krieg und Kriegsgefangenschaft zurückkehrten und um die Arbeitsplätze konkurrierten, wurden die Frauen in der restaurativen Stimmung der Nachkriegsjahre auf ihren Platz an Heim und Herd verwiesen; die Heiratsquote war in Deutschland nie so hoch wie in den 1950er-Jahren, und das im Eherecht festgeschriebene System der Hausfrauenehe regelte die Hierarchien sehr deutlich (dazu im letzten Kapitel mehr). Interessanterweise taucht die Frau in Brunners Herrschaftskonzept des Hausvaters gar nicht auf. Sie wird einfach verschwiegen und verschwindet so automatisch in der durch den Hausherrn zu beherrschenden und zu beschützenden Hausgemeinschaft.

Und so haben die Geschichtsschreiber des 19. und 20. Jahrhunderts ein Bild von jahrhundertealten Familienstrukturen geschaffen, das nicht der historischen Wirklichkeit entsprach. Diese projektive Geschichtsschreibung hat die jeweiligen Diskussionen um Ehe und Familie ihrer eigenen Gegenwart nachhaltig mitgeprägt und zur Tradierung oder Neudefinitionen von Rollenbildern beigetragen, die für die Lebensrealität der Frauen des 19. und 20. Jahrhunderts eine erhebliche Wirkungsmacht entfalten sollten.

ROLLENBILDER: GELEHRT, GALANT, HAUSHÄLTIG

Ein Blick in die Lexika des 18. Jahrhunderts gibt Aufschluss über die zeitgenössischen Vorstellungen von Ehe und Geschlechterrollen und wie sich diese im Laufe des Jahrhunderts änderten. In *Zedlers Universallexikon* von 1739 etwa geht es im Eintrag zum »Ehemann« um die Arbeitsteilung in der Ehe, und hier zeigt sich die Auffassung vom Ehepaar als Arbeitspaar. Beide Eheleute sollten sich bemühen, so viel zu erwerben, wie sie können. Die Frauen seien dabei durch die Umstände etwas eingeschränkt – einmal dadurch, dass sie schwanger werden, zum anderen sei es das Resultat ihrer Erziehung, dass sie mehr zu tun hätten als die Männer, was sie von anderer Arbeit abhielte. Außerdem seien die Männer »nach unseren Sitten [...] mehr als die Weiber im Stande etwas zu verdienen«. Die ökonomisch-gesellschaftlichen Verhältnisse werden hier einigermaßen nüchtern benannt. Es sind die Umstände, die Erziehung und die herrschenden Sitten, die eine Situation schaffen, in der die Frau mehr im Haushalt arbeiten muss als der Mann und außerdem schlechter bezahlt wird – weder wird hier auf die Bibel noch auf die ›schwache Natur‹ der Frau verwiesen. Und so wird auch das Argument, mit dem »die Herrschafft« in der Ehe dem Mann zugesprochen wird, nicht gerade im Brustton der Überzeugung vorgetragen: Weil es bei Eheleuten schwer auszumachen sei, wer »die Sache am besten verstünde«, »soll« der Mann sich in den meisten Fällen besser auskennen – so sei es vernünftig, dass er das Sagen habe, denn sonst gebe es nur Streit und Zank. Er muss aber in den Fällen, in denen seine Frau die Sache besser versteht, auf ihren klugen Rat hören. Der Eintrag zum »Weib« im gleichen Lexikon stammt offensichtlich von einem anderen Autor, denn dort findet sich die Überzeugung, dass die Frau von Gott dazu vorgesehen wurde, Kinder zu gebären, sich um sie zu kümmern und dem Haushalt vorzustehen, da der Mann außerhalb des Hauses beschäftigt sei. Doch zu der Diskussion, ob Frauen überhaupt Menschen seien, bezieht der Autor eine eindeutige Position: Diese »alberne Meynung« werde von boshaften, dummen Wichtigtuern vertreten.

Die Frage, »Ob die Weiber der academischen Ehren-Grade fähig seyn?«, beantwortet der Autor mit einem lakonischen »Warum nicht?«.

Die Texte zeigen die Ambivalenz, mit der über Frauen geurteilt wurde, gleichzeitig aber auch das Bedürfnis, Geschlechterrollen zu definieren. Die Einträge, die den »Mann« betreffen, umfassen im *Zedler* nur eine geringe Anzahl an Seiten, diejenigen zu den Begriffen »Weib«, »Weibs-Person« und »Frauenzimmer« hingegen 50 Seiten. Schon die schiere Menge an Text zeigt, dass der Mann als Mensch, als die Norm angesehen wird und die Frau als Ausnahme, die ausgiebig besprochen und definiert werden muss. Der Eintrag zum »Frauenzimmer« fällt etwas aus der Reihe. Hier findet sich eine Beschreibung von Trachten und sehr kurzen, positiven wie negativen Charakterisierungen von weiblichen Angehörigen verschiedener Kulturen – die spanischen Frauen etwa sind grundsätzlich sehr verliebt, haben schlechte Zähne und parfümieren sich deshalb stark, die Engländerinnen lieben die Freiheit und machen den Männern die Herrschaft streitig, die Japanerinnen begehen lieber Selbstmord als ihre Keuschheit zu gefährden, und die amerikanischen Frauen sind wild und von starker Natur, weswegen sie beherzt und glücklich gebären. Das nur schwer auf einen definitorischen Nenner zu bringende Fazit lautet: So unterschiedlich können Frauen sein. Der Bewertung im Vergleich mit Männern will sich der Autor entziehen; gewiss sei jedoch, dass man vom weiblichen Geschlecht »an allen Orten viel geschickte und herrliche Subjecta findet«, die sich in den Wissenschaften und Künsten mit vielen berühmten Männern messen könnten oder sogar besser seien.[27]

Der Eintrag zum »Frauenzimmer« im *Zedler* ist eine leichte Abwandlung des gleichnamigen Artikels im *Frauenzimmerlexikon* von 1715. Das erklärt auch die unterschiedliche Ausrichtung der einzelnen Einträge, die nicht nur von verschiedenen Autoren verfasst wurden, sondern auch andere Lexika plagiieren. Das *Frauenzimmerlexikon* wurde in den ersten beiden Auflagen 1715 und 1739 unter dem Pseudonym Amaranthes herausgegeben und war enorm erfolgreich. Es beinhaltet Artikel von »Aal« bis »Zwitter«. Eine der umfangreichsten Artikelgruppen bildet die »Akademie gelehrter Weibsbilder« mit circa 3000 Biografien gelehrter Frauen und Künstlerinnen aus mehreren Jahrhunderten und verschiedenen Ländern. Nach dem Tod des Herausgebers wurde die dritte Auflage 1773 von drei anonymen Bearbeitern herausgegeben; sie umfasst zweieinhalbmal so viel Text. An einem Vergleich der ersten mit der letzten Ausgabe lässt sich der Wandel ablesen, den der aufklärerische Anspruch an die Frauenbildung im 18. Jahrhundert erfuhr. Das Lexikon war als Mittel zur Selbstbildung für Frauen der oberen Schichten gedacht. In den ersten beiden Auflagen lassen sich drei Rollenmodelle für Frauen finden, die den Leserinnen als Bildungsangebote gemacht werden, und zwar ohne dass eines davon als besser oder schlechter bewertet wird. Zum einen das »galante« und »curiöse« Frauenzimmer, diese Klassifizierung kommt aus dem Umgang mit dem höfischen Adel: Galant bedeutet weltgewandte Bildung, Urteilssicherheit und verfeinerte Umgangsformen, curiös (neugierig) die Haltung, sich Wissen aneignen und es situationsgerecht in Konversationen einsetzen zu wollen (das sind nicht nur Anforderungen an die höfische Dame, sondern auch an Gesellschafterinnen). Ein weiteres Rollenmodell kommt dem »gelehrten Frauenzimmer«

zu, das sich im deutschen Humanismus entwickelte und das in der weiblichen Gelehrtheit der italienischen Renaissance Vorbilder findet. Diese weibliche Gelehrtheit konnte sich nur außerhalb der Institutionen herausbilden und war, ebenso wie das galante Modell, auf Unterstützung der Familie wie auf materiellen Wohlstand angewiesen. Das dritte Modell ist standesübergreifend und steht in den ersten beiden Ausgaben des Lexikons noch gleichberechtigt neben den anderen beiden Rollenbildern: das »haushältige und sorgfältige Frauenzimmer«.

... SCHWEIGEN IST GOLD. DAS FEINDBILD WEIBLICHE GELEHRSAMKEIT

In der ersten Ausgabe des *Frauenzimmerlexikons* finden sich zahlreiche Literaturhinweise, um die Leserinnen zum eigenbestimmten Lernen zu ermutigen. In der Frühaufklärung Anfang des 18. Jahrhunderts wurden in Zeitschriften Leselisten für Frauen veröffentlicht, sogenannte Frauenzimmerbibliotheken, damit sie ihren Bildungsnachteil gegenüber den Männern aufholen konnten. Die Autoren beschwerten sich, dass die Mädchen »tumm« erzogen würden, und plädierten für eine Öffnung der Akademien für Frauen. In der dritten Auflage des *Frauenzimmerlexikons* von 1773 lässt sich plötzlich eine feindliche Übernahme ablesen: Ausgerechnet Bildung durch autonome Lektüre wird hier inzwischen als Problem angesehen. So findet sich in dieser Ausgabe im Artikel »Frauenzimmerbibliothek« nur noch eine thematisch sehr eingeschränkte Leseliste. Von den drei Bildungsmodellen bleibt in der dritten Ausgabe nur noch eines übrig: Für die neuen Herausgeber zählt nur noch das Modell des haushältigen und sorgfältigen Frauenzimmers, vor allem das Modell der ›gelehrten Frau‹ wird heftig kritisiert. Im Vorwort betonen sie, das Lexikon sei eben nicht dazu da, gelehrte Frauen heranzubilden. Diese seien für die Welt überflüssig, im Gegensatz zu guten Wirtinnen; gelehrte Frauen seien sogar schädlich für die Wirtschaft. Artikel über gelehrte Frauen wurden somit in der dritten Ausgabe gekürzt, stattdessen mehr Artikel über Mode, Kosmetik und Zuckerbäckerei sowie Kochrezepte hinzugefügt. Schließt der Eintrag zum Stichwort »Frauenzimmer« in den ersten beiden Ausgaben mit einem Lob weiblicher Intelligenz wie oben zitiert, heißt es stattdessen im nämlichen Artikel der dritten Ausgabe: »Die unentbehrlichen weiblichen Wissenschaften schränken sich auf gute Kenntnisse in der Religion, Erziehungskunst der Kinder, und allem was zum häuslichen Leben gehöret vorzüglich ein.«[28] Dieser Wechsel hat vermutlich mit der Veränderung der Zielgruppe des Lexikons zu tun: Richtete es sich 1715 in der Tradition des Frauenlobs, in der Frauen die gleichen intellektuellen Fähigkeiten wie Männern zugeschrieben wurden, an eine kleine Gruppe adeliger Frauen oder Stadtpatrizierinnen, denen Geld, freie Zeit und das gesellschaftliche Umfeld eine intellektuelle Betätigung erlaubten, ist die dritte Ausgabe 1773 an eine inzwischen angewachsene bürgerliche Zielgruppe adressiert, die sich zunehmend selbstbewusst gegen den Adel abgrenzt.[29]

Gelehrsamkeit an sich wurde über die Jahrhunderte hinweg immer wieder skeptisch begegnet. Der ungesellige, weltfremde und miesepetrige Bücherwurm gab ein beliebtes Thema für Spottkarikaturen ab. Diese Verachtung traf Frauen im 18. Jahrhundert umso stärker, wobei im Gegensatz zu den Männern nicht die Spezialisierung und Zurückgezogenheit, sondern gerade die Breite und Zurschaustellung ihres Wissens im geselligen Kreis kritisiert wurde – und dies umso mehr, als die bürgerliche Geselligkeit zunehmend auch öffentliche oder halböffentliche Räume wie die Salons schuf, in denen die Stimmen der Frauen hörbar wurden. ›Gelehrt‹ bedeutete bei Frauen etwas anderes als bei Männern, da ihnen der Zugang zu den Bildungsinstitutionen in den meisten Fällen verwehrt war – wenn Frauen, oftmals Professorentöchter, ausnahmsweise zu akademischen Vorlesungen zugelassen wurden, mussten sie sich hinter Vorhängen oder Türen verstecken. Bildung konnten sich Frauen also fast ausschließlich privat aneignen. Da nicht klar definiert war, was als Gelehrsamkeit galt, und die Haltung gegenüber gebildeten Frauen zunehmend feindlich wurde, gestaltete es sich für sie immer schwieriger, in gesellschaftlicher Konversation als ›verständig‹, aber nicht als gelehrt oder auch nur wie das höfisch-galante Rollenmodell als konversationssicher gebildet zu gelten, und so verschwiegen sie lieber, mit welchen Themen sie sich beschäftigten.

Für diesen Balanceakt haben die zahlreichen Ratgeber der Zeit, mit deren Hilfe bürgerliche Interaktion und standesgemäßes Verhalten eingeübt werden sollen, eine geradezu ›ideale‹ Lösung: Sie verlangen von Frauen, in Gesellschaft durch aufmunterndes Zuhören ihre Intelligenz zu zeigen, nicht durch das Zurschaustellen von Wissen; sie werden dafür gelobt, wenn sie ihrem Gesprächspartner nicht zu erkennen geben, dass sie mehr wissen als er. Adolph Knigge publizierte 1788 seinen Ratgeber *Über den Umgang mit Menschen*, in dem er für Taktgefühl und Höflichkeit gegenüber verschiedenen Menschengruppen wirbt (die Benimmregeln, für die das Buch inzwischen bekannt ist, hat der Verlag erst den Auflagen nach seinem Tod hinzugefügt). Das Kapitel über den Umgang mit Frauen beginnt Knigge mit dem »Geständnis«, dass ihn »immer eine Art Fieberfrost« überkomme, wenn eine Frau Anspruch auf Gelehrsamkeit mache. Stricken und Kochen sind für ihn wichtigere Kenntnisse bei einer Frau als Lesen und Schreiben.[30] Henriette Herz, die in den 1780er- und 1790er-Jahren einen renommierten Salon in Berlin führte, wunderte sich, dass Frauen in den christlichen Häusern nicht an gelehrten Gesprächen teilnahmen, das jüdische Bürgertum schien da aufgeschlossener zu sein. Die polemische Kritik der männlichen Gelehrten an gebildeten Frauen ist als Angst vor Konkurrenz zu erkennen. Dass Frauen überhaupt als Konkurrenz wahrgenommen werden konnten, dass die Bildung der Frau öffentlich breit diskutiert wurde, zeigt vor allem eines: dass die Ordnung der Geschlechter im Umbruch begriffen war.[31]

So gab es in der Diskussion um Frauenbildung auch ganz andere Stimmen. Johann Krünitz beispielsweise hält in seinem sehr erfolgreichen Lexikon im Eintrag »Frauen-Zimmer« von 1778 ein geradezu flammendes Plädoyer für einen entspannten und offenen Umgang der Geschlechter miteinander. Er geht davon aus, dass Körper- und Geistesstärke ursprünglich bei Frauen und Männern gleich sind. Durch die »Civilisirung« sei der Frau die körperliche Stärke abhandengekommen, eine These, die er mit der Geschichte eines ›wild‹ im Wald aufgewachsenen Mädchens illustriert, das über männliche Kräfte verfügt. Als zweites Beispiel nennt er die kraftzehrenden Tätigkeiten der »Weiber des gemeinen Mannes«: Die Frauen aus den unteren Ständen müssten oft auch Aufgaben der Männer übernehmen und sich gleichzeitig um die Familie kümmern. Diese Anerkennung der alltäglichen Arbeitsleistung der unteren Schichten ist nicht selbstverständlich in den Schriften der Aufklärer. Frauen aus gehobenerem Stand aber werde die Bildung verweigert, sodass sie auch in diesem Bereich nicht mit den Männern mithalten könnten, was Krünitz scharf kritisiert. Bezeichnend für den Rollenwandel der Frau an der Schwelle zum 19. Jahrhundert ist, dass der Artikel »Weib« im gleichen Lexikon die natürliche Bestimmung der Frau als Hausfrau und Mutter behauptet. Dieser Artikel erschien unter der Herausgeberschaft eines Nachfolgers von Krünitz 60 Jahre nach dessen Tod, im Jahr 1856.[32]

FREUDIGES VERZICHTEN UND SELBSTVERLEUGNUNG. DIE ›NATÜRLICHE‹ BESTIMMUNG DER FRAU

Die Argumentation, mit der Frauen von Bildung abgehalten und auf die Rolle als Hausmutter eingeschworen werden sollten, änderte sich im Laufe des 18. Jahrhunderts. Die Aufklärung und später die Französische Revolution von 1789 wollten die verkrusteten ständischen Strukturen aufbrechen und eine vernunftbasierte Gesellschaft schaffen. Die Versprechen von Bildung, Bürger- und Menschenrechten weckten auch bei den Frauen ein neues Selbstbewusstsein, das Ende des 18. Jahrhunderts intellektuellen Schriftstellerinnen eine Öffentlichkeit verschaffte. Mary Wollstonecraft und Olympe de Gouges setzten sich für Frauenrechte ein, und Theodor Hippel, Polizeidirektor und Bürgermeister von Königsberg, plädierte für den gemeinsamen und gleichen Unterricht von Mädchen und Jungen und die Öffnung aller bürgerlichen Berufe für Frauen (inklusive des Predigens von der Kanzel). Das war so radikal, dass seine Zeitgenossen sich nicht sicher waren, ob das nicht als Satire gemeint war. Selbst die Französische Revolution aber, die maßgeblich von Frauen, die gegen die gestiegenen Brotpreise protestierten, in Gang gesetzt worden war, konnte ihr Versprechen nicht einhalten. Von der Devise ›Freiheit, Gleichheit, Brüderlichkeit‹ sollte sich noch nicht einmal die Brüderlichkeit erfüllen, denn letztendlich galt die neue Gleichheit nur für besitzende, weiße Männer. Für Frauen, Menschen jüdischen Glaubens, Bedienstete, die bäuerliche und landlose Bevölkerung sowie kolonialisierte und versklavte Menschen sollten die neuen Rechte nicht gelten. Olympe de Gouges, die sich schon vor der Revolution für die Abschaffung der Sklaverei eingesetzt hatte und die 1792 eine radikale Proklamation für die Rechte von Frauen publizierte, bezeichnete die neue Regierung als Tyrannei, weil sie die Frauen von allen Rechten ausschloss. Sie landete 1793 auf dem Schafott.[33]

Der Ausschluss der Frauen von bürgerlichen Rechten musste neu begründet werden. Argumentationsmaterial für die Minderwertigkeit der Frau lieferte nun statt der Bibel die ›Natur‹. Dem Aufstieg der Natur zur Leitkategorie der Aufklärung gab Jean-Jacques Rousseaus *Émile oder Über die Erziehung* einen kräftigen Schub. Der Roman von 1762 war ein Meilenstein der neuen Pädagogik. Er dokumentiert die Entdeckung der Kindheit im 18. Jahrhundert, das heißt die Einsicht, dass die Kindheit eine eigenständige Entwicklungsphase ist. Das Naturwesen Kind muss sich zunächst frei entfalten, um zu erfahren, was Freiheit ist; sodann muss erzieherisch Einfluss genommen werden, um den Menschen zu formen, und zwar im Sinne der Aufklärung nicht durch Zwang, sondern durch Einsicht in die Notwendigkeit. So wird aus dem Kind ein seiner Natur gemäß vernünftiger, unabhängiger Bürger herangebildet, der seine eigenen Entscheidungen trifft. Aber das trifft nur auf Émile zu. Sophie, die von seinem Lehrer als seine Braut ausgewählt wird, lernt nur Singen, Klavierspielen, Nähen und Kochen. Von freier Entfaltung ihrer Individualität ist keine Rede. Ihre Aufgabe ist es, ihrem Mann zu gefallen. Ihre kindliche Neugier muss abgetötet werden, und sie muss früh an Gehorsam und Zwang gewöhnt werden, damit sie sich in ihre Bestimmung als Ehefrau fügen kann.[34] Rousseau wurde begeistert von den deutschen Pädagogen aufgenommen. Die Devise ›Zurück zur Natur‹ gegen den als höchst künstlich wahrgenommenen Lebensstil des höfischen Adels stieß bei den deutschen bürgerlichen Aufklärern auf offene Ohren.

Was allerdings als ›natürliches Verhalten‹ galt, musste erst einmal definiert werden. Daniel Chodowiecki schuf zur Orientierung den Bilderzyklus *Natürliche und affectirte Handlungen des Lebens*, in dem er jeweils das bürgerliche, sittliche, mäßige dem überkandidelten, künstlichen Verhalten gegenüberstellte. Das ›Natürliche‹ zeichnet sich vor allem durch eine disziplinierte Körperhaltung und schlichtere Kleidung aus. Im Stich *Die Unterredung* ist es der Unterschied zum Adel, der thematisiert wird: Das adelige Paar unterhält sich angeregt, der Flirt wird durch die kokette Körperhaltung der Frau und den phallusartigen Degen des Mannes angedeutet. Beide Figuren stehen raumgreifend und lebhaft im zurechtgestutzten barocken Park, nicht nur die Körperhaltung, sondern auch Kleidung und Perücke der Dame sind ausladend.

Der Herausgeber Georg Christoph Lichtenberg bezeichnet die Situation im begleitenden Text als »Selbstgespräch zwischen zwei Leuten«[35]

Daniel Chodowiecki, *Die Unterredung*, 1778

Im Gegensatz dazu hört die sittliche bürgerliche Frau in der scheinbar natürlichen Umgebung eines englischen Landschaftsgartens passiv und wie versteinert den Reden ihres männlichen Gegenübers zu.

Im Stich *Empfindung* ist es der eigene Stand, der angesichts eines schönen Sonnenuntergangs zur ›richtigen‹ Gefühlsäußerung, zur Affektbeherrschung erzogen werden muss. Das Naturgefühl muss verinnerlicht mit gesenktem Kopf empfunden werden, statt sich in exaltierter Gestik zu äußern.[36]

Daniel Chodowiecki, *Empfindung*, 1779

Die ›Natur‹ wurde jetzt nicht nur gegen die vermeintlich ›naturwidrige‹ Kultur in Stellung gebracht, sie löste auch die kirchliche Argumentation für die Minderbewertung der Frau ab, wobei auch Gottes Wille immer wieder gerne von den sonst so säkularen Aufklärern genutzt wurde, wenn es in ihre

Argumentation passte. In der von der Kirche vertretenen Zeugungslehre gab es nämlich die Auffassung, dass die Frau als Gebärerin der Kinder einen rein passiven Part spielt, während der zeugende Mann mit seinem Samen allein verantwortlich für das geschaffene Kind ist: Der Mann ist somit schöpferisch, geistig tätig, die Frau reine Materie. Diese Theorie geht auf Aristoteles zurück und bezieht sich, wie man sich denken kann, auf eine einigermaßen konservative Vorstellung von Aktivität und Passivität beim Geschlechtsakt. Aktiv wird mit stark, passiv mit schwach verknüpft. Diese Theorie findet sich auch bei Rousseau und spielte den Männern in die Hände, die sich Ende des 18. Jahrhunderts gegen die Idee wehrten, dass die neu erstrittene Freiheit und Gleichheit auch die Frauen miteinbeziehen könnte. Nur ein Beispiel unter unzähligen: »Die beyden Geschlechter verhalten sich unter einander wie Allgemeines und Besonderes. Das Eine ist das Erschaffende, wahrhaft erzeugende, positive, das andere ist das lediglich empfangende, negative; und der ganze Zeugungsprozeß ist nur eine Vernichtung aller Negativität des Weiblichen durch die positive belebende Kraft des Männlichen.«[37] Dass alleine der Mann schöpferisch tätig sein kann, wurde auch auf die Wissenschaften übertragen, womit der Frau alle Fähigkeit zur Gelehrten abgesprochen wurde. Im gelehrten Diskurs wurde es Ende des 18. Jahrhunderts üblich, das Verhalten von Frauen mit Kindern oder ›Naturmenschen‹ gleichzusetzen. Mediziner, Philosophen, Anthropologen, Pädagogen, Gynäkologen, Theologen und Chirurgen publizierten zahlreiche Schriften, um weitere Unterschiede zwischen den Geschlechtern zu erfinden oder die alten Theorien zu unterfüttern und die herrschende Ordnung zu garantieren bzw. wiederherzustellen. Im Laufe des 19. Jahrhunderts sollten Psychologie und

Psychoanalyse dazukommen, um die erfundenen Charakterschemata weiter ›wissenschaftlich‹ zu fundieren.

Ein viel gelesener Autor ist der Reformpädagoge Heinrich Campe, der im Revolutionsjahr 1789 den gänzlich unrevolutionären *Väterlichen Rath für meine Tochter* auf den Markt bringt, in dem der Zweck des Daseins der Frau im Dienen für ihren Ehemann beschrieben wird, in ihrer Rolle als Hausmutter. Von Campe stammt das bekannte Naturbild von Eiche und Efeu: Der Mann ist die Eiche, die Frau der Efeu, der einen Teil seiner Lebenskraft aus der Eiche zieht und mit ihr steht und fällt. Ohne die Eiche ist sie »ein niedriges Gesträuch, das von jedem Vorübergehenden zertreten wird«.[38] Die Autorin Amalia Holst übrigens hebelte das Argument der körperlichen Schwäche mit der Bemerkung aus, dass dann schließlich Friedrich II. hinter jedem Lastenträger zurückstehen müsste (und hinter jeder Waschfrau, wie ich hinzufügen möchte). Ihr Einwand, der gegen Campes und Rousseaus Argumentation mit der ›Natur‹ die soziale und politische Dimension des Gesellschaftsvertrags hervorhebt, wurde aber weniger rezipiert, ebenso wie die anderen Stimmen, die sich für ein gleichberechtigteres Miteinander einsetzten.[39]

Campes Ratgeber dagegen wurde zehnmal aufgelegt und war das populärste zeitgenössische Buch über Mädchenbildung. Er bezieht sich mit seinem Bild des Efeus allerdings nicht nur auf die körperliche Schwäche, sondern benennt im Grunde die realen Abhängigkeitsverhältnisse bürgerlicher Mädchen, deren einzige Chance, ein innerhalb ihrer Schicht anerkanntes Leben zu führen, darin bestand, eine gute Partie zu sein. Campe erkennt die potenziellen intellektuellen Fähigkeiten seiner Tochter, schärft ihr (und allen anderen Leserinnen) aber ein, dass aus einer unabhängigen Karriere sowieso nichts werde. Wollstonecraft sieht das ähnlich: Man habe aus Frauen Nullen gemacht, »die erst eine Bedeutung bekommen, wenn sie einer Zahl angehängt werden«.[40] In der Konsequenz setzt sie sich aber für Frauenrechte ein, während Campes Rat für seine Tochter in Unterordnung und »Selbstverläugnung« besteht. Denn wenn sich Frauen gegen ihre Bestimmung wehren, werden aus ihnen »Närrinnen oder gar Furien«, die das Essen anbrennen lassen oder versalzen und die Wäsche ihres Mannes vernachlässigen. Frauen sollen sich einen »Gemütscharakter« aneignen, der ihnen hilft, sich in ihre Bestimmung zu fügen. Darunter versteht Campe »Anhänglichkeit an Mann, Kind und Haus, ein gänzliches, freies und freudiges Verzichtthun auf die zerstreuenden und berauschenden Vergnügungen des herrschenden üppigen Lebens, und endlich ein liebevolles Hingeben ihres eigenen Willens in den Willen des Mannes, woraus denn nach und nach ein gänzliches süßes Zusammenschmelzen ihrer eigenen Wesenheit (Existenz) mit der seinigen entsteht«.[41]

Das soll nicht heißen, dass die Misogynie nicht eine viel längere Geschichte hat und schon Jahrhunderte zuvor gegen Frauenbildung argumentiert wurde. Aber die Aufklärung und die Französische Revolution brachten das gesellschaftliche Gefüge ins Wanken. Im Wechsel von der Ständegesellschaft zur bürgerlichen Gesellschaft wurden Rechte für den Menschen erstritten, die Hoffnung auf ein gleichberechtigtes Miteinander machten. In den Jahren nach der Französischen Revolution konnten sich zunächst zumindest in den Großstädten Schriftstellerinnen und Künstlerinnen Gehör verschaffen. Das neue Ideal der Hausmutter sorgte in diesen Kreisen für Belustigung, wie das in Friedrich Schillers *Lied von der Glocke* (1799) entworfene Bild von den Geschlechterrollen und den Aufgaben der Frau (»Und drinnen waltet / die züchtige Hausfrau …«). So schrieb Caroline Schlegel in einem Brief an ihre Tochter: »… über ein Gedicht von Schiller, das Lied von der Glocke, sind wir gestern Mittag fast von den Stühlen gefallen vor Lachen …«, und ihr damaliger Mann August Wilhelm Schlegel verfasste eine Parodie auf Schillers 1796 erschienenes Gedicht *Würde der Frauen* (»Ehret die Frauen! / Sie flechten und weben / Himmlische Rosen ins irdische Leben«) mit dem Titel *Schillers Lob der Frauen*: »Ehret die Frauen! Sie stricken die Strümpfe / Wollig und warm, zu durchwaten die Sümpfe / Flicken zerrißene Pantalons aus / Kochen dem Manne die kräftigen Suppen / Putzen den Kindern die niedlichen Puppen / Halten mit mäßigem Wochengeld Haus«.

Um die Forderungen der Frauen nach Gleichberechtigung abzuschmettern, mussten die patriarchalen Aufklärer und Revolutionäre umso stärker die neuen Rechte gegen sie verteidigen. Dabei waren sie sich nicht zu schade, hanebüchene Argumente ›wissenschaftlich‹ zu unterfüttern. Die Legitimation der Herrschaftsstrukturen veränderte sich Ende des 18. Jahrhunderts von Standesdefinitionen hin zu einer Gemengelage aus Biologie, Bestimmung und Charaktereigenschaften. Dadurch wurden die von außen durch Tradition, Stand und Religion auferlegten Pflichten in Wesensmerkmale transformiert und somit ins Innere verlegt. Fortan definierte man die Frau statt über den Stand über den Charakter ›der Frau‹ – der jenseits individueller Eigenschaften allen Frauen gleichermaßen eigen sein soll. In dem Moment, in dem die neue Codierung der Geschlechterrollen etabliert und fest im bürgerlichen Bewusstsein verankert ist, werden die Unterschiede als unüberbrückbar deklariert und deren soziale Herkunft verschleiert. In der Folge konnten auch viele Frauenrechtlerinnen nicht außerhalb dieser Ordnung denken. An der Analyse Simone de Beauvoirs, dass Frauen nicht als Frauen geboren, sondern dazu gemacht werden, arbeiteten sich auch im 20. Jahrhundert noch Feministinnen ab. Das obsessive Gespräch über Wesen und Rolle der Frau und die fieberhafte Suche nach den vermeintlichen Unterschieden nimmt Ende des 18. Jahrhunderts seinen Anfang.[42]

Ähnliches galt im Übrigen für den von Europa aus als minderwertig angesehenen Teil der Weltbevölkerung. Die Aufklärung stieß zwar Diskussionen über die Abschaffung der Sklaverei an, legte aber gleichzeitig in ihrem Drang, alles zu kategorisieren und dann auch zu bewerten, den Grundstein für ›wissenschaftliche‹ Erklärungsversuche einer angeblichen Minderwertigkeit anderer Ethnien als den europäischen. Die Einführung der Kategorie ›Rasse‹ in Bezug auf Menschen ermöglichte die Rechtfertigung ihrer massiven Ungleichbehandlung und konnte damit das ökonomische System inklusive der Ausbeutung in den kolonisierten Gebieten aufrechterhalten. Aufklärung als Befreiung aus der selbstverschuldeten Unmündigkeit sollte Ende des 18. Jahrhunderts nur für weiße, besitzende Männer gelten.[43]

2.

Die Hausmutter – Herrin des Hauses

BERUF HAUSMUTTER: DIE BETRIEBSMANAGERIN

Bevor die Rolle der Frau mit ihrem ›Wesen‹, ihrer ›Natur‹ begründet werden sollte, tauchte eine andere Argumentation auf: die Ökonomie. Hausmutter sein ist ein Beruf, ohne sie läuft der Laden nicht. Der Begriff der Hausmutter wird heutzutage nur noch abwertend verwendet, als ›Hausmütterchen‹, doch früher stand er für etwas anderes, er war ein Herrschaftsbegriff. Das kann einer heutigen Analyse manchmal den Blick verstellen. Auch die Frauen, die in kleineren bürgerlichen oder den erfolgreichen Handwerkshaushalten als Hausmutter erzogen werden, sind noch weit von der Hausfrau des 20. Jahrhunderts entfernt: Kleinkindbetreuung und alle möglichen anderen Aufgaben werden im stark arbeitsteiligen Haushalt von ganz unterschiedlichen Personen übernommen, innerhalb wie außerhalb des Hauses. Außerdem beinhalteten diese Aufgaben ganz andere als die, die heute als Hausarbeit angesehen werden.

Hervorragend nachlesen lässt sich diese ökonomische Argumentation in dem Ratgeber *Die Hausmutter in allen ihren Geschäfften*. Wir bekommen einen Eindruck von den Anforderungen, die an eine Hausmutter gestellt werden, wie sie sich von der späteren Hausfrau unterscheidet und was die ihr zugedachten Aufgaben mit Standesdenken, Repräsentation, dem Staat und der Ökonomie in einer sich stark verändernden Gesellschaft zu tun haben. Auch die *Hausmutter* darf nicht mit der historischen Realität verwechselt werden. Vielmehr lassen sich Schlüsse auf die Idealvorstellung des Autors in Bezug auf die Figur der Hausmutter ziehen, aber doch auch immer wieder auf die Alltagsgeschichte des 18. Jahrhunderts, und was für einen enormen Aufwand die Leitung eines Gutshofes bedeutete. In diesem Ratgeber bekleidet die Hausmutter eine Herrschaftsposition, die durchweg positiv geschildert wird.

Der Autor der *Hausmutter*, Friedrich Christian Germershausen, verbrachte den größten Teil seines Lebens in seinem Geburtsort, einem kleinen Dorf in Brandenburg, wo er die Stelle des protestantischen Pfarrers von seinem Vater übernahm. Er interessierte sich sehr für die Verbesserung von Haus- und Landwirtschaft und publizierte mehrere ökonomische Werke. Die *Hausmutter* war sein erstes und erfolgreichstes. Sie wurde im Laufe von dreißig Jahren mehrfach wieder aufgelegt und in Auszügen publiziert, es gibt sogar eine Übersetzung ins Russische.

Vor allem der Tonfall der *Hausmutter* ist speziell. Andere Autoren zu dieser Zeit, die sich mit der Rolle der Frau im Haus beschäftigen, schreiben entweder über die Frau, oder, wenn sie sich an sie richten, tun sie das wie Campe in einem moralischen oder idealisierenden Tonfall. Germershausen hingegen schreibt den Frauen nicht vor, wie oder dass sie den Haushalt zu führen haben; es gibt keine Moralpredigt über Herrschaft und Gehorsam (außer in Bezug auf das Gesinde, aber das soll schließlich von der Leserin beherrscht werden). Der Autor adressiert seine Leserinnen auf Augenhöhe, als Betriebsleiterinnen, denen er in ihrem Beruf mit Rat zur Seite stehen will. Das heißt nicht, dass er auf Predigten mitten im Text verzichten würde, und auch Moral wird, mithilfe von Beispielgeschichten, durchaus transportiert. In diesen Geschichten verbirgt sich zudem eine Ehelehre; sie wird jedoch nicht explizit formuliert.

Germershausen hat nach der *Hausmutter* einen ebenso umfangreichen *Hausvater* publiziert, er ist der Erste, der die Hausväterliteratur nach Geschlecht trennt, und damit der Erste, der einen Ratgeber für den Haushalt explizit an Frauen richtet. Und noch etwas ist neu in diesem traditionsreichen Genre: Herrschaftsrechte werden in den beiden großen Werken nicht mehr innerfamiliär, bezogen auf die Rechte und Pflichten des Ehepaares untereinander sowie auf das Verhältnis zwischen Eltern und Kindern, behandelt, sondern nur noch betrieblich, das Gesinde betreffend. Stattdessen wird in der *Hausmutter* die hierarchische Beziehung zwischen den Eheleuten eher unterschwellig transportiert. Wichtiger ist, dass die Ehepartner sich gegenseitig respektieren müssen. Die Hausmutter hat hier eine sehr viel selbstbewusstere Position inne als bei Campe: Davon, dem Ehemann zu dienen, ist nicht die Rede – im Gegenteil warnt Germershausen den Ehemann davor, die Ehefrau wie eine Sklavin zu behandeln. Tatsächlich wird der Ehemann in den fünf Bänden kaum erwähnt. Um den Betrieb ordentlich leiten zu können und für gemeinsamen Wohlstand zu sorgen, muss das Ehepaar gut zusammenarbeiten können, und dafür muss die Ehefrau den Überblick über sämtliche Finanzen haben und sich regelmäßig mit ihrem Mann über die nächsten Schritte beraten.[44]

Die *Hausmutter* stellt der Leserin in fünf Bänden ganz in der Tradition der Hausväterliteratur Wissen zur Verfügung: Kochrezepte, Seifenherstellung und Waschanleitungen, die Herstellung von Leinen vom Flachsanbau bis zum Bleichen des Stoffs, das Destillieren von Branntwein und die Behandlung von Tierkrankheiten. Der fünfte Band erweitert das bisherige Repertoire der Hausväterliteratur um Buchhaltung, die Beratung von Schwangeren, den Umgang mit Kleinkindern und die Erziehung der Töchter. In den ersten vier Bänden erhalten wir ein deutliches Bild davon, was von einer Hausmutter Ende des 18. Jahrhunderts erwartet wurde. Vieles davon würde man heute als Betriebsmanagement bezeichnen, im Grunde handelt es sich um Tätigkeiten, die Ehefrauen oft schon in mittelalterlichen Handwerksbetrieben übernommen haben: die Organisation der Produktionsprozesse, die Buchführung, den Einkauf, die Vermarktung. Das alles verlangt eine gewisse Flexibilität und Anpassungsfähigkeit an sich verändernde Situationen.[45] Die Protagonistin der *Hausmutter* allerdings leitet einen viel größeren Betrieb, ihre Hauptaufgaben sind das Delegieren und Überwachen eines mehr oder weniger großen Stabs an Personal. Beim Lesen hat man das Gefühl, sie müsse im Grunde zu jeder Zeit überall sein, um ihre Kontrollfunktionen auszuüben.

DIE LANDWIRTSCHAFT MODERNISIERT SICH: ÖKONOMISCHE AUFKLÄRUNG

Obwohl der Autor sich der behäbigen Form der traditionellen Hausväterliteratur bedient, bemüht er sich, am Puls der

Zeit zu sein: Unzählige Zitate aus Zeitschriften durchziehen die Bände, Autoren und Verfahren werden vorgestellt, die sich bei dem jeweiligen Thema um Innovation bemühen. So wird zum Beispiel eine Milchblasmaschine als technische Neuheit aus England vorgestellt. Sie soll zum Einsatz kommen, wenn die Kühe stehendes, faules und stinkendes Wasser getrunken haben, denn dann schmeckt die Milch so richtig ekelhaft, und das wirkt sich auch auf Butter, Käse oder Gebäck aus. Es folgt eine einigermaßen komplizierte Anleitung zum Bau des »sogenannten Ventilators«, die ebenso wie alle anderen Anleitungen ohne Abbildung bleibt.[46]

Germershausens Interesse an landwirtschaftlichen Neuerungen erklärt sich durch sein Engagement als Verfechter der sogenannten Ökonomischen Aufklärung, einer Bewegung, die sich für die Verbesserung der Landwirtschaft einsetzte. Der Begriff Ökonomie bezog sich zu dieser Zeit nicht allein auf die Landwirtschaft, sondern schloss die Hauswirtschaft ebenso mit ein. Der produzierende Haushalt wurde nicht als private Angelegenheit betrachtet, sondern galt als Grundlage für die lokale und staatliche Wirtschaft. Und so schöpft der ökonomische Aufklärer und Patriot Germershausen für die *Hausmutter* aus zahlreichen Artikeln der zeitgenössischen ökonomischen Literatur, zitiert Versuchsaufbauten und Materialvergleiche, gibt Tipps zur Verbesserung hauswirtschaftlicher Abläufe oder der Hygiene, um die Hausmutter auf den Stand der neuesten Erkenntnisse zu bringen und damit die Staatswirtschaft zu verbessern.

Ein kurzer Blick auf die damalige ökonomische Situation in Preußen, die Umgebung, in der die *Hausmutter* entstand, zeigt, vor welchem Hintergrund sich die Ökonomische Aufklärung entwickelte.

Das Interesse der absolutistischen Staaten an der Landwirtschaft hatte sich lange Zeit nur auf die Produktion von Luxuswaren gerichtet. Gewächshäuser sollten den Hof mit Orangen und frischem Obst das ganze Jahr über versorgen. In Preußen aber schafft König Friedrich Wilhelm I., der berühmte ›Soldatenkönig‹, Anfang des 18. Jahrhunderts den Luxus am Hof ab – zumindest im Vergleich zu seinem Vorgänger Friedrich I., der seinen Hof nach dem Vorbild des französischen geführt hatte und einen Schuldenberg von 20 Millionen Talern hinterließ. Sein Nachfolger konzentrierte sich auf die Errichtung eines starken stehenden Heeres, 70 Prozent des Etats floss in das Militär. Seine Wirtschaftspolitik, der Merkantilismus, förderte Bergbau und Gewerbe, vor allem durch die Errichtung von Manufakturen auf dem Land, die Waffen und Uniformen produzierten. So war auch jetzt noch die Landwirtschaft nur dann interessant, wenn sie Material für die Weiterverarbeitung in den Manufakturen herstellte, wie Wolle und Flachs für die Uniformen. Um Fachkräfte anzuwerben, schafften Friedrich Wilhelm I. wie auch sein Nachfolger Friedrich II. (›der Große‹) günstige Lebensbedingungen für Menschen aus ganz Europa, beispielsweise durch die Religionsfreiheit, die denen, die in anderen Ländern wegen ihres Glaubens verfolgt wurden, Zuflucht gewährte. Bauernfamilien wurde im Zuge der sogenannten Peublierung dünn besiedelter Regionen als Kolonisten Land in entwässerten und urbar gemachten Moor- oder Marschgebieten zur Verfügung gestellt. Handwerksfamilien und Fabrikanten bekamen Zuschüsse und Steuerbefreiungen. So wurde neues Wissen ins Land geholt, etwa von Hugenotten, die in Brandenburg den Anbau von Tabak einführten. Und auch an einer gesunden, steuerkräftigen Bevölkerung hatte der frühneuzeitliche Staat aus militärischen Gründen Interesse. Die demografische Politik ging auf: Allein von 1750 bis 1800 wuchs die Bevölkerung in den deutschen Territorien von 16 bis 18 Millionen auf 23 bis 24 Millionen Menschen an, in manchen Regionen, wie Brandenburg und Potsdam, gab es einen Sprung von über 100 Prozent. Mit dem beschleunigten Bevölkerungszuwachs aber stiegen in vielen Regionen die Preise für Lebensmittel: zwischen 1710 und 1810 für Roggen um 400 Prozent, Weizen um 300, Erbsen um 350 und Butter um 275 Prozent. Der Lohn hingegen stieg nicht, die Arbeitslosigkeit stattdessen schon. Hungerkrisen aufgrund von Missernten suchten die Länder vor allem von 1739 bis 1741, nach dem Siebenjährigen Krieg 1763 und erneut von 1770 bis 1772 heim. Und so wandte sich die Aufmerksamkeit auch der Intensivierung der Landwirtschaft zu, um deren Produktivität zu erhöhen.[47]

Und das nicht nur in Preußen. In den 1760er-Jahren entstand in Frankreich die ökonomische Theorie des Physiokratismus, die in den Produkten der Landwirtschaft die alleinige Basis der Wirtschaft sieht. Spekulanten fanden in der Landwirtschaft ein neues Spielfeld, was von Zeitgenossen als ›Agromanie‹ oder ›fantasme agricole‹ bezeichnet wurde. Gleichzeitig herrschte eine geradezu romantische Begeisterung für das ländliche Volk beim Adel, Georg III. von England wurde wegen seines Interesses für die Landwirtschaft als ›Farmer George‹ bezeichnet und der französische Dauphin beim Pflügen dargestellt. Das Leitbild des Englischen Gartens löste die französische Gartenkunst ab und etablierte damit nicht nur die Einrichtung von Ruinen und exotischen Tempeln, sondern auch von ganzen Meierhöfen und Einsiedeleien, inklusive Eremit, in der fürstlichen Lustgartenanlage. Marie

Antoinette ließ im Garten ihres Schlosses Petit Trianon ein ganzes Dorf inklusive Mühle, Molkerei, Fischerei und Bauernhof errichten. Aus heutiger Sicht scheint der verklärende Blick auf die Natur im Widerspruch zum Utilitarismus zu stehen, doch zeugen beide von einem für diese Stände neuen Interesse an der Natur und ihrer Nutzung.

Dieses neue Interesse an der Landwirtschaft als wichtigem ökonomischen Faktor erwachte in ganz Europa und beschäftigte eine bestimmte bürgerliche und landadelige Schicht. Zur Verbesserung landwirtschaftlicher Methoden gründeten sich ab Mitte des 18. Jahrhunderts überall Ökonomische Gesellschaften, die sich überregional und international über Briefe oder Artikel in Zeitschriften austauschten. Die Mitglieder bestanden vor allem aus Verwaltungsbeamten, bürgerlichen sowie adeligen Landbesitzern, Geistlichen und Gelehrten. Sie hielten auf ihren Versammlungen Vorträge über Schädlingsbekämpfung, schrieben Preisfragen zu Themen wie innovativen Pflugmodellen oder dem Anbau von Klee für die Stallfütterung aus, sammelten statistische Daten, publizierten Berichte über Anbauexperimente mit außereuropäischen Pflanzen wie Kartoffeln, Sonnenblumen und Tabak, über Wetterbeobachtungen, Düngemethoden, Bienenzucht oder Kultivierungsmaßnahmen von Ödland.[48]

Auch Germershausen gründete 1791, relativ spät, gemeinsam mit Eberhard von Rochow die *Märkische Oekonomische Gesellschaft* in Potsdam. Rochow engagierte sich nicht nur für die Agrarreformen, sondern auch in der Pädagogik. Er schrieb das erste moderne Lesebuch für Volksschulen, *Der Kinderfreund* (1776), und gründete 1773 auf seinem Landgut eine reformpädagogische Dorfschule, für die kein Schulgeld gezahlt werden musste und deren Lehrer im Vergleich sehr viel besser bezahlt wurden als üblich. Vor allem in den Landschulen konzentrierte sich in dieser Zeit der Unterricht immer noch auf das sture Auswendiglernen des Katechismus, der im Chor wiederholt wurde. Rochow hingegen hatte auf seiner Musterschule eine revolutionäre Methode eingeführt: die sogenannte ›socratische Methode‹, die nicht mehr das Auswendiglernen, den ›Katechismusdrill‹, sondern das Lernen durch die Beantwortung von Fragen in den Vordergrund stellte. Die Fragen sind aus heutiger Sicht ziemlich suggestiv, aber alleine die Idee, in den Schulen das selbstständige Denken anzuregen, war ein Meilenstein in der Geschichte der Pädagogik.[49]

Die Ökonomischen Gesellschaften waren Teil einer größeren Bewegung: den patriotisch-gemeinnützigen Gesellschaften. Sie alle verschrieben sich praktischer Arbeit, um die Gesellschaft zu reformieren. Damit setzten sie sich gegen Vereinigungen wie die Freimaurer ab, die sich eher auf die eigenen moralischen bürgerlichen Tugenden konzentrierten. Neu an den patriotischen Gesellschaften ist die standes- und konfessionsübergreifende Zusammensetzung der Mitglieder, im Gegensatz zur älteren Vereinigungsform der Korporation, in der Geburt und Stand ausschlaggebend für eine Aufnahme waren. Auf diese Weise befördern die Gesellschaften das Entstehen des gebildeten Mittelstandes, in dem sich das wohlhabende Bürgertum mit dem niederen Adel zusammentut. Hier entsteht ein Bewusstsein dafür, dass man sich gemeinsam für die Veränderung der Gesellschaft einsetzen kann, dass die Möglichkeit zu Reformen in der eigenen Hand liegt. Dabei verstehen sich die Mitglieder als »Helfer und Unterstützer obrigkeitlicher Wohlfahrt«.[50] Der Mittelstand grenzt sich von der höfischen Schicht und der Führungsschicht der Städte ab, ohne gegen den absolutistischen Staat rebellieren zu wollen. Friedrich II. versuchte diese Auflösungserscheinungen der Grenzen zwischen Bürgertum und Adel durch verschiedene Maßnahmen zu verhindern, etwa indem er den Verkauf von Rittergütern an Bürgerliche verbot oder die Rechte bürgerlicher Käufer von adeligen Gütern beschnitt. Diese Adelsschutzpolitik hatte letztendlich die Verarmung eines nicht kleinen Teils des grundbesitzenden Adels in Ostpreußen zur Folge, weil die Gutsbesitze den Repräsentationsaufwand nicht finanzieren konnten und sich die Besitzer hoch verschuldeten.[51]

VON MOHNÖL UND ROGGENKAFFEE: DIE PATRIOTISCHE HAUSMUTTER

Die vorherrschende ökonomische Theorie des Merkantilismus geht davon aus, dass Reichtum nur in begrenztem Maße existiert und deshalb Geld im Land gehalten werden muss. Deswegen sollen möglichst viele Rohstoffe exportiert und möglichst wenige fertige Produkte importiert werden. So versuchte man zum Beispiel jahrzehntelang, Seide in Preußen herzustellen, um der italienischen und französischen Seide Konkurrenz zu machen. Königliche Verordnungen sollten Bauernfamilien wie Grundbesitzer*innen zwingen, trotz der ungünstigen klimatischen Bedingungen Maulbeerbäume für die einheimische Seidenproduktion zu pflanzen, was regelmäßig schiefging, aber trotzdem immer weiter probiert wurde. Die Seidenspinnmanufakturen konnten nur mit erheblicher staatlicher Unterstützung existieren.

Auch in der *Hausmutter* ist die Idee, dass für Produkte kein Geld ins Ausland gehen darf, immer wieder Thema, und die Hausmutter wird in ihrer Rolle als Konsumentin zur Patriotin. So verurteilt der Autor das Trinken von Kaffee und deklariert die Suche nach einheimischen Kaffeesurrogaten (aus Roggen, Walnüssen oder Zichorien) als patriotisch. Die Verbesserung der Ölproduktion aus einheimischen Pflanzen wird ebenfalls zu einem patriotischen Unterfangen – ein wichtiges Thema, da nicht sosehr das Speiseöl, sondern vor allem das Lampenöl einen großen Posten im Haushaltsbudget ausmacht. Und das wird, weil sich Olivenöl am besten dafür eignet, im großen Stil im Ausland eingekauft. Der Fehler scheint Germershausen darin zu liegen, dass der Einkauf des Öls für den Haushalt erfolgt, weswegen die Hausväter ihn den Frauen überlassen und sich nicht um die Produktion des Öls kümmern. Deswegen adressiert er nun seine Leserinnen, die mit den durch sein Buch erlangten Kenntnissen den Ölschläger ihres Ortes anleiten können, aus einheimischen Pflanzen besseres Öl zu pressen.

Detailliert werden alle Schritte der Ölproduktion geschildert, vom Säen mit genauen Mengenangaben und Tipps für den Sämann über das Ernten, Dreschen und Trocknen der Samen bis zur richtigen Art und Weise des Ölpressens, auch die Eigenarten der verschiedenen einheimischen Pflanzen werden erläutert. Die meisten der geschilderten Verfahren, selbst Öl zu produzieren, sind sehr aufwendig. Die richtige Reife der Samen zu bestimmen erfordere große Aufmerksamkeit; das Ernten der Samen sei kompliziert, da sie beim Schneiden, Lagern und Transportieren leicht verloren gingen; bei allen Früchten müsse darauf geachtet werden, dass möglichst wenig Erde dazwischenkomme, da das Aussieben viel Arbeit mache, und das Sammeln und Verarbeiten von Nüssen und Kernen, bis man überhaupt eine lohnenswerte Menge beisammenhabe, sei ebenfalls sehr aufwendig.

Hier zumindest hat Germershausen einen pragmatischen Vorschlag: Kinder können die Schalen von Kürbiskernen entfernen, ebenso wie von den Lindennüsschen, die aus dem Straßenstaub gesammelt werden müssen: »Wo Waisen-, Zucht- und Arbeitshäuser oder Hospitäler sind, da könnte man die Kinder, Züchtlinge oder Hospitaliten sehr gut zur Sammlung der Nüßchen gebrauchen, und ihnen damit Beschäftigung machen.«[52] Diese Idee ist nicht aus der Luft geholt, im boomenden Potsdam wurde tatsächlich ein großer Teil der gewerblichen Produktion von den im Großen Militärwaisenhaus untergebrachten Kindern gestemmt. Generell mussten Kinder in Waisenhäusern seit dem Ende des 17. Jahrhunderts gewerbliche Arbeit leisten, damit sich die Institutionen selbst tragen konnten.[53] Doch auch mit unbezahlten Arbeitskräften würde sich Germershausens Idee der einheimischen Ölproduktion nicht rentieren, sind doch die übrigen Produktionsschritte überdimensioniert im Verhältnis zum Ertrag – ganz abgesehen davon, dass die Öle Knoten im Docht verursachen, stark rußen oder nicht so hell brennen wie Olivenöl. Die Hausmutter soll trotzdem die Ölproduktion aus einheimischen Pflanzen in ihrer Umgebung vorantreiben, damit sie für Olivenöl und Tran »ihr Geld nicht mehr aus dem Hause und Lande zugleich gehen« lässt.[54]

Nicht nur der moralische Patriotismus verstellte den wohlmeinenden Ökonomen manchmal den Blick auf wirtschaftlich sinnvolle Reformen, auch ihr eigener Paternalismus stand ihnen im Weg. Die Mitglieder der Ökonomischen Gesellschaften wollten die Landwirtschaft verbessern, indem sie zwischen den staatlichen Entscheidungsträgern und der bäuerlichen Bevölkerung vermittelten. Bauern, die eigentlichen Experten, gehörten diesen Gesellschaften nicht an. Im Selbstverständnis der aufklärerischen Mitglieder der patriotisch-gemeinnützigen Gesellschaften wurde die Gleichheitsidee eher als Gleichheit zwischen männlichen gebildeten Bürgern und Adeligen begriffen denn als Gleichheit aller Menschen. Nur Männer, die soziales Ansehen besaßen, fanden in den Gesellschaften zusammen, sodass sich hier eine gebildeten Elite formierte und sich erste Seilschaften bildeten.[55]

In England hatten staatlich geleitete Agrarreformen schon Ende des Spätmittelalters, in den Vereinigten Niederlanden in der Frühen Neuzeit zu einer enormen Verbesserung des ökonomischen Wohlstands geführt. Die agrarische Produktion konnte dazu aber nur im Zusammenhang mit gut funktionierenden Außenhandelsstrukturen sowie einer starken, von Leibeigenschaft befreiten Bauernschaft beitragen.[56] Das wurde von den deutschen Agrarreformern nicht gesehen, bzw. sie wollten es nicht sehen, weil grundlegende politische Strukturveränderungen nötig gewesen wären, die ihre eigenen Privilegien gefährdet hätten.

Und so machen die Standesunterschiede die Umsetzung von Agrarreformen schwierig. Die ökonomischen Aufklärer sind immer wieder erstaunt, dass die Bauern nicht so dumm sind, wie sie dachten. Germershausen berichtet von seinen einmal im Monat durchgeführten Zusammenkünften mit Bauern der Umgebung, um ihnen einzelne Artikel aus Krünitz' Lexikon vorzulesen: »Es giebt auch Denker unter den Bauern.«[57] Dass Gutsbesitzer*innen Bauern zu Verwaltern ausbilden und einstellen, ist nur eine erwähnenswerte Ausnahme, dabei würde es aus heutiger Sicht naheliegen. Doch die Standesgrenzen haben das meistens verhindert. Und so werden alle Bemühungen, die Landwirtschaft zu modernisieren, von paternalistischen Tönen begleitet und durchkreuzt.

Im Nachhinein aber hat die in den Schriften der ökonomischen Aufklärer geäußerte Enttäuschung über die sturen Bauern, die sich nicht belehren ließen, das Bild eines unveränderlichen Bauernstandes geprägt. Schon Voltaire machte sich über die Schriften der Physiokraten lustig: »Man schrieb nützliche Dinge über die Landwirtschaft; alle Welt las sie, nur die Bauern nicht.«[58] Neuere Untersuchungen zeigen indes, dass Bauern sehr flexibel und innovativ die neuen Kulturpflanzen wie Tabak, Kartoffeln oder Sonnenblumen angebaut haben, je nach Bodenbeschaffenheit und Absatzchancen.[59] Die größten Hemmnisse ergaben sich demnach durch obrigkeitliche Eingriffe wie das Forcieren der Seidenproduktion oder schlichtweg Ignoranz an den entscheidenden Stellen. In der Geschichtsschreibung der Agrargeschichte ist dieser Aspekt allerdings zunächst untergegangen.

Das Bild des unbelehrbaren Bauern, in dem die Thematisierung seiner politischen Situation keinen Platz hat, wurde jedoch noch mit einer zweiten Bedeutung ausgestattet. Ist in der Aufklärung und auch im 19. Jahrhundert diese behauptete Sturheit als fortschrittshemmend und negativ eingestuft worden, zeigt sich schon 1767 bei dem konservativen Publizisten Justus Möser eine Umdeutung. Er stellt eine politisch motivierte, verklärte Vorstellung vom ›richtigen‹, ›natürlichen‹ Landleben in einen Gegensatz zur artifiziellen »Franzosentümelei«[60] der oberen Schichten. Diese Interpretation, die »Aufklärungskritik, Nationalismus und Bauernfaszination«[61] miteinander verknüpft hat, beeinflusste die Vorstellung des Ganzen Hauses und zog sich von Riehl über den Nationalsozialismus bis Brunner.

Inzwischen beschreiben Historiker*innen diese Reformunwilligkeit – wo es sie explizit gegeben hat – als zumindest teilweise von sozialer Rücksichtnahme motiviert, da die Maßnahmen vielfach zulasten der unterbäuerlichen Schichten gingen, also derer, die kein Land besaßen. Die Aufteilung der Allmenden gibt dafür ein Beispiel. Die Allmendeteilung bedeutet die Auflösung der sogenannten Gemeinheiten, die vorher meistens im Besitz der Dörfer waren und gemeinschaftlich genutzt wurden: Wälder, Moore, Weiden, Brach-, aber auch Ackerland. Die Umwandlung der gemeinschaftlichen Flächen in Privatbesitz bedeutete eine intensivere Nutzung und Steigerung der Erträge durch den Anbau von Futterpflanzen und Stallfütterung statt der Nutzung als Weideland. Zugleich verschärfte die Allmendeteilung die Trennung zwischen Landbesitzenden und Landlosen und förderte die Armut, denn auch wenn die unterbäuerlichen Schichten die Allmenden nur für den Eigenbedarf nutzen durften, war selbst dies anschließend nicht mehr möglich. Das betraf vor allem Frauen als die hauptsächlichen Nutzerinnen. In den Äußerungen vieler zeitgenössischer Aufklärer über die Sturheit und Unbelehrbarkeit des Volkes findet man einen alten, sprichwörtlichen Topos, »der sich immer darauf bezieht, daß der ›gemeine Mann‹ etwas nicht tat, was er tun sollte; wie das war, wenn er selbst auf einen Gedanken kam, blieb dabei außer Betracht«.[62]

Die Erzählung der Agrargeschichte klingt eindeutig: Erst die Agrarreformen um 1807 nach Albrecht Daniel Thaer hätten eine Ertragssteigerung erbracht, die ökonomischen Aufklärer seien mit ihren Reformvorstellungen gescheitert. Sie legten aber die Grundlage für die Reformen mit ihren zahllosen Experimenten und Bestrebungen, die Verbesserungen auf wissenschaftliche Füße zu stellen. Thaer selbst war Mitglied in mehreren ökonomischen Gesellschaften inklusive der *Märkischen Oekonomischen Gesellschaft*, bevor er 1806 das erste landwirtschaftliche Institut gründete.

Eine weitere Gruppe und deren Expertise hatte wie die Bauern keinen offiziellen Zugang zu den Ökonomischen Gesellschaften: Frauen. Dabei gab es in Brandenburg Ende des 18. Jahrhunderts mehr Gutsbesitzerinnen als Gutsbesitzer, die ihren eigenen Hof führten, hauptsächlich Witwen (insgesamt waren mehr Gutshöfe verpachtet, hier waren die Pächter vermutlich Ehepaare).[63] Darunter waren die sogenannten ›Frauen von Friedland‹, zwei agrarreformerisch sehr engagierte Gutsbesitzerinnen, die auch mit Albrecht Thaer in regem Austausch standen. Helene Charlotte von Lestwitz (geschieden, nicht verwitwet) und ihre Tochter Henriette Charlotte von Itzenplitz galten in zeitgenössischen Erwähnungen als Ausnahmeerscheinungen und wurden mit Männern verglichen, da sie in Männerkleidung über ihre Ländereien ritten und sich auch sonst nicht viel aus gesellschaftlichen Vorschriften machten.[64] Sie waren weder sogenannte Ehren- noch korrespondierende

Mitglieder und publizierten auch keine Gastbeiträge in der Zeitschrift der *Märkischen Oekonomischen Gesellschaft*. In englischen ökonomischen Zeitschriften hingegen trugen Frauen mit Leserzuschriften zur Diskussion bei, in denen sie von Anbauexperimenten auf ihren neu gekauften Ländereien berichteten, und sie gewannen regelmäßig Preise, die auf die besten Erträge und Erfolge ausgesetzt waren. In Spanien und den Niederlanden gab es Ökonomische Gesellschaften, die von Frauen gegründet wurden. Die *Junta de Damas de Honor y Mérito* (1787) traf sich nicht in irgendwelchen Privaträumen, sondern tagte hochoffiziell und öffentlich im Rathaus von Madrid, sie existiert bis heute.[65] Über die Frauen von Friedland und ihre Rolle bei den Agrarreformen ist hingegen bis heute wenig bekannt.

HAUSWIRTSCHAFT ALS LETZTE BASTION DER GANZHEITSSEHNSUCHT

Die *Hausmutter* kann uns Aufschluss darüber geben, welche Rolle den Gutsbesitzerinnen von einem ökonomischen Aufklärer zugedacht wurde. In dem Ratgeber zeigt sich die Umbruchssituation der Wirtschaft unter anderem daran, dass hier die Grenzen zwischen Gewerbe und Hauswirtschaft – ebenso wie die zwischen Land- und Hauswirtschaft – noch nicht scharf gezogen sind. So wird aus Fachliteratur für das Gewerbe zitiert, zum Beispiel im Zusammenhang mit Einkaufstipps für Salz. Wenn auf einem Hof selbst geschlachtet oder Butter hergestellt wurde, war Salz ein äußerst wichtiges Produkt, das in großen Mengen gekauft wurde, da es für die

Konservierung nötig war. Vier verschiedene Salze werden bei Germershausen erörtert und auf ihre Eignung getestet. Der Autor schildert an chemische Versuchsaufbauten erinnernde Verfahren, um das Salz zu untersuchen – von der äußeren Anschauung wie Farbe, Gestalt, Gewicht, Dichte, Größe und Trockenheit der Salzkörner über Geschmack und Geruch zur Reinheit beim Zerlassen, Auflösungsqualitäten in Käse, Butter oder Wasser, Schaumentwicklung in kochendem Wasser, Knistern und Farbe der Flamme bei Verbrennen: Das spanische bekommt als Meersalz, das unrein sei und nach Fisch stinke, insgesamt keine gute Beurteilung, im Gegensatz zum hallischen und lüneburgischen.[66]

Diese Methoden zur Prüfung der Salzqualität stammen aus einem Kaufmannsmagazin, sie waren also für ein Expertenpublikum bestimmt: die Händlerinnen und Händler. Die Testverfahren würden sich auf einem Markt schlecht durchführen lassen. Ein zweites Beispiel, an dem die Umbruchssituation von privat hergestellten Produkten zu sich professionalisierendem Gewerbe deutlich wird, ist ein Abschnitt, der sich mit dem Betrug von Webern beschäftigt. Das Kapitel ist extrem kompliziert. Der Versuch, die Menge des beim Weber abzugebenden Garns zuverlässig abmessen zu können, damit man überprüfen kann, ob der Weber bei der gelieferten Leinwand auch alles Garn eingebracht und nichts zurückbehalten hat, scheint ein Ding der Unmöglichkeit. Zunächst muss die Hausmutter das Garn gleichmäßig und quantitativ nachvollziehbar (je nach Feinheit des Fadens) auf Haspeln aufspulen lassen, sodass die abgegebene Menge Garn sicher nachzuvollziehen ist. Für die Umrechnung von Garnmenge zur Menge an produzierter Leinwand werden verschiedene Autoren zitiert, was es nicht einfacher macht. Man muss die

Fachsprache der Weber beherrschen, um sie zu verstehen. Der Versuch, Informationen für die Spinnmanufakturen auf die Hauswirtschaft anzuwenden, scheitert.[67]

Dass die Hausväterliteratur die Existenz des autarken ›Ganzen Hauses‹ suggeriert, das alles selbst herstellt, was es benötigt, ist durchaus nachvollziehbar, wenn man davon ausgeht, dass alle Anleitungen auch umgesetzt wurden. Tatsächlich waren ländliche Haushalte aber schon im Mittelalter mit überregionalen Handelsnetzen verbunden und es wurden alle möglichen Arbeiten außer Haus in Auftrag gegeben. Auch die *Hausmutter* lässt die Autarkie des Haushaltes vermuten, gibt es doch Anleitungen für alles, was selbst hergestellt werden kann. Der Verkauf wird äußerst selten thematisiert, und Einkaufstipps beziehen sich vor allem auf exotische Gewürze. Tatsächlich aber wird hier die häusliche Herstellung von Produkten suggeriert, die schon längst professionell hergestellt wurden und käuflich erwerbbar waren, allen voran Textilien, Lebensmittel wie Essig und Öl oder Bier und Branntwein, je nach Region auch Gemüse und Brot. Die Kurmark, wo die *Hausmutter* entstand, war schon um 1770 eine gewerblich verdichtete Region, die wichtigste neben Schlesien. Mitte des 18. Jahrhunderts gab es dort nicht mehr nur die traditionsreichen Glashütten, Teeröfen, Kalkbrennereien und Ziegeleien, sondern auch die Metall- und Textilindustrie nahm stark zu, und ihre Abnehmer waren nicht nur das Militär, sondern auch die Bevölkerung.[68]

Die ökonomische Realität in Germershausens Dorf zeigt ebenfalls ein anderes Bild als das der Selbstversorgung. Germershausen half der Pächterin des benachbarten königlichen Ritterguts bei der Bewirtschaftung, da ihr Mann, wie er leicht verächtlich anmerkt, überfordert war. Die Pacht wurde schon seit mindestens 1764 nicht mehr in Naturalien, sondern ausschließlich in Geldbeträgen bezahlt. So war das Gut darauf ausgerichtet, möglichst hohe Erträge zu erzielen. Das gelang nur, indem die Agrarprodukte (Gerste, Roggen, Weizen, Stroh, Hafer, Heu und Flachs) erfolgreich vermarktet wurden. Andere Lebensmittel wurden nicht selbst hergestellt, sondern zugekauft, unter anderem Butter, Fleisch, Bier und Essig.[69]

In der engsten Umgebung des Autors der *Hausmutter* spielt sich also seit einigen Jahren ein extremer Umbruch der wirtschaftlichen Situation ab. Hier spiegelt sich die Zerrissenheit des Autors zwischen Ökonomischer Aufklärung und der Sehnsucht nach traditioneller Lebensweise, deren Verlust er immer wieder beklagt. Und so ist sein Plädoyer für das Selbstherstellen – von Garn, Öl, Butter oder Bier – ein verzweifelter Versuch, die alte Ordnung zu erhalten. Mit aller Kraft stemmt sich Germershausen gegen die Veränderungen seiner Zeit, trotz seines Engagements für die Reformansätze der Ökonomischen Aufklärung. Während Manufakturen und Handel wachsen und Unternehmen sich spezialisieren, instruiert er Frauen, alte Traditionen zu erhalten und Basisprodukte des alltäglichen Lebens nicht zu kaufen, sondern in ihrem ländlichen Betrieb selbst herstellen zu lassen.

Nicht zuletzt zeigt sich das schon in der Form, die er für seine Publikation gewählt hat. Die behäbige Hausväterliteratur war längst veraltet – Zeitschriften mit aktuellen Artikeln hatten seit der Mitte des Jahrhunderts das Feld übernommen, und die ökonomische Literatur hatte sich spezialisiert. Aus den Zeitschriften zitiert Germershausen oft, sie sind aber zu dieser Zeit teilweise schon über zehn Jahre alt – wie die als

Neuheit angepriesene Milchblasmaschine. Sein Anliegen, ein zusammenhängendes Wirtschaftssystem für die Hausmutter zu konstruieren, zeugt von einer Sehnsucht nach einem imaginierten Ganzen, ähnlich Riehls und Brunners Vorstellung vom Ganzen Haus. Diese Sehnsucht scheint bis heute einen unwiderstehlichen Reiz auszuüben, wenn man die immer wieder aktuellen Berichte (und Parodien) liest von Menschen, die ihrem Bürojob und der Entfremdung von Arbeit und Leben entfliehen, um auf dem Land mit selbstangebauten Kartoffeln und eigenen Hühnern glücklich zu werden.

Germershausens Anliegen angemessen und zeitgemäßer wäre die Form des Lexikons gewesen. Sein Text, insgesamt an die 4500 Seiten in fünf Bänden, ist aber über lange Strecken wie Prosa geschrieben und funktioniert als Nachschlagewerk nur bedingt. Viele Kapitel müssen von vorne bis hinten gelesen werden – darauf lassen verschiedene Stellen schließen, an denen wichtige Informationen zum Gelingen eines Rezeptes oder einer Anleitung nicht an den Anfang gestellt werden, sondern erst in einer der vielen verschiedenen Versionen oder Möglichkeiten auftauchen. Dass Mandeln mit Rosenwasser oder Ei zerstoßen werden müssen, damit sie nicht ranzig schmecken, taucht erst nach elf Seiten in der vierten Variante des neunten Rezeptes zu Mandelgebäck auf. Oft zählt der Autor mehrere unterschiedliche Verfahrensweisen auf, meistens regional oder international variierend, um abschließend in einem Kommentar die Versionen zu bewerten. Oder die neueste, beste Methode wird erst nach ausgiebiger Darstellung aller möglichen Zubereitungsarten ganz zum Schluss erwähnt, wie bei der Vorstellung des Papierfilters für die Zubereitung von Kaffee.[70]

Die *Märkische Oekonomische Gesellschaft* brachte ebenfalls eine ökonomische Zeitschrift heraus, zu der Germershausen mehrere Artikel beisteuerte. Keiner der Artikel beschäftigt sich mit den Themen, die er in der *Hausmutter* verhandelt, auch die der anderen Autoren drehen sich alle um die Landwirtschaft oder die Verbesserung des Gewerbes (das Appretieren von Hüten oder die Herstellung von Papier). An den Artikeln der Zeitschrift lassen sich also zehn Jahre nach Erscheinen der *Hausmutter* die in vollem Gange befindliche Trennung nicht nur von Land- und Hauswirtschaft, sondern auch von Privat- und Gewerbewirtschaft ablesen. Gleichzeitig spiegeln sie die daraus folgende zunehmende Aufgabenverteilung zwischen Frauen (für den inneren, privaten, häuslichen) und Männern (für den äußeren, beruflichen Bereich), die sich zunächst im bürgerlichen Stand vollzieht und die sich im Zuge der Industriellen Revolution weiter verschärfen sollte. Germershausens *Hausmutter* und *Hausvater* sind die ersten deutschsprachigen Publikationen, die diese gendercodierte Aufgabenverteilung so explizit vor Augen führen.[71]

DER LANDPFARRER UND SEINE VERBÜNDETE: DIE HAUSMUTTER ALS VERMITTLERIN

Hin- und hergerissen zwischen dem Reformeifer der Ökonomischen Aufklärung und traditionalistischem Systemerhalt sucht der Geistliche Germershausen in der *Hausmutter* eine Allianz mit seinen Adressatinnen zu schmieden, mit den Gutsbesitzerinnen oder den Ehefrauen von Gutsbesitzern und -pächtern. Denn sie sollen nicht nur Anwenderinnen des neuen, fortschrittlichen Wissens sein, das die landwirtschaftlichen Haushalte zum eigenen und damit zum Wohle der

Gesellschaft umsetzen sollen, sondern auch Vermittlerinnen. Die Verbesserungsvorschläge machen also die Männer, sie sind aber auf die Hausmütter als Entscheidungsträgerinnen im Betriebsmanagement und Vermittlerinnen in der Umsetzung angewiesen.

Evangelische wie katholische Pfarrer hatten selbst eine Vermittlerfunktion zwischen Staat und Gemeinde inne, indem sie verpflichtet waren, im Gottesdienst obrigkeitliche Mandate zu verlesen, die sich mit Kleefütterung, Blitzableitung, Obstbäumen oder Schädlingsvernichtung beschäftigten. Viele übernahmen mehr als diese reine Zeitungsfunktion, indem sie sich der Volksaufklärung verschrieben. Dieser Wandel vom Prediger zum ›Volkslehrer‹ hatte vor allem den Landpfarrern eine neue Existenzberechtigung gegeben, die sie im Zuge der Säkularisierung schwinden sahen. So waren sie wichtig bei der Verbreitung der Pockenimpfung oder lehrten Lesen, Schreiben und Rechnen, oder die Verwendung eines neuartigen Pfluges. Für die Verbesserung der Ernteerträge gab es auch ein ganz eigennütziges Interesse, da die Landgeistlichen zu Teilen von ihren Gemeindemitgliedern bezahlt wurden, oft auch prozentual – je höher der Ertrag, desto höher ihr Anteil.[72]

Die Vorbildfunktion des Landgeistlichen wird in der *Hausmutter* mit einer Geschichte über die Einführung von Taschentüchern ausgemalt. Ein Pfarrer wurde bei Antritt einer neuen Stelle auf dem Land damit konfrontiert, dass ihm die Gemeindemitglieder immer die Hand gaben. Dieser Sitte wollte er sich nicht widersetzen, obwohl er sich wegen des an den Händen klebenden Rotzes davor sehr ekelte – ein Gewissenskonflikt, der in der letzten Zeit wieder stark an Aktualität gewonnen hat. Nachdem er zunächst Zuflucht dazu genommen hatte, immer die Handschuhe anzubehalten, sein kärglicher Lohn es ihm aber nicht erlaubte, sich jede Woche neue zu gönnen (denn auch die Handschuhe waren schnell mit Rotz verschmiert), führte er gemeinsam mit dem Schulmeister ein, dass die Eltern ihren Kindern Schnupftücher aus abgelegten Hemden machen sollten (jede Woche ein frisches, bei Schnupfen öfter wechseln). Daran nahmen die Eltern sich ein Beispiel, und plötzlich war die ganze Gegend ein Vorbild an Reinlichkeit, was sich letztendlich auch auf die Lebensmittelproduktion und deren Absatz auswirkte: »Hiermit hatte der Geistliche nun einen so guten Ton in seinem Kirchspiele angegeben, daß Reinlichkeit der herrschende Geschmack ward, und die Wirthinnen kamen in so guten Ruf bäuerlicher Eleganz, daß die benachbarten Städte am liebsten ihre Butter und Käse von so reinlichen Leuten nahmen.«[73] Die Argumentation für Reinlichkeit führt hier zu ökonomischen Vorteilen.

Obwohl Germershausen Geistlicher ist, versucht er alle Anweisungen für die richtige Haushaltsführung ökonomisch oder rational zu begründen. Das gelingt ihm nicht immer und führt manchmal zu etwas abstrusen Argumentationslinien, was die Ambivalenz zwischen seinem Beruf und dem Engagement für die Ökonomische Aufklärung spiegelt. Zum Beispiel ist er nicht zimperlich, wenn es um wirtschaftliches Haushalten bei der Ausübung religiöser Rituale geht. Da es beim Tragen von Trauerkleidung zu einem gewissen Wetteifern – »ein Werk der eitlen Pracht« – gekommen sei, habe nicht nur Preußen eine Trauerverordnung erlassen, damit die Haushalte sich nicht aus gesellschaftlichem Zwang ruinieren. Aus dieser zitiert er die detailliert festgelegten Trauerzeiten für die verschiedenen Familienmitglieder: Eine Witwe trauert ein Jahr um ihren Mann, ein Witwer nur ein halbes um seine Frau; um Kinder wird drei Monate getrauert, wenn sie jedoch unter zwölf Jahre alt waren, ist das Trauern verboten; ebenso ist bei Strafe die Drapierung von Leichenwagen und der Pferde verboten wie auch das Einkleiden des Gesindes in Trauerkleidung bzw. deren Bezahlung. Germershausen bezeichnet diese Verordnungen als »heilsam« und geht mit keinem Wort auf die emotionale Komponente des Trauerns ein. Des Weiteren stellt er eine Kostenberechnung der Särge und der Leichenkleidung zur Verfügung, mit dem Hinweis, dass es in weit entfernten Gegenden noch Mode sei, Frauen in ihren ordentlichen Kleidern zu bestatten. Das sei ökonomischer Unsinn, denn die einfachen Gewänder aus weißer Leinwand (»Badekappen« genannt) seien ungleich günstiger. Außerdem solle man die Kleider für die Lebenden aufsparen. Eine Ausnahme wird bei Militärs gemacht, die in Regimentskleidung bestattet werden.[74]

Richtet sich die Klage gegen die Verschwendung in Kleidungsfragen nicht wie oben geschildert an den Mittelstand, sondern an das Gesinde, wird noch ein anderes Motiv des Autors deutlich: die Angst vor Übertretung der Standesgrenzen aus der anderen Richtung. Hätte das Gesinde noch vor 30 Jahren nur selbstgemachte, grobe Kleidung aus Wolle und Leinen getragen, müsse es nun feine, gekaufte aus Baumwolle sein. Das vordergründige Argument lautet, dass diese Produkte nicht so lange halten, aber der eigentliche Frevel ist, dass das Volk sich anmaßt, so feine Stiefel, Strümpfe oder Handschuhe wie die Herrschaft zu tragen. Das Schimpfen über zu vornehme Kleidung bei den unteren Schichten und die dadurch drohende Auflösung der Standesgrenzen ist ein Topos, den es schon im Mittelalter gegeben hat und der wenig mit der Realität zu tun hatte, da Kleidung enorm wertvoll war.[75]

Diese Angst vor der Auflösung der Standesgrenzen ist von der Angst vor Personalmangel und damit dem Zusammenbruch des Systems bestimmt. Denn auch wenn die Arbeit in den Manufakturen hart war und schlecht bezahlt, entkam man dort doch dem vollständigen Zugriff der Herrschaft auf das ganze Leben. Germershausen beschimpft die Mägde und Knechte, die sich lieber in den Spinnmanufakturen verdingen, als faul, da sie den ganzen Tag drinnen verbringen könnten, wo sie der Witterung und der harten Arbeit auf dem Feld nicht ausgesetzt seien. Vor allem Frauen und Kinder waren in den Manufakturen und Fabriken im 18. Jahrhundert heiß begehrte billige Arbeitskräfte. Um der Tendenz zur Mechanisierung der Arbeit entgegenzuwirken, schlägt Germershausen vor, dass doch die Hirten spinnen sollten, während sie auf das Vieh aufpassten. Dazu sei eine Spindel ausreichend, die man im Gehen und Stehen betätigen könne, sodass man weder ein Spinnrad noch einen Hocker benötige. Ein Kollege von ihm geht einen Schritt weiter, ihm schwebt vor, in seiner Parochie die Knechte per Gesetz zum Spinnen zu verpflichten, er imaginiert eine ganze Spinnkolonie – nicht in Form einer Manufaktur, sondern in Heimarbeit an den dunklen Winterabenden, an denen sonst nichts zu tun ist. Es geht also um die größtmögliche Ausnutzung der Arbeitskraft, an freie Zeit dürfen sich die Unterschichten gar nicht erst gewöhnen.[76]

Die Verknüpfung von Ökonomie, Religion und Moral ist zu dieser Zeit angesichts fortschreitender Säkularisierung und wirtschaftlicher Modernisierung als nicht mehr zeitgemäß angesehen worden. Das wird Germershausen selbst auch bewusst gewesen sein, denn in den meisten Begründungen ist es das ökonomische Argument, das die Hausmutter in ihrer Vorbildfunktion gleichzeitig zu ihrem eigenen wie zum Wohl des Staates umsetzen soll. Wie beispielsweise in der Gesindeküche, wo ihr Regiment das Küchenpersonal zur Reinlichkeit erziehen muss. Es sei ein nicht zu verzeihender Fehler, wenn sie bei der Zubereitung des Gesindeessens »Schmutz und Unfläthereyen nicht vermeidet«. Raupen, Schnecken und Würmer in Salat und Kohl zu dulden oder Waschlappen und Windeln in Küchengefäßen auswaschen zu lassen, die so ins Essen gelangen können, »kann doch manchem Dienstbothen Ekel und Widerwillen erregen«. Die reinliche Hausmutter ist eine Patriotin, da Sauberkeit die Gesundheit erhält, Epidemien eingrenzt und das Bevölkerungswachstum fördert, was bei dem herrschenden Gesindemangel auch zum Vorteil ihres eigenen Standes wäre – man könne dann wieder aus einer größeren Menge wählen und müsse dem rohen Gesinde keinen überhöhten Lohn zahlen.[77] Die Hausmutter garantiert so, wie später die Hausfrau mit ihrer eigenen Arbeit, den Systemerhalt.

VERBRAUCHERRATGEBER: MATERIAL – LEBENSMITTEL – GESUNDHEIT

In dieser historischen Umbruchsituation, in der sich die moderne bürgerliche Gesellschaft zu formieren beginnt, wartet die Ökonomische Aufklärung mit einer Literatur auf, die sich der Modernisierung und Verbesserung der Haushaltsführung zum Wohle der Gesellschaft auf ganz praktische Weise widmet und die sich hier zum ersten Mal explizit an die Frauen richtet. Verbraucherratgeber nehmen in diesem Zusammenhang einen breiten Raum ein. Immer, wenn neue Materialien oder Geräte ihren Weg in die Küchen finden, muss es Anleitungen zu ihrem Gebrauch geben – so entstehen bis heute ganze Kochbücher, die sich mit dem jeweiligen Thema auseinandersetzen und gleichzeitig Werbung für kommerzielle Produkte machen: für Weckgläser, den Gas- oder Elektroherd, Backpulver, den Dampfkochtopf, die Mikrowelle, den Zauberstab oder den Thermomix. Oetker und Weck gingen Ende des 19. Jahrhunderts Kooperationen mit Backofenherstellern, Gas- und Elektrizitätswerken ein; Oetker verschenkte sein erstes Kochbuch 200 000-mal. Beide Marketingstrategien waren bzw. sind bis heute sehr erfolgreich: Das bis heute immer wieder aktualisierte *Dr. Oetker Schulkochbuch* erschien 1910 zum ersten Mal und erreichte innerhalb weniger Jahre eine Millionenauflage, und Weck hat den Begriff ›einwecken‹ geprägt, der 1934 sogar in den Duden aufgenommen wurde.[78]

Auch in der *Hausmutter* finden sich schon Materialbesprechungen, die die Arbeitsabläufe verbessern sollen: So lässt sich in durchsichtigen Gläsern unreines Bier erkennen, und Steingut ist zwar ein gutes Material, aber zerbrechlich und sehr schwer, es wird deshalb öfter von den Mägden fallen gelassen. In großen, spezialisierten Milchbetrieben werden für die Gewinnung von Sahne, die zu Butter weiterverarbeitet wird, Milchtubben aus Holz statt aus Steingut benutzt. Germershausen legt sie auch kleineren Betrieben ans Herz, obwohl die Reinigung ungleich aufwendiger ist. Und so bekommen wir einen Einblick in die tägliche Arbeit der Mägde, denn die Wartung dieser neuartigen Gefäße muss detailliert beschrieben werden.

Die schweren Tubben werden nach jedem Gebrauch mit kochendem Wasser ausgespült, danach mit einem hölzernen Messer alle Reste von sauer gewordener Milch aus den Ecken, Ritzen und Zwischenräumen zwischen den Reifen und dem Holz von innen und von außen beseitigt. Anschließend wird das Holz von innen und außen mit Strohwischen und Sand gescheuert. Dann wird ein Gefäß nach dem anderen in kochendes Wasser gehalten, mit kaltem Wasser abgespült und an der Luft getrocknet. Die Reinigung spielt bei den Butterfässern, die schon seit Langem ebenfalls aus Holz sind, keine so explizite Rolle mehr. Der Aufwand, der beim Reinigen der Holztubben betrieben werden muss, steht in keinem Verhältnis zu denen aus Ton oder Steingut – der Faktor der Arbeitskraft wird komplett ignoriert, obwohl Germershausen sich in die zeitgenössischen Klagen über den Mangel an gutem Personal einreiht, was aber keinerlei Auswirkungen auf seine Argumentation hat. Die Reinigung der Tubben und aller anderen Behältnisse und der Durchseihtücher, die mit Milch in Verbindung kommen, ist allerdings tatsächlich von grundlegender Wichtigkeit. Denn wenn sie nicht gründlich genug geschieht, entsteht Säure und die Milch schlägt um oder die Butter will nicht gelingen, was in »geringen Häusern gemeiniglich Hexereyen zugeschrieben wird.«[79] Und in schönster aufklärerischer Manier warnt er vor Scharlatanen, die den abergläubischen Hausmüttern das Geld aus der Tasche ziehen.

Wie bei der Anleitung zur Behandlung neuer Materialien und Gerätschaften wird Hilfestellung bei der Verarbeitung von neuen Lebensmitteln (wie der Kartoffel) mittels Rezepten und Anbauanleitungen gebraucht, ebenso Tipps zum Umgang mit exotischen Gewürzen sowie zu deren Einkauf, denn neue, unbekanntere Produkte eignen sich gut für den betrügerischen Verkauf von minderwertiger Ware. Die Tricks der Händler sind vielfältig: Gewürze wie beispielsweise Zimt sollte man nicht schon gestoßen, sondern immer am Stück kaufen, da Baumrinde oder Ziegelmehl daruntergemischt sein kann. Die Existenz des weißen Pfeffers wurde angezweifelt, und zwar bestehe er aus dem weißen Kern des schwarzen, der in Seewasser eingelegt wurde, um ihn von der schwarzen Schale zu befreien. In Holland und Frankreich werde dieser zusätzlich mit weißer Erde oder Kreide behandelt, damit er desto weißer und glatter ausfalle. »Einige wollen doch behaupten, daß es natürlichen weißen Pfeffer gebe, und dieses sey die von den Ranken noch unreif abgenommene Frucht.«[80] Tatsächlich ist es der schwarze Pfeffer, der grün und unreif geerntet und anschließend getrocknet wird. Für weißen Pfeffer müssen die Früchte vollreif sein, diese werden dann mehrere Tage in Wasser eingelegt, um sie vom Fruchtfleisch zu befreien. Da das eine aufwendigere Prozedur ist, ist der weiße Pfeffer teurer, sodass es kein Wunder ist, dass es Fälschungsversuche mit Kreide gab.

Und schließlich widmet sich die Verbraucherkunde der *Hausmutter* dem wichtigen Feld der Gesundheit, hier trägt die Hausmutter als Chefin eine besondere Verantwortung. Im 18. Jahrhundert hatte in wohlhabenden Haushalten Kupfer als Material das Kochgeschirr aus Gusseisen abgelöst, es ist viel leichter und hat eine bessere Wärmeleitfähigkeit. Unbeschichtetes Kupfer korrodiert allerdings in Kontakt mit Säure. Um den grünen Farbton von Gurken und Bohnen zu erhalten bzw. noch zu verstärken, wurden beim Einmachen Kupfergefäße benutzt, da der Grünspan in der Salz- und Essiglake diese Farbe produziert. Das führt zu Vergiftungen und ist erst

Ende des 19. Jahrhunderts verboten worden.[81] Germershausen versammelt in der *Hausmutter* die bisherigen Erkenntnisse zu gesundheitsgefährdenden Materialien. Dabei stützt sich das Wissen vor allem auf Erfahrungsgeschichten, die sich in Bezug auf Kupfer, Zinn und Blei teilweise widersprechen, die Diskussion ist hier noch in vollem Gang.

Im Umgang mit der Fachliteratur zeigt sich der größte Unterschied der *Hausmutter* zur traditionellen Hausväterliteratur. Germershausen nutzt die gängige Methode der Ökonomischen Aufklärung, alle möglichen Autoren zu zitieren, alle möglichen Varianten aufzuzählen, sie miteinander zu vergleichen und abschließend zu kommentieren. Dieses Vorgehen lässt das Werk enorm anschwellen und zeigt zugleich anschaulich, wie zu seiner Zeit versucht wurde, die Land- und Hauswirtschaft zu verwissenschaftlichen. Dieser Versuch ist eine Mixtur aus systematischen Versuchsaufbauten, Langzeitbeobachtungen und Einzelfallschilderungen.[82] Der Autor versucht seine Leserinnen zum selbstständigen Denken anzuregen, indem er die vielfältigen Methoden und Varianten schildert, und sie immer wieder dazu auffordert, sich für die der Umgebung angemessene zu entscheiden. In sehr vielen Fällen allerdings setzt er sich nach der langatmigen Beschreibung der unterschiedlichen Möglichkeiten als Experte in Szene, indem er sie kommentiert und bewertet.

DIE HAUSMUTTER LEITET EXPERT*INNEN AN – BEISPIEL: HEBAMMEN

Ihr neu angelesenes Wissen soll die Hausmutter aber nicht nur im eigenen Haushalt umsetzen, sondern auch an externe Experten weitergeben. Da Germershausen davon ausgeht, dass sein Buch bei seinen Leserinnen sehr beliebt ist, soll die Verbreitung des ärztlichen Wissens im Falle einer Schwangerschaft über die Hausmutter als Multiplikatorin laufen. Diese soll sich das Wissen über alles, was bei der Geburt beachtet werden muss, aus einem Buch des Arztes Samuel Morgenstern aneignen und von den Hebammen verlangen, nach diesen Regeln behandelt zu werden. Denn: »Die Dorfhebammen werden schwerlich gedruckte Unterweisungen zu Hand nehmen ob sie ihrer schon am meisten bedürfen. Die Frauen des Mittelstandes sollten es auf dem Lande desto mehr thun, und in Zeiten die Wehmütter darnach unterrichten.«[83] Die Verwissenschaftlichung des Hebammenberufes ist seit dem 17. Jahrhundert ein hart umkämpftes Gebiet. Hebammenliteratur war eine der frühesten gedruckten Fachliteraturen: Im 16. und 17. Jahrhundert schrieben Hebammen Bücher, die ein weitreichendes Wissen über anatomische und gynäkologische Kenntnisse verrieten. Gleichzeitig wurde der Beruf stark reglementiert. Akademisch ausgebildete Ärzte begannen die Entscheidungshoheit über das Fach zu beanspruchen, was ihnen bis zum 19. Jahrhundert auch gelang und die Auslagerung der Geburt aus dem Haus in die Klinik zur Folge hatte. Das führte in einigen Krankenhäusern zu einer erhöhten Sterblichkeitsrate im Kindsbett, weil die Ärzte teilweise direkt aus der Pathologie kamen und die Desinfizierung der Hände noch nicht bekannt war. Der Arzt Ignaz Semmelweis, der diesen Zusammenhang Mitte des 19. Jahrhunderts aufdeckte, wurde zunächst von seinen Kollegen verlacht und gemobbt, da seine Entdeckung nicht in die vorherrschenden Theorien über Übertragungswege passte und Desinfektion als Zeitverschwendung gesehen wurde.[84]

Fast 100 Seiten in der *Hausmutter* kreisen um Schwangerschaft, Geburt und Wochenbett, und davon, was die Hebammen alles falsch machen. Auch Germershausen hält männliche Geburtshelfer für geeigneter. Der Geburtsvorgang wird sehr explizit beschrieben, was ein Grund für die Warnung im Vorwort sein mag, der Band sei erst für Töchter in ›mannbarem‹ Alter geeignet. Germershausen kritisiert die Gewohnheit der Landleute seiner Umgebung, dass der Ehemann seine Frau bei der Geburtsarbeit auf den Schoß nimmt und von hinten umfasst. Es wird nicht deutlich, ob die Körperstellung kritisiert wird oder die Tatsache, dass der Ehemann anwesend ist. Manche Hinweise betreffen eher die Seelenlage der werdenden Mutter: Die Stube, in der die Geburt stattfindet, sollte nicht zu warm sein, da dieses das Schwitzen und die Angst der Gebärenden steigere; so sollte man auch darauf achten, dass nicht zu viele Freundinnen dabei seien, sondern nur die vertrautesten. Der folgende Rat ist so einfühlsam, dass er aus der Erfahrung seiner Arbeit als Pfarrer stammen könnte: »Bey schweren Geburten laufen gemeiniglich alle Frauen des Orts hinzu. Die Menge erwärmet die Stube zu sehr, und der Anblick so vieler Menschen macht die Leidende noch verwirrter.« Sie käme so auf den Gedanken, sie läge im Sterben und alle kämen, um sich zu verabschieden. »Alles, was Furcht machen kann, muß sorgfältigst vermieden werden.«[85]

VON DER RÄUBERPISTOLE ZUM KOCHREZEPT – FALLSTRICKE SCHRIFTLICHER WISSENSVERMITTLUNG

Doch wie erreicht das neue Wissen am besten sein Zielpublikum? Und wer ist überhaupt das Zielpublikum? Bevor die Hausmutter das Wissen weitergeben kann, muss es zunächst bei ihr selbst ankommen. Der Autor wendet Taktiken an, um den Text weniger dröge zu machen: Teilweise humorvoll, teilweise spannend werden ›wahre‹ Geschichten und spektakuläre Beispiele eingeflochten, wie die Horrorerzählung einer Bäuerin, die an einer Kupfervergiftung stirbt, oder eine Räubergeschichte mit lehrreichem Fazit, in der eine schießende Hausmutter die Heldenrolle übernimmt: Bei einem Überfall auf ihr Haus bestehen die Aufgaben der Frau in der Verdunkelung des Zimmers, dem Bau einer Wagenburg aus Möbeln und dem Abfeuern und Nachladen der Pistole. Es wird nicht wirklich deutlich, ob der Autor diese Geschichten zur Nacheiferung oder als Kuriosität erzählt. Auf jeden Fall bietet die Lektion – man soll es geheim halten, wenn man eine größere Menge Geld im Haus aufbewahrt, und sollte immer feste Schuhe unter dem Bett stehen haben – vor allem einen Vorwand, um eine spannende Geschichte zu erzählen.[86]

Auch sonst liest sich der Text über weite Strecken wie gesprochen. Mir scheinen die Geschichten mitten im informativen Textfluss das Lesen zu erleichtern, mehr noch das Zuhören. Hier zeigt sich die Berufserfahrung des Predigers, der die Aufmerksamkeit seiner Zuhörerschaft aufrechterhalten muss. Da in der Kirche möglichst viele Hörerschichten erreicht werden sollten, schalteten die Pfarrer unterhaltsame Geschichten in ihre Predigten ein. Tatsächlich wurde trotz fortschreitender Alphabetisierung noch lange in Gemeinschaft gelesen. Gerade im 18. Jahrhundert bildeten sich zahllose gesellige Lesekreise, um gemeinsam zu lesen und zu diskutieren.[87] Germershausens Geschichten sind äußerst unterhaltsam und geeignet, in großer Runde vorgelesen zu werden. Er setzt sich in Szene, indem er aus dem Nähkästchen plaudert, Räuberpistolen erzählt oder sich im Predigtton über das unzuverlässige Gesinde beschwert.

Die Strategie, Wissen interessant zu vermitteln, ist das eine – konkrete Anleitungen aber so zu formulieren, dass sie auch umsetzbar sind, das andere. Bis heute hat Anleitungsliteratur mit Problemen bei der Vermittlung von Wissen zu kämpfen, mit Bedienungs- oder Bauanleitungen kann man, wie wohl jede*r schon erfahren musste, Stunden von Lebenszeit vergeuden, ohne das gewünschte Ergebnis zustande zu bringen. Das liegt vor allem daran, dass es nicht einfach ist, Wissen, das mimetisch, also durch Zeigen und Nachmachen, erlernt wurde, aufzuschreiben. Vor diesem Problem stand auch schon die frühe Fachliteratur, die im 16. Jahrhundert nach der Verbreitung des Buchdrucks in Europa entstand. Technische Erfindungen ebenso wie Erfahrungen, eigene und die der Expert*innen aus dem Volk, ob es nun Kräuterweiber, Brauer, Bäuerinnen, Feuerwerker, Köche oder Apothekerinnen sind, müssen nicht nur verschriftet, sondern auch oft überhaupt zum ersten Mal formuliert werden. Das bedeutet, zuvor nonverbales Wissen muss versprachlicht werden. Auch im 18. Jahrhundert stießen die französischen Aufklärer Denis Diderot und Jean-Baptiste le Rond d'Alembert in dem Unterfangen, in ihrer *Encyclopédie* alle möglichen Berufe vorzustellen, auf Schwierigkeiten: Nur sehr wenige Arbeiter seien in der Lage, über ihre Werkzeuge und ihr Handwerk zu sprechen. Ihr Wissen war körperlich gespeichert und nicht durch Sprache auszudrücken.[88] Das erfahren wir heute, wenn wir jemandem etwas beibringen wollen und dabei erst durch die Fehler der anderen Person erkennen, wie viele Informationen unbewusst im eigenen Körper gespeichert sind.

Der ursprüngliche Zweck von geschriebener Sprache wird in der Funktion vermutet, das Denken zu unterstützen bzw. das Gedächtnis zu entlasten, und nicht darin, abwesenden Personen über Raum und Zeit hinweg etwas mitzuteilen. Am Beispiel des Rezepts lässt sich das gut nachvollziehen. Als schriftliches instruktives Kommunikationsmedium hat es das Rezept erst ab dem 16. Jahrhundert gegeben. Dass die Verschriftung von Wissen hauptsächlich der Entlastung des Gedächtnisses desjenigen dient, der dieses Wissen schon besitzt, ist an Rezepten, die von Laien aufgeschrieben werden, heute noch gut nachzuvollziehen, etwa auf der Onlineplattform Chefkoch.de oder an der eigenen Rezeptesammlung, die für Außenstehende manchmal kryptisch anmuten kann.[89]

Zudem stellt sich immer die Frage, an wen sich die Autor*innen richten und wie viel Wissen sie voraussetzen können. Einige der Autoren der frühen Fachliteratur behaupteten vollmundig, mit ihrem Buch könnten sich auch Laien das verhandelte Wissen »on einn lerer« aneignen, was vor allem bei den Themen Lesen und Rechnen skurril erscheint. Ob an Expert*innen oder Laien gerichtet – die Autor*innen mussten lernen, idealtypische Adressat*innen zu konstruieren und sich in deren Wissensstand einzufühlen. Das ist heute noch eine schwierige Aufgabe, in einer Zeit aber, in der es noch keine allgemeine Schulpflicht gab und eben auch keine einheitlichen Lehrpläne, war das ein unlösbares Problem.[90]

Die Frage, an wen Germershausen sich mit der *Hausmutter* wendet, bringt uns Aufschluss darüber, ob das Bild des Autors mit der Realität seiner Zielgruppe übereinstimmt. Zunächst zielt er ebenfalls auf die frisch verheiratete Anfängerin als Profiteurin seines Buches. Sie muss sich nicht bloßstellen und zugeben, wenn sie etwas nicht weiß, weil sie, in seinen Worten, »bisher zu blöde« war, bei »erfahrnen Hausmüttern in die Schule zu gehen« – sie kann es heimlich bei ihm nachlesen. So rät er Anfängerinnen im Kuchenbacken, mit den leichteren Rezepten anzufangen und sich erst nach und nach an die schwierigeren zu wagen. Außerdem sollen sie zunächst das Rezept für sich selbst ausprobieren, da es besser sei, Gästen gar keinen Kuchen aufzutischen als einen, der »sofort den Mangel der Uebung und Wissenschaft offenbaret«. Da die Rezepte nicht nach Schwierigkeitsgraden klassifiziert sind, so wie das heute in manchen Kochbüchern der Fall ist, wird man erst bei der Umsetzung der Fallstricke gewahr, die auftreten können. Auch wenn man »einem Meister oder einer Meisterin im Kuchenbacken zugesehen« hat, wird die Anfängerin, auf sich alleine gestellt, doch Fehler machen. Er rät ihnen deswegen, sich das Rezept mehrfach durchzulesen und sich genau daran zu halten, dann könne nichts schiefgehen.[91] In diesem Punkt hat sich bis heute nicht viel geändert. Cynthia Barcomis grundsätzliche Regel, die sie in ihrem Backbuch nach einer Einleitung den Rezepten voranstellt, klingt ganz ähnlich: »**So backen Sie erfolgreich**: Lesen Sie das Rezept **ganz** durch. Verwenden Sie eine **zuverlässige** Waage, und wiegen Sie die Zutaten **genau** ab, bevor Sie beginnen. Konzentrieren Sie sich **erst auf die Zutaten** und **dann auf den Backprozess**. Vertrauen Sie immer meinem Rezept.«[92] Das nimmt man sich jedes Mal wieder vor, wenn man mitten im Backvorgang liest, dass man die geschmolzene und dann wieder hart gewordene Butter schaumig schlagen soll, oder dass der Teig weiterzuverarbeiten ist, wenn er einen Tag im Kühlschrank gelegen hat. Und dann vergisst man es wieder und macht beim nächsten Rezept den gleichen Fehler noch mal, wenn man eine Stunde vor Eintreffen der Gäste liest: Nachdem das Fleisch für mindestens 48 Stunden in der Marinade gelegen hat (die man gerade erst fertiggestellt hat) …

Germershausen rät dazu, das Rezept vorher auf einen Zettel zu schreiben und jeden erforderlichen besonderen Arbeitsschritt zu unterstreichen: »Auf diese Weise wird man sich am sichersten aus der Stümperey heraushelfen, und bey wiederholten Versuchen bald die Meisterschaft erlangen können«, bis man es nicht mehr nötig habe, sich »sclavisch« an das Rezept zu halten, wie das die richtigen Köche und Kuchenbäcker auch nicht täten, die dadurch ihre individuellen Resultate erzielten – trotzdem muss man sich an die wichtigen Vorschriften halten, damit der Kuchen gelingt, und die »Beurtheilungskraft« muss entscheiden, welche das sind.[93] Das klingt tatsächlich nach einer Anleitung für Anfängerinnen, die durch stetes Ausprobieren und alleine mit seiner Beschreibung zum Ziel gelangen können. Bei genauerer Betrachtung der Rezepte allerdings stellt sich das als unrealistisch heraus.

NICHTS FÜR ANFÄNGERINNEN: MENGENANGABEN UND KOCHZEITEN FEHLANZEIGE

In vielen Rezepten, die der Autor in die *Hausmutter* aufgenommen hat, fehlen wichtige Angaben, wie etwa in einer Auswahl von Rezepten für Pfannkuchen (die eine sehr vage Ähnlichkeit mit dem aufweisen, was in Berlin immer noch Pfannkuchen genannt wird, während sie in Süddeutschland Krapfen, in Hessen Krebbel und in Nordwestdeutschland Berliner heißen). Germershausen schreibt, dass keine Art von Kuchen häufiger gebacken werde als diese Pfannkuchen, weswegen er ihnen besondere Aufmerksamkeit widme und mehrere Varianten anführe. Das Rezept scheint dann auch so bekannt zu sein, dass die drei Versionen unter Nr. 1 dementsprechend kurz ausfallen: »Nimm ein Pfund Waizenmehl, drey Eyer, ein Viertelpfund kleine Rosinen, und etwas Zimmt und Salz, rühre es unter einander, und backe es in heißer abgeklärter Butter. Oder nimm ein Pfund Waizenmehl, schlage drey Eyer darein, thue ein wenig Zucker dazu und ein Nößel Milch, und rühre es wohl unter einander. Eine noch bessere Art von Pfannkuchen aber ist, wenn fünf bis sechs Eyer in Brunnenwasser wohl zerschlagen, mit Nelken, Zimmt, Muskatenblumen und Muskatennuß, auch ein wenig Salz, vereiniget, und so viel Waizenmehl darunter gerühret wird, als genug ist.«[94]

Auch wenn die erste Anleitung vollständige Mengenangaben enthält, würde eine unerfahrene Anfängerin hier scheitern, denn für die Konsistenz des Teiges ist es wichtig, die Zutaten nach und nach einzurühren – wenn man alle gleichzeitig verrührt, verbinden sie sich nicht miteinander. Im

Pfannkuchenrezept wird das erst in der letzten Version erwähnt: Zuerst die Eier schlagen und die Gewürze einarbeiten, anschließend erst das Mehl unterrühren. Welche Menge Mehl »genug« ist, muss die Bäckerin allerdings wieder aus Erfahrung wissen. Im Übrigen wird weder Form und Größe der Pfannkuchen erwähnt, noch die Menge an flüssiger Butter, in der gebacken werden soll, oder die Backzeit, die beispielsweise mit der Farbe, die das Gebäck annehmen sollte, angedeutet werden kann. Unter Nr. 2 und 3 werden Nürnberger und österreichische Pfannkuchen präsentiert, die mit Hefe gebacken werden, hier fehlen die Informationen nicht, dass es dazu einer warmen Umgebung und lauwarmer Milch bedarf. Auch werden verschiedene Arbeitsschritte gründlicher dargestellt, und im letzten Rezept gibt es sogar eine detaillierte Angabe zu Form und Größe der Stücke: eine »Viertelelle« lang und ein paar »Queerfinger« dick.

Die konkreten Angaben scheinen dort nötig zu sein, wo die exotische Variante von der einheimischen, bekannten abweicht. Erst unter Nr. 4 folgt die Information, dass die Pfannkuchen mit Hefe lockerer seien »und daher leicht verdaulicher, als die anderen, die zähe oder wohl gar lederartig ausfallen«.[95] Und als letzte Information kommt unter Nr. 5 der Hinweis, dass die Pfannkuchen mit Füllung höher zu bewerten sind als diejenigen ohne. Die Füllung wird vor den Rezepten schon erwähnt (Mandelteig, Kirsch- oder Apfelmus), im gesamten Abschnitt aber fehlt die Information, zu welchem Zeitpunkt, mit welcher Technik und in welcher Menge die Füllung in die Pfannkuchen praktiziert werden soll, geschweige denn, wie sie hergestellt wird.

Und dabei sind diese Rezepte schon detaillierter als in früheren Kochbüchern, denn bis ins 18. Jahrhundert hinein fehlen oft jegliche Mengenangaben, oder sie sind nur lückenhaft angegeben, wie etwa in diesem Pastetenrezept des Brandenburgischen Arztes Johannes Elsholtz von 1682, in dem »allerhand« und »ein ziemlicher Teil« die einzigen Mengenangaben sind: »Die Rissole macht man von allerhand gehacktem Vogelfleisch, [...] mit ochsenmarch, rosinen, geriebenen pistacien: thut darzu gewürtz, und einen ziemlichen theil zucker. Darnach nimt man den blätter-teig breitet selbigen aus, und bildet einen kuchen davon: thut darnach dieses fülsel darauf, und bedecket es oben mit selbigem teige: schiebt es in den ofen, machet ein eyß darüber.«[96] Eyß ist geschlagenes Eiweiß mit Zucker, also Baiser. Ein Grund für die vagen Angaben wird in der Tatsache vermutet, dass die Kochkunst sich gerade durch flexibel gehaltene Mengenverhältnisse mit einer bewusst individuellen Note auszeichne, wofür in diesem Beispiel die Angabe, »gewürtz« hinzuzufügen, ohne diese näher zu spezifizieren, sprechen würde. Außerdem sollten vielleicht »auf diese Weise veröffentlichte Küchengeheimnisse auch halb verschleiert bleiben.«[97] Ein weiterer Grund für das Fehlen der Mengenangaben könnte darin liegen, dass Maßbezeichnungen stark variierten. Je nach Region gab es Unterschiede in den Bezeichnungen der Maße, bzw. variierte teilweise bei gleichen Bezeichnungen die gemeinte Menge: Das Flüssigkeitsmaß Nößel fasste beispielsweise in Altenburg eine andere Menge als in Mecklenburg, Hannover oder Emden, ein Lot schwankte zwischen 1/30 und 1/32 Pfund. Die langsame Vereinheitlichung der Maße begann erst in der ersten Hälfte des 19. Jahrhunderts, das metrische System wurde 1872 im Deutschen Reich eingeführt, und bis heute unterscheidet sich z.B. das angelsächsische vom metrischen System (obwohl in Großbritannien 1973 das metrische System eingeführt wurde, blieb man vielerorts bei den alten imperialen Maßen). In heutigen Kochbüchern, die aus dem Englischen übersetzt wurden, finden sich Umrechnungshilfen, wie auch schon in einem Schweizer Kochbuch von 1857, das 17 verschiedene deutsche und internationale Maße aufführt.[98]

Jedoch sind für Gerichte wie Suppen oder Eintöpfe, von denen sich die meisten Menschen ernährten, Mengenangaben tatsächlich nicht so sehr von Belang; außerdem musste sowieso meistens für eine große Anzahl von Menschen gekocht werden, sodass die Mengenberechnung für vier Personen lachhaft gewesen wäre und die Angabe des ungefähren Verhältnisses der einzelnen Zutaten für erfahrene Köch*innen ausreichen musste. Vor allem in weniger wohlhabenden Haushalten oder der Gesindeküche wurde einfach mit dem gearbeitet, was vorhanden war. Erst gegen Ende des 19. Jahrhunderts wurde es üblich, in allen Rezepten die Menge der Zutaten anzugeben, nachdem diese in Versuchsküchen ausgetüftelt worden waren. Außerdem wurde im Zuge dessen hinzugefügt, für wie viele Personen das Gericht gedacht war, und nachdem um 1900 Kochbücher mit Rezepten für drei (ein Ehepaar mit Dienstmädchen) oder eine Person (Studenten oder andere Junggesellen) herausgegeben wurden, ist heutzutage der Standard, ein Rezept für vier Personen zu schreiben, da sich diese Zahl einfach teilen oder multiplizieren lässt.[99]

Ein großer Unterschied in der Präsentation der Speisen erfolgte mit der Umstellung des Servierens à la française zum Servieren à la russe – zu Germershausens Zeiten wurden je Gang mehrere Schüsseln mit unterschiedlichen Gerichten aufgetischt, damit jeder Gast in jedem Gang etwas nach seinem Geschmack finden konnte. Von jedem Gericht musste genug vorhanden sein, falls alle Gäste sich dafür entschieden.

Beim Servieren à la russe werden, wie heutzutage üblich, die Hauptgerichte nacheinander serviert, und es wird erwartet, dass sich jeder Gast von jedem Gericht nimmt.[100] Das könnte ebenfalls dazu beigetragen haben, dass Mengenangaben ihren Einzug in die Kochbücher hielten, da es die genauere Planung der Menge des Essens möglich und damit eine Berechnung der Zutaten nötig macht. Die Genauigkeit dieser Angaben nahm schließlich etwas überambitionierte Züge an – im *Dr. Oetker-Schulkochbuch* von 1961 taucht die Angabe für Backpulver von 1½ g auf. Daneben steht die zusätzliche Information, dass das einen halben gestrichenen Teelöffel ausmacht, was in manchen Regionen aber wieder Verwirrung stiften kann, da beispielsweise in Ostfriesland Teelöffel sehr klein sind. Die extrem präzisen Mengenangaben hatten sich in allen Kochbüchern eingebürgert, was Ende der 1990er-Jahre die TV-Auftritte des damals noch sehr jungen Kochs Jamie Oliver geradezu revolutionär machte: Er sprach in seinen Kochshows von »take a handful of …« oder »throw in a pinch of …«.

Wichtiger für das Gelingen eines Gerichtes wäre die Dauer der Garzeiten, doch mit dieser Information sind die Autor*innen der Kochbücher noch zurückhaltender. Eine Ausnahme bilden mittelalterliche Angaben, Nüsse ein Miserere lang zu rösten; Schmalzgebackenes in der Dicke von Oblaten für die Dauer von zwei Paternostern zu backen; Porridge so lange kochen, »wie es braucht, um in die Kapelle zu gehen und vier Ave Maria zu beten.«[101] Waren im Mittelalter jedem diese Gebete bekannt, erschließen sich diese Angaben Nicht-Katholiken heutzutage nur schwerlich, mit der letzten aber dürfte jede*r Leser*in ein Problem haben – schließlich ist der Weg in die Kapelle variabel, und außerdem müsste eine zweite Person den Weg übernehmen, da der Porridge durchgehend gerührt werden muss. All dies legt nahe, dass es sich bei diesem Beispiel um einen Fall des Aufschreibens als Gedächtnisentlastung – eventuell eines Mönchs oder einer Nonne in einem Kloster – handelt, das von einem Setzer in ein gedrucktes Exemplar übernommen worden ist und das in der abstrahierten Situation keine Anwendung mehr finden kann. Im Kochbuch von Maria Schellhammer aus dem Jahr 1723 lässt sich ebenfalls noch eine Zeitangabe mithilfe eines Gebets finden: Für die Herstellung von Schaukonfekt soll man den flüssigen Zucker nach dem Gießen ungefähr für die Länge eines Vaterunser in der Form stehen lassen. Hinzu kommt allerdings auch noch der Hinweis, dass der Zucker oben am Eingussloch etwas fest werden soll, sodass man sich nicht völlig auf die Länge des Vaterunsers verlassen muss.[102] Grundsätzlich war aber auch die Angabe von Garzeiten für viele Gerichte überflüssig, da einfach sehr lange und sehr weich gekocht wurde, was zum einen dem Zustand der Zähne, zum anderen der Hygiene geschuldet war, da zu rohe Lebensmittel Verdauungsbeschwerden und Gesundheitsgefährdungen nach sich ziehen konnten.

Beim Backen jedoch sind richtige Temperatur und Backzeit unerlässlich für das Gelingen. Kuchen backen ohne Backofen mit Temperaturreglung, der erst Ende des 19. Jahrhunderts erfunden wurde, ist eine hohe Kunst. Die Hitze und den richtigen Zeitpunkt abzuschätzen, bedarf in jedem Fall sehr vieler Versuche. Und so sind auch hier die Rezepte ohne erfahrene Hilfe gar nicht umsetzbar.

Die Kochbuchforschung geht grundsätzlich davon aus, dass sich Kochbücher bis ins 18. Jahrhundert hinein gar nicht an Anfänger*innen, sondern an erfahrene Köchinnen und Köche wendeten und deshalb »die Berechnung der Zutatenmengen der Erfahrung und dem Fingerspitzengefühl des Rezipienten überlassen« bleibt.[103] In Germershausens eigenen Kommentaren zeigt sich, dass für die Umsetzung der Rezepte eine erfahrene Person nötig ist: Kaum ein anderer Begriff kommt in seinem Werk so häufig vor wie die Ausdrücke ›Augenmaß‹ und ›Erfahrung‹, auch ›nach Gutdünken‹ begegnet einem oft – also nicht objektivierbare Maßangaben, sondern geschätzte Mengen oder Zeiten, die auf Kompetenz und Urteilskraft der Adressatin abzielen. Auch wenn tatsächlich unerfahrene, angehende Hausmütter das Kochen und Backen mithilfe seines Buches lernen sollten, muss dieses Lernen jedoch immer von einer erfahrenen Person begleitet werden.

Germershausen widerspricht sich schließlich selbst, wenn es um das Zielpublikum für die Backrezepte geht. War zunächst von Anfängerinnen die Rede, die das Backen mithilfe seiner Schrift durch Übung lernen sollen, gibt er auf der nächsten Seite Gründe an, die für ein eher theoretisches Wissen sprechen: Um dem Missverständnis entgegenzuwirken, die Hausmutter müsse alle diese vorgestellten Kuchenrezepte beherrschen, bringt er vor, er habe nur die gebräuchlichsten und bekanntesten Kuchenarten beibringen wollen, »um wenigstens aus der Lectüre die Bestandtheile, und deren Zusammenfügung und Bereitung zum Backwerk zu wissen und zu beurtheilen.«[104] Es geht also für die Leserin vermutlich eher darum, Vorratshaltung, Aufwand und Kosten planen oder einen Kuchen für die jeweilige Gelegenheit auswählen zu können, um ihn anschließend von der Köchin oder der Küchenmagd backen zu lassen, auch wenn der Autor das so explizit nicht ausspricht.

Ein weiterer Grund für die Hausmutter, zumindest theoretisch Bescheid zu wissen, folgt: Wenn man von neuartigem Gebäck hört oder es an fremdem Orte isst, findet man »ein Vergnügen, wenn von solchem Gebackenen geredet und geurtheilet wird, auch mitreden und urtheilen zu können, und keine unwissentliche oder stumme Person vorzustellen. Und woher will man dieses anders als aus der Lectüre thun können?«[105] Das ist schon bei Werken der frühen Fachliteratur gemutmaßt worden: Ein Buch über Glasbläserkunst ist nicht für die Glasbläser, sondern für die Kunden geschrieben worden, damit die Glasliebhaber sich technisch versiert darüber unterhalten können.[106] Eine moderne Variante dieser Vermittlungsformen mögen die zahlreichen beliebten Kochsendungen sein, deren Zuschauer*innen gar nicht das Bedürfnis haben, die Gerichte nachzukochen, oder aufwendig gestaltete Kochbücher, bei denen der eigentliche Spaß darin besteht, sie durchzublättern, nicht darin, eines der komplizierten Rezepte umzusetzen. Das Mitredenkönnen wird zwar nur an dieser Stelle in der *Hausmutter* erwähnt, es scheint mir aber ein Zugeständnis des Autors an die Lebensrealität der eigentlichen Zielgruppe zu sein. Interessant ist vor allem, dass die Leserin die Information ausschließlich »aus der Lectüre« beziehen kann, und eben nicht aus der Praxis. Subtil knüpft das Thema auch bei der Frauenbildung an, denn es suggeriert unterschwellig, dass Haushaltsthemen ein interessantes Gesprächsthema sind, über das man genauso wie über philosophische Themen (und zwar wahrscheinlich anstelle der philosophischen Themen) räsonieren kann, was ein Grund ist, sich mit Haushaltsliteratur statt mit anderen Themen zu beschäftigen. Das wendet den moralischen Imperativ der letzten Ausgabe des *Frauenzimmerlexikons* – Frauen sollten sich mit Haushaltsthemen statt mit den Wissenschaften beschäftigen – ins Positive.

Germershausen führt einen weiteren Grund an, sein Buch zu kaufen: Wenn man an einem fremden Orte einen wohlschmeckenden Kuchen zum ersten Mal isst und den Koch oder die Köchin nach dem Rezept fragen lässt, könne es vorkommen, dass diese trotz Trinkgeld absichtlich Informationen zurückhalten und sich auch noch heimlich darüber freuen. »Man hat also einen sicherern Wegweiser an seiner eigenen Lectüre, und kann allenfalls damit vergleichen, was man von andern höret, um urtheilen zu können, ob man uns hintergehen wollte oder nicht.«[107] Sein Kochbuch stellt also die richtige Version bereit, der man vertrauen kann und mit der sich Betrug aufdecken lässt – das schriftliche Wissen strahlt Autorität aus.

Die Tipps für Anfängerinnen und die Überzeugung, sein Buch genüge als einzige Lehrquelle, muten etwas naiv an und lassen eher auf die Unerfahrenheit des Verfassers mit dem Kochen und Backen schließen. Sein großes Vorbild, der Botaniker Otto von Münchhausen, vertraute in seinem um 1770 erschienenen *Hausvater* ebenso völlig auf die Praktikabilität der Rezepte: Man könne als Offizier im Felde durch Vorlesen eines Kochbuchs seinem Stallknecht das Kochen beibringen.[108] Und noch etwas mutet realitätsfern an: Immer wieder tauchen in den Kochbüchern der *Hausmutter* Sätze auf, die suggerieren, die Hausmutter als Chefin des Betriebs stünde selbst in der Küche, wie bei dem Hinweis, sie solle die Hygiene in der Gesindeküche überwachen. Oder sie solle, wenn sie keine Köchin oder Küchenmagd beschäftige, ihre Zeit nicht mit Kuchenbacken verschwenden. Das scheint jedoch, wenn man aus dem Rest der Bücher auf den adressierten Stand der Hausmütter schließt, eine höchst unwahrscheinliche Ausnahme darzustellen. Germershausen schreibt im Vorwort zu den Backrezepten, eine erfahrene Expertin habe ihm die Rezepte zukommen lassen, die sie und ihre Freundinnen ausprobiert und für richtig befunden hätten.[109] Doch auch wenn diese Matrone, dieses Idealbild einer Hausmutter, wirklich existiert haben sollte und die Rezepte tatsächlich von ihr stammen und getestet wurden, stellt man sie sich eher wie einen Anweisungen gebenden Feldwebel in der Küche vor. Die Matrone, die durch ihre Erfahrung für die Qualität der Rezepte steht, steht ebenso für den noch heute zentralen Topos der eigenen Erfahrung als Gütezeichen: Was als ›selbst ausprobiert und für gut befunden‹ verbürgt ist, zählt.

Indem sich Germershausen in seinem Kochbuch auf die Erfahrung der angeführten Expertinnen beruft, garantiert er für die Qualität seiner Anweisungen und muss sich außerdem als Mann nicht schämen, über Frauendinge Bescheid zu wissen. Trotzdem hat er das Bedürfnis, sich zu rechtfertigen. Er bittet seine »Leser oder Leserinnen«, sich ihn nicht als jemanden vorzustellen, der sich mit »hausmütterlichen Geschäfften in der Küche« befassen muss. Man habe in niederdeutscher Sprache für Männer, die sich »ohne Noth, in ihrem verheyratheten Stande, mit der Küche abgeben, das Wort Pottkieker (Topfgucker), als eben keinen Ehrennamen eingeführet.« Das Gleiche gelte für den »Filz oder Knicker«, der aus »übelgegründetem Argwohn einer klugen und haushälterischen

Frau« die Erbsen in den Topf zählt. »Und es sollte mir sehr leid seyn, wenn ich durch diese Schrift die Pottkiekerey, dieses Hauskreuz guter Gattinnen, fördern sollte.«[110]

Warum also schreibt Germershausen als Mann einen Ratgeber für Haushaltsdinge? Und dann auch noch für eine Person, die diese Anleitungen selbst gar nicht in die Praxis umsetzt?

Zum einen liegt dem sein Misstrauen gegenüber den Angestellten zugrunde – wenn die Chefin nicht alles überwacht, wird nicht ordentlich gearbeitet. Der Verwalter hat keinen Grund, beim Gesindeessen zu sparen; die Verwalterin hat ein Loyalitätsproblem, weil sie zwischen ihren Arbeitgebern und dem Gesinde steht. Und deswegen muss die Chefin selbst die Details der Arbeiten verstehen und teilweise anleiten, vor allem in den Bereichen, die der Ökonomischen Aufklärung gemäß einen reibungsloseren Ablauf im ländlichen Haushalt gewährleisten sollen. Es geht aber nicht nur um praktisches Wissen, sondern auch um die Positionierung des Mittelstandes, der sich durch Abgrenzung nach unten ebenso wie nach oben zu definieren versucht. Germershausen schreibt der Hausmutter in diesem Prozess eine sehr wichtige Rolle zu, da sie diese Position auf der Ebene des Hausstandes nicht nur nach innen, sondern auch nach außen bestimmt. Insbesondere Letzteres ist der Grund, warum er sich nicht an die Verwalterin richtet. Denn die Hausmutter ist für die soziale Außenwirkung zuständig. Und die funktioniert bei Germershausen vor allem über das Essen. Er stellt der Hausmutter mit den Kochrezepten die Sprache der Küche zur Verfügung, damit sie der Köchin oder dem Küchenmädchen Anweisungen geben und Entscheidungen für die Zusammensetzung des gewünschten Menüs treffen kann.

3.
Essen macht Leute

DER NATÜRLICHE GESCHMACK

Das Einschwören auf die bürgerlichen Tugenden des Mittelstandes bildet die Voraussetzung für die Entwicklung der Hausfrau. Der Hausmutter wird bei diesem Vorhaben eine wichtige Repräsentationsaufgabe zugeschrieben, und die lässt sich in den Kochbüchern der *Hausmutter* sehr gut nachvollziehen. Die Kochbücher an sich sind schon strikt nach Stand getrennt: eines für die Gesindeküche und ›den gemeinen Mann‹, das zweite für die ›Küche des Mittelmannes‹, womit der Stand der Leserin gemeint ist. ›Der gemeine Mann‹ war die übliche Bezeichnung für das ›Volk‹, und auch dass sich das zweite Kochbuch an den ›Mittelmann‹ richtet, heißt nicht, dass nur für den Mann gekocht werden sollte. Diese Bezeichnungen sind mit dem ›Organist‹ von Amman vergleichbar. Wie im vorigen Kapitel gesehen, sollte diese relativ neue Bezeichnung des Mittelstandes das gehobene Bürgertum wie Beamte, Geistliche oder Unternehmer mit dem Landadel vereinen. In der Einleitung des Kochbuches für den ›Mittelmann‹ wird der Leserin erst einmal dieser Stand erklärt, und wie sie ihm durch die Auswahl des Essens gerecht wird: Sie muss den goldenen Mittelweg treffen. Dazu muss sie Einblick in die Vermögensverhältnisse haben, um diesen Mittelweg austarieren zu können: Sie muss ihren Stand und das Vermögen bzw. die Einkünfte des Hauses kennen, um sowohl bei den Alltagsgerichten als auch bei den Gastspeisen die richtige Entscheidung zu treffen. Das »Pöbelhafte« in der Küche ist ebenso zu vermeiden wie die Eitelkeit, die in dem Glauben liegt, man könne wie »die Großen der Zeit« werden, wenn man nur so isst wie sie. Diese »Großen« sind der Hochadel und die tonangebenden Patrizier in den Städten. Der Stand muss sich also durch Abgrenzung nach unten wie nach oben definieren. Das Einfallstor für die Übertretung der Standesgrenzen in der Küche sind Feste wie Kindstaufen und Hochzeiten, zu denen Köche aus hochadeligen Häusern angemietet werden, die im Anschluss bleiben. Die Gewöhnung an das dekadente Essen führt bei Germershausen unweigerlich zu Verarmung und sozialem Tod.[111]

Die Dringlichkeit, mit der Germershausen auf die Einhaltung der Grenzen zwischen den sozialen Schichten pocht, verweist auf die Stimmung im Land vor der Französischen Revolution. Die Auflösung der Grenzen zwischen niederem Adel und Bürgertum ist im starken Interesse des Bürgertums, zu dem er selbst gehört; gleichzeitig müssen die neuen Privilegien gegenüber dem ›Volk‹ verteidigt und eine Rebellion verhindert werden. Bei dieser Neudefinition des Mittelstandes kann im alltäglichen Umgang viel schiefgehen. Der Ratgeber zielt allerdings nicht auf die richtigen Umgangsformen oder die richtige Kleidung, wie so viele Benimmratgeber des 19. Jahrhunderts, sondern fast ausschließlich auf das servierte Essen. Germershausen illustriert seine Auffassung vom ›richtigen‹ Essen, die auch den Begriff der ›Natürlichkeit‹ wieder ins Spiel bringt, mit einer anschaulichen Geschichte. Er ist zu einem Essen eingeladen, bei dem verschiedene Fischgerichte offeriert werden, er entscheidet sich für den Hecht. Jedoch: »Ich merkte aber keinen Hechtgeschmack in der Folge, und fand, daß es ein farcirter oder gefüllter Hecht war. Ich gab meinen Teller dem Bedienten, und forderte mir Aal. Auch dieser war farciret, daher ich solchen auf meinem Teller liegen ließ, ohne davon zu essen.« Seine Mitgäste versuchen ihn von der Delikatesse zu überzeugen mit dem Argument, es sei ein Rezept von einem fürstlichen Hof. Das ist Öl ins Feuer gegossen – er erwidert, wenn er Fürst wäre, könnte er seine Fische vielleicht auch so essen. »Als Mittelmann aber habe ich mich nur an den ersten natürlichen Geschmack jeder Speise gewöhnet.«[112]

Diese Definition des Mittelmanns wird hier direkt über die Zubereitung des Essens bestimmt. Die farcierte Speise, die aufwendig hergestellt werden muss und mit ihrer stark gewürzten Füllung als besonders feines Essen gilt, lehnt der Autor vordergründig nicht als dekadent ab, sondern er verlagert das Argument auf den Geschmack. Er will ein moralisches Exempel statuieren und eine Lanze für das einfache, ›naturgemäße‹ Leben brechen. Seine Unhöflichkeit als Gast stellt er als zivilen Ungehorsam dar, ein Aufbegehren gegen den Geschmack des Adels, der den ›ersten Geschmack‹ der Speisen bis zu ihrer Unkenntlichkeit verfälscht. An diesem Beispiel wird deutlich, dass es nicht um die Aristokratie an sich geht, sondern um die Unterscheidung zwischen Hochadel und Landadel: Die fürstliche Küche – der farcierte Fisch – wird geschmäht, anschließend die puristische Zubereitungsart von Sauerkohl in einer gräflichen Küche als Vorbild angeführt. Der ›erste Geschmack‹ wird als ›natürlich‹ und ›gut‹

bezeichnet. Das heißt nicht, dass die Speise ohne jegliches Gewürz gekocht werden muss, sondern dass man sich bei der Auswahl von Gewürzen zurückhalten soll. So ist Rindfleisch beispielsweise ausschließlich mit Salz und Ingwer zu kochen: Wenn zu viele Gewürze den eigentlichen Geschmack des Rindfleischs verdrängen, »so würde ich im Finstern nicht recht sagen können, ob ich Rindfleisch, Kalbsfleisch, Schöpsenfleisch oder Hirschfleisch unter den Zähnen habe. Hier ist der erste natürliche Geschmack des Rindfleisches völlig verloren gegangen«.[113] Die Probe aufs Exempel findet im (fiktiven) Dunkel statt. In französischen Kochbüchern lässt sich diese Entrüstung schon im 17. Jahrhundert finden: Die Köche sind Sturm gelaufen gegen überkommene Gewohnheiten, die den natürlichen Eigengeschmack der Lebensmittel verfälschten, vor allem gegen zu langes Kochen und die Beigabe überflüssiger Zutaten.

Auch in den letzten Jahrzehnten wurde immer mal wieder eine Rückkehr zur einfachen Küche ausgerufen. Dabei variiert die Vorstellung davon, was als ›natürlich‹ und ›einfach‹ gilt – die Nouvelle Cuisine der 1970er propagierte, ganz im Sinne Germershausens, die Bewahrung des Eigengeschmacks der Zutaten und die Abschaffung schwerer Soßen, die Molekularküche der 1990er versuchte mit physikalischen Mitteln den Eigengeschmack zu intensivieren, war aber das Gegenteil von ›einfacher‹ Küche, Rohkostgerichte hingegen, eigentlich puristisch, nehmen heutzutage geschmacklich immer raffiniertere Ausmaße an. Restaurants adeln Gemüse, das früher höchstens als Beilage oder verschwindende Eintopfzutat Eingang in eine rustikale Küche gefunden hatte, und bieten es als Sologang an, oft in Kombination mit alten Zubereitungsweisen wie Räuchern oder Fermentieren sowie mit ungewöhnlichen Gewürzen, die ein neues Geschmackserlebnis erzeugen sollen. Dagegen gibt es bestimmte Gerichte, die als einfach und traditionsreich gelten. Ein Klassiker ist Spaghetti Bolognese, von dem sich erst in den letzten Jahren die Erkenntnis durchsetzte, dass es das Gericht so gar nicht in Italien gibt, sondern dass es an deutsche Essgewohnheiten angepasst wurde. Der Erfolg von Spaghetti mit Tomatensoße in Deutschland ist maßgeblich der Einführung von Mirácoli der Firma Kraft 1961 zu verdanken. Solche simplen, aber hochverarbeiteten Fertig- oder Halbfertiggerichte, oft mit einer Vielzahl von synthetischen Zutaten, sind heutzutage in vielen Kreisen verpönt, und die Verwendung von als gesund angesehenen Produkten dient als eine neue Art von Distinktion in der bürgerlichen Gesellschaft.

FAKES IN DER FASTENKÜCHE, PARFÜMEXZESSE UND PFAUE AUF DER FÜRSTENTAFEL

Die ›natürliche‹ Küche des Mittelmannes musste sich nicht nur gegen die Esskultur des Hochadels behaupten, denn Speisen wurden bis ins 18. Jahrhundert aus vielfältigen kulturellen oder hygienischen Gründen umgestaltet. Die Angewohnheit, Essen lange zu kochen zum Beispiel, lässt sich auf schlechte Zahnhygiene und fehlenden Zahnersatz zurückführen. In frühen Kochbüchern laufen fast alle Rezepte darauf hinaus, die Zutaten zu Mus zu verarbeiten. Bis ins 16. Jahrhundert war es sogar das erklärte Ziel der Köche, den Eigengeschmack möglichst zu verändern. Die Zutaten wurden bis zur Unkenntlichkeit zerstoßen und püriert und dann überwürzt oder sogar parfümiert. Das war nicht nur je nach Sichtweise vornehm oder dekadent, sondern häufig auch bitter nötig. Überaltertes bzw. durch Pökeln oder Räuchern konserviertes Fleisch war oft hart und salzig und schmeckte so wenigstens nach den Gewürzen. Auch haltbar gemachtes Gemüse und Obst schmeckten meistens mehr nach ihrer Einmachhilfe als nach dem ursprünglichen Nahrungsmittel. Erst 1804 wurde entdeckt, dass man Lebensmittel durch Sterilisation haltbar machen kann. Indem man Lebensmittel kochte und danach luftdicht verschloss, benötigte man weniger Salz, Zucker oder Essig zum Einmachen. Bestimmten Gewürzen wurde zudem eine vorbeugende Wirkung gegen die Pest nachgesagt. Insgesamt schrieb man Gewürzen heilende oder vorbeugende Wirkungen zu und verwendete sie deshalb lieber im Überfluss. Umgekehrt wurden Zutaten bis zur Unkenntlichkeit verarbeitet, gerade weil ihnen in der antiken Viersäftelehre bestimmte Eigenschaften zugeordnet waren, denen man aus dem Weg gehen wollte.[114]

Auch die Tradition des Fastens beeinflusste die Art und Weise, wie Nahrung verarbeitet wurde: Im Mittelalter gab es je nach Region bis zu 200 Fastentage im Jahr, weswegen viele der Rezeptesammlungen Gerichte ohne Fleisch verzeichnen. Die Teichwirtschaft florierte und Fischrezepte füllten die Kochbücher. Der Kreativität bei der Zubereitung schienen kaum Grenzen gesetzt. Denn auch wenn kein Fleisch gegessen werden durfte, sollte es zumindest danach aussehen, etwa wie ein Schweinekopf, der tatsächlich aus Fischsülze bestand, oder »ein Hirschbradten von Fischen«.[115] Heute lässt einen das an die Anbieter vegetarischer Fleischersatzprodukte denken oder die Fantasielosigkeit von Großküchen, die nicht einfach vegetarisch kochen, sondern in den üblichen Gerichten das Fleisch durch eben jene Fleischimitate ersetzen. Auf Gerichte ohne Fleisch scheint man in Deutschland schwer verzichten zu können, was auch die empörten Reaktionen auf den Vorschlag der Grünen zeigten, die während des Bundestagswahlkampfes 2013 einen vegetarischen Tag pro Woche in Kantinen forderten. Der »Veggie-Day«, so vermutete man später, habe die Partei eine erhebliche Zahl an Stimmen gekostet.

Die aufregendste Verarbeitung von Speisen, die dem bürgerlichen Ideal der Natürlichkeit wohl am extremsten zuwiderlief, fand jedoch nicht aus Gründen von Fastenvorschriften, Geschmack oder Hygiene statt, sondern um des Spektakels willen: für höfische Schaugerichte. Sie wurden vorwiegend im Mittelalter zelebriert, sollten sich jedoch auf Festbanketten bis ins 19. Jahrhundert halten. Die Köche wollten vor allem ihr Publikum überraschen, indem beispielsweise lebendige Vögel in Pasteten eingeschlossen wurden, die während des Mahls herausfliegen sollten. Oder man zog großem Geflügel die Haut am Stück inklusive der Federn ab und stülpte dem fertigen Braten anschließend die Haut wieder über – besonders eindrucksvoll ließ sich das an einem Pfau mit geschlagenem Rad durchführen. Die Schwäne, Störche, Kormorane, Kraniche, Reiher und Pfauen werden dadurch nicht besser geschmeckt haben. Denn während andere Schaugerichte wie etwa Figuren aus Zucker nur als Dekoration dienten, waren diese großen Vögel ebenso wie Wale, Delfine und Seehunde tatsächlich für den Verzehr gedacht. Der Braten wurde meistens nicht wirklich gar, denn erst mit der Entwicklung des Sparherdes nach 1800 sollte es möglich werden, Fleisch langsam zu braten. Auch gefärbt wurden Gerichte oder Zutaten, zum Beispiel mit Gold, Safran, Maulbeeren oder Zinnober –

dies ebenfalls ein Showeffekt, der kulinarisch ebenso fragwürdig ist wie heute das berüchtigte Steak in Blattgold. Im 18. Jahrhundert hat sich die Mode der Schaugerichte schon etwas abgekühlt, die großen Vögel und Meerestiere sind aus den Kochbüchern verschwunden. Eine Zeit lang hielt sich noch ein Überbleibsel dieser Praxis, indem Geflügelpasteten mit Kopf und Federn des in ihnen verarbeiteten Vogels geschmückt wurden.[116]

DIE KLUGE HAUSMUTTER UND DIE KUNST DES MITTELMAßES

Mit exotischen Gewürzen zu kochen und Speisen damit zu überwürzen war aber vor allem ein Zurschaustellen von Wohlstand – je seltener und teurer das Gewürz, desto größer das Prestige. Als die *Hausmutter* erscheint, sind viele dieser Gewürze bereits einfacher zu erhalten und verleihen deshalb kaum noch Prestige. Die Nachfrage nach Pfeffer und Muskatnuss ist in der zweiten Hälfte des 18. Jahrhunderts gesunken, wer nun damit überwürzt, will den Adel imitieren und läuft in die Falle. Der höhere Stand der Hausmutter zeichnet sich nämlich auch dadurch aus, dass sie den richtigen, den guten Geschmack trifft und sich nicht von dem Fehlglauben leiten lässt, mehr sei mehr. Wer eine Hühnersuppe mit so viel Muskat würzt, dass sie nach nichts anderem mehr schmeckt (weshalb man das Huhn auch gleich hätte weglassen können), verrät seine Herkunft aus dem Bauerstand.[117]

Es ist gar nicht so einfach, bei Auswahl und Zusammenstellung der Gerichte die richtige Entscheidung zu treffen, wenn

Gäste bewirtet werden sollen. Immerhin muss diese Entscheidung den Stand der Familie repräsentieren und gleichzeitig dem Stand der Gäste angemessen sein. Allzu frugal darf es nicht zugehen, denn wenn man sich bei der Bewirtung von Gästen als geizig zu erkennen gibt, macht man sich lächerlich und verliert seinen guten Ruf. Die Mitte zwischen Repräsentation und Sparsamkeit zu finden ist eine ständige Gratwanderung. Damit der (unerfahrenen) Hausmutter diese Gratwanderung gelingt, gibt es in der *Hausmutter* ein Hilfsmittel: die Klassifizierung der Rezepte nach Anlass. Die Gerichte werden in »gemeine«, also alltägliche Speisen für die Familie, und Speisen für Gäste unterteilt. Die Definition dieser Kategorien variiert innerhalb des Standes, was von der Fragilität der neuen Schicht zeugt – der »Mittelmann der obersten Klasse« habe täglich gute Speisen auf dem Tisch, die Hilfestellung gelte nur für den »Mittelmann von der untern Klasse«. Aber auch hier können manche der einfachen Speisen, mit einem hochwertigen Gewürz versehen, zu einer Gastspeise veredelt werden: »Die Buttermilchsuppe kömmt gar nicht auf den Tisch des Mittelmannes. Aber die Kunst ist dazu gekommen, und hat eine Gastsuppe eingeführet, die den Namen führet: Anissuppe mit Buttermilch.«[118] Bei manchen Gerichten ändert sich die Wertigkeit je nach Jahreszeit, abhängig davon, ob eine Zutat saisonbedingt gerade leicht zu haben ist oder nicht. Je schwieriger deren Beschaffung, desto höher steht sie im Ansehen. Kalbsfleisch beispielsweise ist zwischen Weihnachten und Ostern gewöhnliches Fleisch. Den Rest des Jahres ist es nicht so einfach zu bekommen, wodurch es in der Wertigkeit steigt. Dasselbe gilt für Zutaten, die in bestimmten Regionen nur schwer zu erhalten sind, so gelten in der Stadt andere Wertigkeiten als auf dem Land: Hausgeflügel ist auf dem Land geringer angesehen als in der Stadt, sodass dem Besuch vom Land in der Stadt Rindfleisch statt Geflügel serviert werden sollte.[119]

Das »Mittelmäßige« zu treffen, die »Mittelstraße« zu halten und »der Sache weder zu viel, noch zu wenig«[120] zu tun, ist erklärtes Ziel der Kochbuchanleitung, mittelmäßig ist also hier ein sehr positiver Begriff. Es gilt, den eigenen Platz in der Standesgesellschaft zu kennen und zu akzeptieren. Das bedeutet einerseits, nicht zu eitel zu sein und sich und das Haus dadurch zu ruinieren (und seinen Ruf), und auf der anderen Seite, den eigenen Stand würdevoll zu repräsentieren (und damit ebenfalls seinen Ruf zu wahren). Es ist deutlich zu sehen, dass es Germershausen sehr wichtig ist, die Definition des Begriffs ›Mittelmann‹ in positivem Licht erscheinen zu lassen. Gegen Ende des 18. Jahrhunderts aber scheint er damit nicht gerade den Nerv der Zeit zu treffen, denn in der Neuauflage des Kochbuches 13 Jahre später wird aus dem Titel die *Küche des Mittelmannes* entfernt und durch die *Herrschaftsküche* ersetzt.[121] Nicht nur der Landadel, sondern auch die standesbewusste bürgerliche Herrschaft möchte als Herrschaft angesprochen werden. Über die Titeländerung mag der Verleger entschieden haben. Am Text in der Einleitung wurde nichts geändert, aber dem Verkauf wird es förderlich gewesen sein, wenn sich die Missionierung zum Mittelmaß nicht schon im Titel offenbarte.

DAS AUGE ISST MIT – DIE SCHÖNHEITSREGEL DES KALBSBRATENS

Neben der Auswahl der angemessenen Speisen ist eine weitere wesentliche Kategorie, die eine Distinktion über das Essen leisten soll, die Ästhetik. Wohlstand zeigt sich schon in der passenden Ausstattung des Tisches. Die Tischdecke muss groß genug und nicht aneinandergestückelt sein, außerdem sauber und gebügelt. Die Servietten müssen zueinander und zur Tischdecke passen, also von gleichem Stoff und gleichem Muster sein. Das gilt für das alltägliche Essen in der Familie, noch mehr aber natürlich für das repräsentative Gastmahl.

Auch die Inszenierung des Essens ist von Belang, sie verrät den Stand der Hausmutter: Der Wohlstand habe ihr das Gesetz auferlegt, für das Auge zu sorgen, und die Gerichte gefällig darzustellen. Die jungen Hausmütter aus gutem Hause werden als unachtsam und leichtsinnig bezeichnet, wenn sie den Hammelbraten mit der gleichen Seite nach oben legen wie den Kalbsbraten. Jedes Gericht muss in der Schüssel »dem Auge auf der schönsten und niedlichsten Seite dargestellet werden«. Diese »Regel der Schönheit« ist jedoch erläuterungsbedürftig: »Der Kälberbraten hat seine schönste Seite, wo die Niere ist. Die Niere ist das niedlichste Stück des Kälberbratens.« Je fetter das Kalb, desto besser der Braten. Dieses Fett wird um die Niere herum sichtbar, und um das die Gäste sehen zu lassen, muss die Nierenseite oben liegen – im Gegensatz zum Hammelbraten, bei dem das Fett der Niere als »nicht dienlich« angesehen und deswegen vorher entfernt wird. Möglichst fettiges Fleisch aufzutischen, gilt heutzutage nicht gerade als Zeichen von feinem Essen. Aber damals ließ sich daran die Güte des Fleisches erkennen. Die Regel der

Schönheit erweist sich hier vor allem als Zurschaustellung von Wohlstand.[122]

Ein weiteres Merkmal von Schönheit besteht in der deutlichen Erkennbarkeit des Essens, womit an die Argumentation für den ›ersten, natürlichen Geschmack‹ angeknüpft wird: Wenn beispielsweise Fische nicht am Stück serviert werden, sollten sie mit der Schuppenseite nach oben präsentiert werden, damit der Gast weiß, was er isst. »Die sinnliche Schönheit verschwindet ohnehin, wo man erst nachforschen und untersuchen soll; sie muß von selbst frey in die Augen fallen.« Tiere, die nicht am Stück, sondern zerteilt aufgetischt werden, sollen grundsätzlich mit der äußeren und nicht der inneren Seite »des lebendigen Thieres« gezeigt werden, da es um die »Nachahmung des Natürlichen« gehe. Hier zeigt sich nicht nur noch einmal die Opposition gegenüber den höfischen farcierten Gerichten oder Pasteten, sondern auch ein Distinktionsmerkmal dem Gesinde gegenüber, das gewöhnlich mit Eintöpfen und Suppen verköstigt wird, in denen die Zutaten so gut wie nicht mehr zu erkennen sind. Und manche Präsentation ist von den vorher so gescholtenen adeligen Schaugerichten nicht so weit entfernt: Bei Hecht soll der Kopf in der Mitte des Kohls so hingestellt werden, »daß er gerade in die Höhe stehe, und die Leber also im Maule trage, damit sie auf beiden Seiten des Mauls gleich lang in der Queere hervorrage.«[123]

Bis heute macht die Präsentation einen wichtigen Teil der Inszenierung von teurem Essen aus. Food Photography ist nicht erst seit Instagram beliebt, sondern wertet mit aufwendig hergestellten Bildern die Kochbücher auf, sodass sie heute auch schon mal 50 Euro kosten können. In ihrer sorgfältigen Gestaltung erinnern sie an die Stillleben von Nahrungsmitteln aus dem 16. und 17. Jahrhundert. Die Devise für die stilvoll präsentierten Teller der Gourmetküche lautet inzwischen ›weniger ist mehr‹, zumindest bei den einzelnen Gängen, und ein überbordendes Buffet kennzeichnet den Plebs, der sich bei All-you-can-eat die Bäuche vollschlägt. Im Berliner Restaurant *Ernst* wird von den Gästen höchste Konzentration auf das Essen gefordert. Auch hier sind Schlichtheit und Minimalismus Prinzip der experimentellen Küche, jeder kleine Happen (und die einzelnen Gänge sind immer nur ein Happen) wird den Gästen erläutert, sodass kein privates Gespräch möglich ist – die volle Aufmerksamkeit muss den in Brandenburg von Peter um 5:15 Uhr morgens gepflückten Himbeeren gewidmet werden. Das Lokal *Grill Royale* hingegen (auch nicht günstig) inszeniert sich als rustikal, indem sich bei größeren Gesellschaften alle aus einem Topf bedienen. Und so folgt jede Gesellschaft und jede Zeit ihren eigenen Regeln.

RICHTIG UND FALSCH – DIE PRÄSENTATION DER TISCHBUTTER

Die normative Dimension der *Hausmutter* zeigt sich in dem Kapitel über die Anordnung und Verzierung der Gerichte viel expliziter als bei den anderen Themen: Die Aussagen darüber, was richtig und was falsch ist, sind außergewöhnlich eindeutig. Die Sätze, in denen die Worte ›muss‹, ›soll‹ oder ›darf nicht‹ vorkommen, überwiegen gegenüber denen, in denen ›etwas so und so gemacht wird‹ oder ›es in den meisten Häusern‹ so und ›in manchen Häusern‹ anders üblich ist. Die Vorstellung von Schönheit scheint absolut zu sein, die Setzungen sind eindeutig. In den anderen Kapiteln, gerade wenn es, wie gesehen, um die Klassifizierung der Speisen geht, sind die Zuschreibungen sehr fragil und müssen je nach Region und Vermögen variabel bleiben. Die Entscheidung zum Beispiel, wie viele unterschiedliche Gerichte täglich auf den Familientisch kommen, muss sich an der Nachbarschaft orientieren, denn »in einigen Ländern speiset ein angesehener Bürger besser, als ein Edelmann in armen Ländern.«[124] Der eigene Status muss also durch ständiges Ausloten der Nachbarschaft und der eigenen Mittel austariert werden, um ihn angemessen repräsentieren zu können. Hier wird deutlich, welche Sensibilität von der Frau des Hauses in der Entscheidung, wer welches Essen bekommt, verlangt und welche Relevanz ihrer Position beigemessen wird. Sie ist diejenige, die das Standesgefüge aufrechterhält und definiert. Umso deutlicher wird das im Vergleich zum *Hausvater*, in dem fast ausschließlich landwirtschaftliche Themen verhandelt werden, und die Notwendigkeit, sich seinem Stand gemäß zu verhalten, nur am Rande auftaucht. An den entschiedenen Zuschreibungen bei der Präsentation des Essens ist zu merken, wie sehr um die Definition des Standes gerungen wird. Schönheit und das ›Natürliche‹ werden als unhinterfragbare Normen gesetzt.

Auch an den Erläuterungen zur Form der Tischbutter, einem nur scheinbar unbedeutenden Detail, wird die normierende, distinktive Funktion des Essens deutlich. Hier gibt es eine richtige und eine falsche Präsentation, wobei die ›unnatürliche‹ Abweichung diesmal nicht als höfische Prunkkultur, sondern als deren unzeitgemäße Imitation durch den Plebs abgewertet und ausgesondert wird. Die Butter auf dem Herrschaftstisch muss bei Gastessen in großen und länglichen Stücken auf den Tisch kommen, mit Blumen garniert, nicht zu weich und auf keinen Fall in der Butterbüchse. Verziert werden die Stücke außerdem, indem ein Muster eingedrückt wird. Im Gegensatz dazu ist es beim »gemeinen Mann« üblich, die Butter alltags in rundlichen Stücken und bei feierlichen Anlässen wie Hochzeiten oder Taufen zu Tieren wie Löwen, Schafen oder Hühnern geformt zu präsentieren. Das, so das bemerkenswerte Argument, sei im Mittelstand völlig aus der Mode gekommen.[125] Die Nachhilfe für rückständige Hausmütter gilt einer in dieser Zeit bereits anachronistischen Nachahmung höfischer Kultur, die das inzwischen selbstbewusste Bürgertum nicht mehr nötig hat und die nun als gleichsam ›vulgäre‹ Kleinbürger- oder Unterschichtenpraxis der Lächerlichkeit preisgegeben und stigmatisiert wird. Heutzutage klingt dieser Unterschied – länglich oder rundlich, mit Muster oder in Tierform – gehupft wie gesprungen, hier aber bedeutet die falsche Präsentation einen Schritt in den sozialen Abgrund.

Das Zuviel bei exotischen Gewürzen verrät die niedere Herkunft, es kann aber nie zu viel sein, wenn es um die Substanz geht. Sie ist es, die eigentlich Geltung beanspruchen kann, und deshalb wird hier geklotzt, nicht gekleckert. Die Butterstücke des Herrschaftstisches wiegen mindestens zwei Kilo und sind unbedingt am Stück auf den Tisch zu bringen. Größe und Unversehrtheit der Stücke zeugen von Wohlstand, kleinere Stücke könnten den Eindruck von Resten erwecken. Das gilt ebenso für Käse, der alt genug sein und in großen, ganzen Stücken aufgetischt werden muss. Hier ist noch mehr zu beachten: Abgesehen davon, dass man zuvor die Gäste fragen solle, ob sie überhaupt Käse essen und man ihnen dementsprechend den Geruch von Käse zumuten kann, sollte man, soweit möglich, die Maden doch schon vorher in der Küche aus dem Käse entfernen. Käseesser wissen zwar, dass alter Käse gar nicht ohne Maden sein kann. »Allein die Maden pflegen aus dem Käse auf den ganzen Tisch umher zu springen, und es wird doch den meisten ekelhaft, wenn solche Maden in die Butter oder in andre noch auf dem Tisch stehende Assietten und Schüsseln hinein springen.«[126]

Kochbücher dienen oft der Repräsentation, sie behandeln die Gerichte, die nicht alltäglich sind und für die man eine Anleitung braucht. Auch frühe Kochbücher sollten wie die Hausväterliteratur nicht als historische Realität gelesen werden. Die Repräsentationsfunktion verstellt den Blick auf das alltägliche Kochen und Essen, Schlüsse auf die Wirklichkeit des täglichen Wirtschaftens, Essens und Trinkens kann man der Kochbuchforschung zufolge nur aus Nebensätzen ziehen, wie hier aus dem Verweis auf die Maden.[127] Es geht zwar in Germershausens Kochbüchern größtenteils eben nicht um die großen Ausnahme-Gastmahle, doch auch die in der *Hausmutter* geschilderte Hausmanns- oder Alltagskost zeugt von einem Ideal. Das beinhaltet allerdings weder den kunstvoll drapierten Schwan, die gefüllten Fleischgerichte oder aufwendig gestaltete Figuren aus Zucker, noch so frugale Gerichte wie die für das Gesinde. Hier zeigt sich vielmehr die Idealvorstellung der von Germershausen imaginierten Identität des ›Mittelstandes‹. In den Kochbüchern des 19. Jahrhunderts, die sich an die wachsende bürgerliche Schicht richten, werden die Anweisungen, wie man sich in dieser Gesellschaft zu verhalten hat, konkreter: gewaschene Hände, frische Schürzen, Platzierung der Gäste und Unterhaltung werden thematisiert. Bei Germershausen gibt es keine Anleitungen zur Geselligkeit und Konversation oder Tischmanieren. Die Distinktion findet über das Essen statt.

Die Frage, was als Geiz oder Dekadenz angesehen wird, stellt sich bis heute – bietet man Prosecco, Cremant oder Champagner an? Darf man vegetarisch kochen, obwohl die Gäste (und man selbst) keine Vegetarier*innen sind, oder muss es Fleisch sein? Wie viel sollte der Wein kosten, den die Gäste mitbringen – fünf, zehn oder 50 Euro? Zu welchem Anlass darf ein Catering bestellt werden? Mit oder ohne Hilfe beim Servieren?

DIE HAUSMUTTER ALS PERSONALCHEFIN

Auch das Auslagern von haushaltsnahen Dienstleistungen kann schnell als dekadent gelten, zumindest, wenn Frauen diese Hilfen in Anspruch nehmen, ob es sich um eine Putzhilfe handelt, die öfter als einmal die Woche kommt, Kindermädchen, Essens- oder Lebensmittellieferanten. Die Hausmutter hingegen herrschte über einen großen Stab an Personal, und nicht nur auf dem Land, auch in der Stadt mussten die vielfältigen Aufgaben im Haushalt delegiert werden. Sie war diejenige, die das weibliche Gesinde einstellte oder entließ und beaufsichtigen sollte, wobei es auch Überschneidungen gab, da im Haus und der Küche auch Männer und Jungen arbeiteten und die Mägde ebenso wie die Knechte auf das Feld mussten.

Zur Aufgabe als Chefin gehört natürlich auch der angemessene Umgang mit dem Personal, und hier sind die Vorgaben ebenso eindeutig wie zur Ästhetik. Die Präsentation des Essens dient zur Statussicherung nach außen, sie wird durch die Norm der Schönheit, der Natur und des Mittelmaßes dominiert. Bei der Herstellung der inneren Hierarchien, dem sozialen Gefüge des Hauses, sind Sparsamkeit und Gewalt die adäquaten Mittel, und auch hier lässt sich viel an der Verteilung von Essen ablesen. Doch wer ist überhaupt ›das Gesinde‹? Dazu gehören Köche, Ammen, Kindermädchen, Ochsenjungen, Gärtnerinnen, Kutscher, Hirtinnen für Kühe, Schweine, Gänse, Schafe, Küchenjungen, die Ausgeberin (die mit den Schlüsseln zu den Vorratskammern), Milchmägde, Knechte, bei größeren Betrieben auch Handwerkerfamilien wie Hufschmiede oder Brauerinnen, das Verwalterehepaar, das Meierehepaar (die für die Milchwirtschaft zuständig sind), Gouvernanten und Hauslehrer. Auf preußischem Großgrundbesitz war nur ein Teil der Arbeiter*innen angestellt. Zum größeren Teil wurde das Land von Bauernfamilien bewirtschaftet, die dafür Pacht in Form von Naturalien und Arbeitskraft zahlen mussten. Die Herrschaften besaßen Ackergeräte wie Pflug und Egge samt der Zugpferde nicht selbst, sondern diese wurden ihnen von den Bauern inklusive der Arbeitskraft von Knechten und Mägden oder Kindern zur Verfügung gestellt. Dieses Abhängigkeitsverhältnis wurde ›Erbuntertänigkeit‹ genannt, unterschied sich aber de facto nicht von der Leibeigenschaft. Wenn Bauern oder Bäuerinnen oder deren Kinder ohne Erlaubnis der Gutsherrschaft das Land verließen, galt das als Rechtsbruch, der geahndet wurde. Und praktischerweise übte der Grundbesitzer auch die Gerichtsbarkeit über die auf seinem Land lebenden Menschen aus.

Die Rechtssituation der untertänigen Bauernfamilien ebenso wie die der angestellten Arbeitskräfte war katastrophal, wie aus den zahlreichen Gesindeordnungen zu ersehen ist, die die billigen Arbeitskräfte für die Landbesitzer garantieren sollten. Das änderte sich auch nicht mit den Reformen im preußischen Allgemeinen Landrecht 1794. Die Verfügungsgewalt des Hausvaters wurde zwar beschränkt, damit der Staat aus steuerpolitischen und militärischen Gründen einen direkteren Zugriff auf die einzelnen Personen erhielt. Das Zwangsgesinde wurde abgeschafft – die Bediensteten sollten dem Herrschaftsehepaar nicht mehr mit Haut und Haar untergeben sein, sondern als freie Personen einen Arbeitsvertrag mit den Arbeitgeber*innen schließen können. Die revolutionäre französische Verfassung hatte ein Jahr zuvor das Ende der Hausherrschaft verkündet und proklamiert, dass ein Mensch nur »seine Zeit und seine Arbeit«, nicht aber »seine Person, sich selbst«[128] verkaufen könne. Zwei Jahre später war dieser Aspekt jedoch wieder gestrichen, da auch die Bourgeoisie nicht ohne Bedienstete auskam.

Das Allgemeine Landrecht erwies sich in diesem Punkt, die Individualisierung der Staatsuntertanen umzusetzen, ebenfalls als problematisch: Der Staat konnte nicht genügend Gendarmen bezahlen und war bei der Durchsetzung des Rechts (und der Unterdrückung von Tumulten) bis weit ins 19. Jahrhundert hinein auf die Hausherrschaft angewiesen. So wurden den aristokratischen und bürgerlichen Hausbesitzern zahlreiche Sonderrechte gewährt. Das Gesinderecht sollte zwar freie Vertragspartner voraussetzen, dem Inhalt nach war dieser Vertrag aber ein Unterwerfungsvertrag, sodass die völlige Unterordnung unter die Hausbesitzer*innen jetzt lediglich rechtlich geregelt war. Damit hatten nicht mehr allein die Arbeitgeber, sondern auch der Staat Zugriff auf die Bediensteten. So blieb die ständische Gewalt der Hausherrschaft im Gesinderecht bis zu dessen Abschaffung nach dem Sturz der Monarchie 1919 bestehen.

Die Herstellung sozialer Hierarchien wird durch die gesellschaftlich anerkannte Behandlung des Gesindes in allen möglichen Zusammenhängen von der Hausmutter eingefordert. Hier gibt es viele konkrete Verhaltensvorgaben: Die Frau des Hauses soll sich nicht mit dem Gesinde gemein machen, vor allem, wenn sie Anfängerin ist – das schwächt ihre Stellung. Sie muss erreichen, dass sie vom Gesinde respektiert wird. Das heißt, sie soll sich nicht durch »unanständiges, pöbelhaftes Scherzen« anbiedern und sich auch davor hüten, bei den Mägden Trost zu suchen, wenn sie nicht in den »ganzen Genuss männlicher Liebe und Achtung« durch ihren Ehemann kommt.[129] Junge Hausmütter sollten mit dem Gesinde Hochdeutsch sprechen, um Vertraulichkeit zu vermeiden, während älteren Hausmüttern nahegelegt wird, Plattdeutsch zu sprechen, um Vertrauen herzustellen. Das Hochdeutsch stellt Distanz her. Ausgenommen sind Anweisungen, die sollten immer auf Plattdeutsch erfolgen, weil es sonst zu Missverständnissen kommen kann. Die junge Chefin muss sich den Respekt erst erarbeiten und die Hierarchie herstellen (und dazu ständig zwischen Platt- und Hochdeutsch wechseln), der älteren hilft es, aus ihrer gefestigten Position heraus einen vertraulicheren Zugang zu ihrem Personal zu bekommen. Das Hochdeutsche ist also ein Distinktionsmerkmal der gebildeten, oberen Schichten.

Das ist übrigens bis heute so. In meiner Familie zum Beispiel ist das Plattdeutsche innerhalb von drei Generationen verloren gegangen. Für meine Großeltern war der soziale Wechsel weg vom Bauernhof aufs Dorf oder in die Kleinstadt ein paar Kilometer weiter mit einem Sprachwechsel verbunden – mit den Kindern wurde Hochdeutsch gesprochen, um den sozialen Aufstieg ins Bürgertum zu festigen. So können meine Eltern Plattdeutsch verstehen, sprechen es aber nicht mehr, und ich verstehe es nicht einmal mehr. Und das, obwohl ich in Ostfriesland aufgewachsen bin.

Das Plattdeutsche war im 18. Jahrhundert im oberen Drittel des heutigen deutschen Gebietes verbreitet, so auch in Germershausens Heimat Brandenburg. Was die Herstellung von Vertrauen betrifft, führt er als Argument an, dass in Deutschland geborene Franzosen und Juden sowie englische Gelehrte, auch wenn diese alle entweder Deutsch oder Latein genauso gut sprächen wie ihre Muttersprache, es sehr zu schätzen wüssten, wenn man mit ihnen in ihrer Sprache spreche, und gleich viel mehr Vertrauen fassten. Religionsunterricht und Predigt sollten deshalb auf Plattdeutsch abgehalten werden, so folgert er, weil man so einen besseren Zugang zum Gesinde bekomme.[130] In den Schulen war es zu dieser Zeit den Kindern bei Strafe verboten, plattdeutsch zu sprechen, mit Ausnahme der Reformschule, die Eberhard von Rochow auf seinem Landsitz gegründet hatte. Der Unterricht erfolgte auch hier auf Hochdeutsch, die Kinder durften jedoch auch Plattdeutsch sprechen, weil man sich bewusst war, dass sie das Hochdeutsche als Fremdsprache lernen müssen. Das war revolutionär.[131]

GESINDESPEISUNG ALS LOHN – DER MORGENSUPPENTARIF

Das genauestens austarierte System der Gesindeansprache kann nicht darüber hinwegtäuschen, dass das Verhältnis zwischen Herrschaft und Gesinde von struktureller Gewalt geprägt ist, die den gesamten Alltag durchzieht. Für die Hausherrin bedeutete das im Umgang mit dem Gesinde, dass sie selbst in den einfachsten Dingen die Hierarchie innerhalb des Hauses herstellen musste. Und da es um das Wirtschaften geht, bemüht sich Germershausen besonders hier um ökonomische Argumente. Das leuchtet vor allem bei der Berechnung der Essenskosten ein, die für das Betriebsmanagement unerlässlich ist. Die Gesindespeisung wird als der höchste Posten im Haushaltsbudget angegeben. Allerdings hat diese Berechnung ihre Tücken. Die Kost gehörte zum Lohn und war ein hart umkämpftes Thema. Sie richtete sich nach den örtlichen Gegebenheiten, das heißt, wie aus der *Hausmutter* hervorgeht, nach der Fruchtbarkeit des Bodens – je besser der Boden, desto mehr Ertrag, desto mehr müssen die Leute arbeiten, desto mehr brauchen sie zu essen. Will man »frische, muntere, starke, gesunde Knechte und Mägde haben«, die zu Saat- und Erntezeiten »Tag und Nacht unermüdet, die stärkste Arbeit verrichten können«, dann muss man ihnen ordentlich zu essen geben.[132] Hier stellt der Autor einen physiologischen Vergleich mit Pferden und Ochsen an, die schließlich auch nicht die gewünschte Leistung erbringen können, wenn sie schlecht ernährt werden. Abgesehen davon, dass die Erntegerichte grundsätzlich besser sind als die alltäglichen Speisen während des übrigen Jahres, unterliegt die Verteilung des Essens während der Ernte zusätzlich einer strikten Hierarchie: Wer körperlich schwerere Arbeit verrichtet, bekommt als besser angesehenes Essen. Das gilt nur für die männlichen Erntearbeiter, nicht für Waschfrauen während der Waschwoche. Wer was an Erntetagen bekommt, ist je nach örtlichen Gepflogenheiten das wichtigste Wissen. Die *Hausmutter* versucht hier Hilfestellung zu leisten, indem auch im Gesindekochbuch die Rezepte nach Rang und Anlass unterschieden werden.

Das lässt sich an der Morgensuppe gut illustrieren. Die Morgensuppe ist ein mehr oder minder flüssiger Brei, der aus altem, eingeweichtem Brot besteht. Die einfachste Variante ist die »Wassersuppe«, für die dünne Scheiben von schwarzem Brot in kochendem Wasser mit ein wenig Butter eingeweicht werden. Es gibt drei Kriterien, die eine Suppe zu einer Morgensuppe machen: die Zeit, die man für ihre Zubereitung braucht (wenig), ihre gute Verdaulichkeit (Bohnensuppe soll deswegen nur mittags auf den Tisch kommen) und ihr »Rang«. Während das Rezept in einem Satz wiedergegeben wird, folgen mindestens drei Anmerkungen dazu, in welche Kategorie die Speise gehört und mit welchen Zutaten sie in eine andere Kategorie wechseln kann. Eine Kuchensuppe (wie die Brotsuppe, aber statt Sauerteigbrot wird Hefekuchen verwendet) mit einem Drittel Milchanteil ist eine Morgensuppe während der Ernte, für Schnitter aber nur in sogenannten »Mittelgegenden«; in »guten« Gegenden wird sie ausschließlich den Leuten serviert, die das Korn harken und in die Scheune fahren. Das Harken und Garbenbinden wird meistens von Frauen übernommen, das Mähen oder Schneiden von Männern. Hier etwas falsch zu machen, ruft den Unmut der Leute hervor, und das ist in der Erntezeit zu vermeiden.[133]

Während der Erntezeiten sollte man es sich also nicht mit dem Gesinde verspaßen. Und so gelten die Hinweise, die helfen sollen, Kosten bei der Gesindespeisung einzusparen oder ungeliebtes Essen durchzusetzen, nur für die Zeiten außerhalb der Ernte. Um die Arbeitsleistung von Knechten und Mägden bei der Feldarbeit außerhalb der Ernte kurz zu illustrieren, hier ein Beispiel für eine Berechnung, um auch den Arbeitseinsatz planen zu können: Bei 12 Arbeitsstunden werden von Männern wie Frauen je Stunde 207 Grabenstiche erwartet. Germershausen empfiehlt übrigens, das Flachsland nur zu pflügen, wenn Personal zum Graben fehlt, auch weil die Unkrautbekämpfung dann leichter sei.[134] Die Hausmutter muss austarieren, wie weit sie gehen kann, ohne dass das Gesinde rebelliert. Mit Zwang kommt sie auf die Dauer nicht weit, und darum gibt es in der *Hausmutter* Tipps, wie sie durch List dennoch zu ihrem Willen kommt, beispielsweise wenn es um Speisen geht, die nicht gerne gegessen werden. Man solle dieses Essen in kleineren Schüsseln auf den Tisch bringen als üblich, denn »das Dienstvolk wird bey dem Anblick ihrer gewöhnlich großen, mit unangenehmer Kost angefüllten, Schüssel sofort muthlos«.[135] Die ungern gegessene Speise soll man an Tagen servieren, an denen schwere Arbeit das Personal hungrig gemacht hat, ebenso an Tagen, die es in Sturm, Schnee und Regen auf dem Feld zubringen musste; nicht aber an Erntetagen, das sei ungehörig. Der wahre Grund wird hinter dem ethischen Argument versteckt, denn in der Erntezeit wird das Personal dringend gebraucht.

Auch bei der Einführung von bisher unbekannten Gerichten muss die Hausmutter sich geschickt anstellen. Nachdem schon die Kartoffel als neue Speise erfolgreich und der Legendenbildung nach ebenfalls mithilfe von Tricks vom herrschaftlichen Tisch in die Schüsseln der Bevölkerung gewandert ist, scheinen Mohrrüben, Brechbohnen, gekochte Gurken und Stockfisch um 1780 auf dem Gesindetisch suspekte Neuheiten zu sein. Der Tipp: Übrig Gebliebenes des herrschaftlichen Essens soll zunächst den Mägden alleine nach der Gesindemahlzeit in der Küche vorgesetzt werden. Wenn sich diese an das neue Essen gewöhnt haben, lässt die Hausmutter es, ebenfalls als Überbleibsel vom herrschaftlichen Gericht, zur Gesindemahlzeit auf den Tisch bringen. Der Appetit der Mägde werde die anderen anstecken. Die Tatsache, dass die Herrschaften die Mohrrüben ebenfalls essen, soll einen Anreiz darstellen, der sogar Reste adelt. Die Frauen sind als bessere Multiplikatoren ausgewiesen, und der Umweg führt hier eher zum Ziel als der direkte Weg.[136]

Grundsätzlich bestehen viele Gerichte in der Gesindeküche aus Resten, sei es vom herrschaftlichen Tisch, sei es die Biersuppe, in der das Bier verarbeitet wird, kurz bevor es schal wird. Selbst bei den Suppen in der Erntezeit, an denen man nicht geizen darf, kann man eigentlich von Resteküche sprechen – bei allen Zutaten für die Suppe ist die Rede davon, dass sie nur benutzt werden, wenn man im Überfluss davon hat, also bei der eigenen Produktion von Brot, Bier oder Milch etwas übrig bleibt. Wurstsuppe wird nur dann gekocht, wenn vom Wurstkochen Brühe übrig ist (und hier muss man auf die Mägde aufpassen, dass sie die Wurst nicht zerschneiden, damit die Brühe gehaltvoller wird), Rindfleischsuppe gibt es nur, wenn beim Schlachten Fleisch übrig geblieben ist. Auch die Wurstsuppe besteht aus in der Brühe gekochtem Brot, die

Würste sind für die Herrschaft. Und selbst in der Resteküche lässt sich immer noch etwas sparen: In schlechten Jahren sollte die Hausmutter die Suppen nicht dick kochen lassen, sondern dünne Suppen auftischen: Die Hälfte des (alten) Brotes könne eingespart werden, wenn man hartes Brot und dünne Suppen auftische, außerdem halte dies länger vor: »Der Zweck der Suppen ist schon erreicht, wenn nur das Gesinde etwas warmes in den Leib bekömmt. Und es wäre doch nur Tändeley, wenn man das Dienstvolk der Herrschaft gleich achten, und denken wollte, leicht zu verdauende Speisen seyn ihm zur Gesundheit. Umgekehrt, mehr derbe als weiche Speisen, wenn es nicht kränklich oder weniger dauerhaft bey der Arbeit werden soll.«[137]

Aus denselben Gründen soll das »Dienstvolk« kein wohlschmeckendes, frisches Brot, sondern altes bekommen. Doch ohne Fleisch komme das Arbeitsvolk natürlich nicht aus, die Leute vegetarisch zu ernähren führe zu schlechten Leistungen. In den festgelegten Speisedeputaten finden sich genaue Angaben, wie viel Fleisch mittags und abends aufgetischt wird, es gibt dazu festgelegte »Fleischtage«. Auch hier wird ermahnt, dass es möglichst nicht zugekauft werden soll, und bei den meisten Fleischgerichten findet sich der Zusatz, dass es zu Sonn- oder Festtagen gereicht wird oder ein Erntegericht für die Schnitter ist. Im Gesamtdeputat kann die Hausmutter sparen, indem sie manche alltägliche Fleischration durch Eierkuchen ersetzt oder das Verhältnis von Fleisch und Gemüse im Eintopf manipuliert. Außerdem kann sie den Butterverbrauch reduzieren, indem das Gesinde keine frische, sondern nur Fassbutter bekommt, die mit großen Mengen Salz haltbar gemacht wird. Der hohe Salzgehalt sorge dafür, dass sich der Verbrauch in Grenzen halte.[138] Auch die Gewürze sind im Gesindekochbuch andere als im Herrschaftskochbuch: Möglichst alle exotischen Gewürze (außer Pfeffer und Ingwer) sollen durch einheimische ersetzt werden, außerdem ausschließlich mit Honig statt mit Zucker gesüßt werden.

Dass der Posten der Gesindespeisung als höchster Posten im Budget angegeben wird, ist interessant. Zum einen bedeutet es, dass der ausgezahlte Lohn ziemlich niedrig ist. Auch wenn die selbst produzierten Naturalien genauso wie das eingenommene Bargeld zum Etat zählen, werden diese Produkte möglichst nur für das Gesinde genutzt, wenn sie im Überfluss vorhanden sind. Das Gesinde wird also mit den Produkten seiner eigenen Arbeit, und zwar nur mit den minderwertigen Produkten, bezahlt. Die Lebensmittel sind zwar Teil des Lohns, aber frei verfügen darf das Personal darüber nicht. So soll die Versorgung der im Dorf lebenden Verwandtschaft mit Lebensmitteln, die die Mägde sich selbst vom Munde abgespart haben, unterbunden werden, zum Beispiel dadurch, dass Brotrationen nicht wöchentlich, sondern täglich verteilt werden. Sieht man sich die unterschiedlichen Zutaten für die Gesinde- und die Herrschaftsküche in den Kochbüchern an, erscheint es kaum glaubhaft, dass ausgerechnet die Gesindespeisung den größten Posten ausmachen soll, vor allem in Haushalten, in denen oft Gäste bewirtet werden – und das ist in diesem Stand die Regel, nicht die Ausnahme. Das lässt darauf schließen, dass die Ausgaben für das Essen der Herrschaftsfamilie und die Gastmahle in diesen Berechnungen nicht zu den laufenden Kosten zählen. Offensichtlich wird also zwischen privaten und betrieblichen Kosten im Haus separiert – das heißt, hier wird eine »moderne« Betriebswirtschaftslehre vorgestellt, die die Landwirtschaft vom privaten Haushalt trennt, ein Schritt zur Rationalisierung der Landwirtschaft.

Einen weiteren Trick, Arbeitsabläufe zu rationalisieren und Kontrolle auszuüben, ohne es nach Zwang aussehen zu lassen, möchte ich hier nicht vorenthalten. In diesem Beispiel geht es um das Melken. Wenn Kühe nicht ganz ausgemolken werden, geben sie in der Folge weniger Milch, deswegen müssen die Milchmägde mit Verve dabei sein. Eigentlich sei bei faulen Mägden Hopfen und Malz verloren, und man sollte sie lieber entlassen. Mit Zwang wird man sie nicht ändern können. Germershausen hat einen interessanten Ratschlag parat, wie das Problem zu lösen ist: Um die Mägde beim Melken um drei Uhr früh vom Einschlafen abzuhalten, kann man ihnen Fragen stellen, die sie mit mehr als nur Ja oder Nein beantworten müssen; am besten lässt man sie etwas erzählen. Man kann noch einen Schritt weiter gehen und die Anwesenheit der Hausmutter im Stall überflüssig machen – ein praktischer Hinweis, denn wenn sie sich überall dort aufhalten sollte, wo der Autor ihre Überwachungsfunktion für nötig hält, müsste sie sich dreiteilen. Der Tipp: Die Mägde sollen zum munteren Singen angehalten werden, weil die Frau des Hauses dies auch von weiter weg hören und ihre Kontrolle so aus der Ferne ausüben kann. So lässt sich feststellen, »ob die eine oder andere gar nicht, oder doch schläfrig singende Magd ihrer Pflicht obliege«. Es folgt ein Plädoyer für die Komposition angemessener Stalllieder, stets unter der Überschrift *Milch, Butter und Käse*: Liederdichter sollen »im populairen Styl recht passende Stalllieder« schreiben. Noch besser: Ein Komponist schreibt für die Stalllieder neue Melodien, damit sie nicht nach alten Melodien von Kirchenliedern gesungen werden müssen. »Denn alte bekannte Melodieen sind weniger ermunternd, und machen den Gesang matt, wie man solches an Kirchenliedern sehr bemerken kann, deren viele nach einer einzigen Melodie gesungen werden.«[139]

Sollen die Mägde mit Gesang zur Arbeit angespornt werden, so gibt es zur Motivation der Schnitter ein anderes, schon bewährtes Mittel: Alkohol. »Eine kluge Hausmutter kann mit einer kleinen Dosis Brandtwein durch ihre Knechte große Dinge in der Geschwindigkeit ausrichten, und vielen guten Willen hervorbringen.«[140] Eine »Dosis« besteht hier aus circa 0,5 Zentiliter. Bier und Branntwein sind fester Bestandteil der Kostenberechnungen für das Essen. Üblich zur Erntezeit für die Schnitter (sowie an Festtagen für alle) ist der Verzehr von Branntwein zum Frühstück und mittags, sodass im Schnitt für einen Knecht im Jahr sechs Quart Branntwein veranschlagt werden, was etwas mehr als sieben Liter ausmacht.

Branntwein war bis Ende des 18. Jahrhunderts ein Getränk der Oberschicht, da das Korn zu wertvoll für eine Massenproduktion von Schnaps war. Erst als sich die Kartoffel durchsetzte, die einen großen Ertrag lieferte und nicht so gut zu lagern und zu transportieren war wie das Korn, wurde in größerem Maße Branntwein gebrannt und der Preis sank. Das war zur Zeit der *Hausmutter* noch nicht so, deswegen ist die Zuteilung des Branntweins so stark reglementiert und heiß begehrt. Ansonsten wurde Alkohol im 18. Jahrhundert in einem ganz anderen Maßstab als heute konsumiert. In Gegenden mit Trinkwasser von schlechter Qualität war es üblich, mehr Bier oder Wein zu trinken, beide Getränke hatten einen geringeren Alkoholgehalt als heute und waren stark gewürzt. Immer wieder wird in der *Hausmutter* darauf hingewiesen, dass Wassertrinken krank machen kann. Das wird allerdings nicht dem verunreinigten Wasser zugeschrieben, sondern der

Menge oder der Kälte des Wassers. Und so trinken auch Kinder ab dem Alter von sechs Jahren Bier.[141] Für das Gesinde wird die Stärke des Bieres je nach Situation variiert: Das Alltagsgetränk ist ein sehr leichtes Bier, das in den letzten Arbeitsgängen beim Brauen hergestellt wird, auch ›Nachbier‹ oder Kosent genannt. In der Erntezeit muss es stärkeres Bier geben: »Wer dem Bauer kein Bier und Fleisch gönnt, der will, daß der Ackerbau, die Grundsäule des ganzen Staates, um die Hälfte schwächer seyn soll.«[142] Und nicht nur pur wird das Bier zur Erntezeit gereicht, sondern auch als warme Morgensuppe oder mittags als kalte Suppe auf dem Feld serviert (dabei wird das Wasser durch Bier ersetzt, das übliche Brot eingekocht und mit Ingwer oder Pfeffer gewürzt).

Wie sehr die Verteilung von Essen auch mit moralischen Wertvorstellungen verknüpft ist, zeigt die Berechnung des Alkoholkontingents für die Mägde. Weder für die Kinder noch für die Frauen der Herrschaftsfamilie ist von einer Reglementierung des Bierkonsums die Rede (Kindern soll man in den ersten Lebensjahren insgesamt nur wenig zu trinken geben, damit sie sich das Saufen nicht angewöhnen, aber ab dem Alter von sechs Jahren ist davon nicht mehr die Rede). Anders bei den Mägden. Zunächst hält Germershausen ein Plädoyer für ihr Recht auf Alkohol. Das gute Bier soll ihnen nicht vorenthalten werden: »Man muß jeder Person des weiblichen Gesindes auch ihr Recht widerfahren lassen, die vielmals um das Hauswesen sich eben so sehr, wo nicht besser, als der Knecht verdient machen kann. Bier ist fürs Gesinde ein Freudentrunk, daher müssen die Mägde nirgends davon ausgeschlossen werden.« Doch bleibt es eine Gratwanderung für den Pfarrer: »Obschon eine züchtige Magd eben nicht auf starkes Getränke gierig seyn soll, so ist es ihr doch zu gönnen, wenn ihr die Hausmutter auch dann und wann einen Trank Bier reichet.«[143] Dieses Plädoyer, das sich zunächst als eines für die Befriedigung von Bedürfnissen der Mägde liest, ist gleichzeitig eine Disziplinierungsmaßnahme. Der Autor geht also davon aus, dass die Mägde Bier trinken wollen, gesteht es ihnen dann aber nur sehr selten zu: Die Berechnung ergibt, dass für die Magd in einem Jahr so viel gutes Bier veranschlagt wird wie für den Knecht während der Kornernte für einen einzigen Tag – und darin ist das Bier, das für Biersuppen verwendet wird, miteingerechnet.

Paradoxerweise wird zwar davor gewarnt, dass die Mägde sich nicht an den Branntwein gewöhnen sollen, andererseits dürfen sie auch keine Sonderbehandlung erwarten, wenn an Festtagen statt der Morgensuppe Schnaps ausgegeben wird, denn ihretwegen könne schließlich nicht extra gekocht werden (für sich selbst zu kochen ist verboten). Das gilt auch für den Fall, dass eine Magd früh aus dem Haus geschickt wird, bevor die Morgensuppe fertig ist. Zur warmen Morgensuppe scheint es außer dem Branntwein keine Alternative zu geben – auch wenn es dazu ein Stück Brot gibt, wird es als sehr wichtig angesehen, »etwas Warmes« im Magen zu haben. So erwartet Germershausen von denjenigen, die zwischen drei und vier Uhr morgens zum Arbeiten den Hof verlassen, dass sie statt der Morgensuppe mit einer Portion Branntwein vorliebnehmen, auch wenn sie eigentlich keinen trinken (sollen). Vor allem die Vorgabe, an Feiertagen zum Frühstück nur Branntwein zur Verfügung zu stellen und alles andere als Sonderbehandlung zu bezeichnen, zeigt, dass von den Bedürfnissen von erwachsenen Männern ausgegangen wird. An den Festtagen wird vielleicht keine harte körperliche Arbeit auf dem Feld verrichtet, aber das Küchenpersonal wird umso mehr zu tun gehabt haben. Das Dienstalter von Knechten und Mägden begann in Preußen zu dieser Zeit mit vierzehn Jahren, in früheren Zeiten und in anderen Gegenden (und dort, wo sich aufgrund nicht vorhandener Schulen und großer Armut die Schulpflicht nicht durchsetzen ließ) mit zwölf oder früher.

In der *Hausmutter* lässt sich wie gesagt keine Reglementierung für den Alkoholkonsum der Hausherrin finden, oder nur ganz vorsichtige Anmerkungen, es solle nicht zu viel sein (aber das betrifft den Hausherrn ebenso, mit dem Hinweis, dass zu viel Branntwein – für beide Geschlechter – in einem »dicken Bürgermeisterbauch« resultiert). Vor zu viel Wasser und auch Wein wird eher gewarnt als vor Bier, das als täglicher Durstlöscher für alle gilt, und viele »Frauenzimmerkrankheiten« hätten ihren Ursprung vielmehr in übermäßigem Genuss von Kaffee, Tee oder Suppe.[144] Diese Einstellung dem Alkohol gegenüber sollte sich im Laufe der folgenden Jahrzehnte ändern. Während Bäuerinnen, Land- und Fabrikarbeiterinnen weiterhin offen Alkohol konsumierten, galt das für bürgerliche Frauen zunehmend als unsittlich. Für die Hausfrau des 20. Jahrhunderts konnte das bedeuten, dass ihre Zuflucht zu Magenbitter oder ›Hausfrauenmedizin‹ wie *Klosterfrau Melissengeist* oder *Frauengold* in einer handfesten Alkoholsucht mündete, die aber im Gegensatz zu den frühschoppenden Männern im Verborgenen stattfand.

KAFFEE FÜR ALLE? – DIE DROHENDE AUFLÖSUNG DER STANDESGRENZEN

Den morgendlichen Branntwein für das Personal mit einem Heißgetränk zu ersetzen, um tatsächlich etwas Warmes im Magen zu haben, kommt Germershausen gar nicht in den Sinn. Und auch die Morgensuppe sollte der Kaffee nicht ersetzen, wie es in den Städten schon üblich ist: Dort sei es schon lange Mode, die Mägde entweder den Kaffeesatz der Herrschaften noch einmal aufbrühen zu lassen oder ihnen sogar Geld zu geben, damit sie sich eigenen Kaffee und Zucker oder Sirup kaufen können. Die Argumente der Städter: Die Mägde würden sonst vom Kaffee der Herrschaften trinken und ihn anschließend mit Wasser strecken, außerdem erfordere die Zubereitung weniger Zeit und Holz als die Morgensuppe. Sein Gegenargument ist eine einfache Rechnung: Der Kaffee ist nicht so nahrhaft wie die Suppe, sodass die Knechte und Mägde nicht kräftig genug für körperliche Arbeit seien, wenn sie Kaffee tränken. Die Vorstellung, der Kaffee könnte auch zusätzlich zu den nahrhaften Speisen des Frühstücks getrunken werden, anstatt sie zu ersetzen, wird hier gar nicht erst erwähnt. Sie war abwegig, da Kaffee in den Augen des Autors immer noch ein Luxusgetränk darstellte. Sogar das Aufbrühen des alten Kaffees geht ihm gegen den Strich.[145]

Lange Zeit wurde der Kaffee als Gesundheitstrank wahrgenommen, weshalb er in den Haushaltsbüchern des 17. und 18. Jahrhunderts meistens im Kapitel über die Hausapotheke zu finden ist, und tatsächlich ordnet Germershausen das Kapitel über Qualität und Zubereitung des Kaffees auch in der *Hausmutter* den diätetischen Regeln zu: »Der Kaffee ist eine

Arzney.« Diese könne indes bei häufigem Genuss der Gesundheit schaden, ein angeführter Bericht bringt den Kaffee mit dem gestiegenen Vorkommen der Masern bei Wöchnerinnen in Verbindung, ein anderer mit dem Frieselfieber (Fieber mit Hautausschlag). Von der Nachricht, zu viel Kaffee mache impotent, hält Germershausen nicht viel: »man weis vielmehr, daß die morgenländischen Völker, die den Kaffee übermäßig trinken, eben nicht unfruchtbar sind«. Ansonsten könne man Schaden und Nutzen nicht verallgemeinern, jeder müsse aufgrund seiner Konstitution selbst herausfinden, welche Wirkung Kaffee bei ihm hervorrufe. Positiv wird der abführende Effekt erwähnt, und deshalb wird Frauen Kaffee bei schwacher Menstruation empfohlen; getrockneter Kaffeesatz mache die Zähne schön und weiß und sei außerdem als Surrogat für Schnupftabak zu gebrauchen, besser noch der frisch gemahlene, der vor allem den Frauenzimmern angepriesen wird.[146]

Grundsätzlich ist Germershausen dem Kaffee gegenüber negativ eingestellt, da er nicht im Inland produziert wird und so seiner Meinung nach der Wirtschaft schadet. Noch schlimmer aber ist für ihn der Kaffeekonsum der gemeinen Bevölkerung. Doch seine Klage, auch Bauern und Handarbeiter meinten, »ausländisch und vornehm leben«[147] zu können, kommt zu spät. Der Kaffee als tägliches Getränk hatte sich bei der Landbevölkerung schon um 1750 eingebürgert und Nebenmahlzeiten wie die Morgenmahlzeit und die Vesper revolutioniert sowie zu neuen Gewohnheiten wie dem Kaffeebesuch geführt. In den oberen Schichten hatten Kaffee und Brot die Morgensuppe schon 100 Jahre zuvor verdrängt. Die geschmackliche Ausrichtung von Frühstück und Nachmittagskaffee verschob sich damit von herzhaft zu süß, zum

Beispiel durch die Kombination mit süßen Aufstrichen. Auch in der Landbevölkerung wurden die Getränke mit richtigem Zucker gesüßt. In Ostfriesland vollzog sich der gleiche Wandel mit Tee.[148]

In einem Haushalt mit Personal machte das Dienstmädchen den Kaffee, als die Hausfrau diesen Posten übernimmt, ist sie dafür zuständig; wie auch die Sekretärin, und so auch die Praktikantin und immer wieder Frauen, die mit dieser Aufgabe auf eine untergeordnete Position verwiesen werden. Das gilt vor allem für den Filterkaffee, wie zum Beispiel in der Werbung für *Jacobs Krönung* bis in die 1990er-Jahre zu sehen ist – die Frau wird für die Qualität des Kaffees und damit für die Laune des Ehemanns und das Gelingen einer Kaffeeeinladung verantwortlich gemacht. Wird das Aufbrühen des Kaffees zu einer wissenschaftlichen Angelegenheit mit einer komplizierten Espressomaschine oder einer Cold-Drip-Apparatur, können sich diese Zuständigkeiten allerdings schnell ändern. Das Bild des Kaffeeklatsches, für die Hausfrau eine der wenigen Möglichkeiten, ein soziales Netzwerk aufrechtzuerhalten, führte dazu, dass ihre Position schöngeredet wurde – sie konnte ihre Freizeit genießen, während ihr Mann arbeiten muss. Ihre eigene Arbeit, die weit mehr Arbeitsstunden als die ihres Mannes umfasst, wurde schließlich von keinem als Arbeit wahrgenommen (oft auch nicht von ihr selbst). Dieses schlechte Gewissen überfällt heute noch Frauen, die sich mitten in der Woche mit Freundinnen im Café treffen, anstatt die Zeit der Kita zu nutzen, um die Fenster mal wieder zu putzen. Schlimmer noch, wenn man jemanden dafür bezahlt, die Fenster zu putzen, weil man dann ›Geld aus dem Fenster schmeißt‹. Den Preis zu drücken erleichtert absurderweise das schlechte Gewissen.

Auch Germershausen ist vehement gegen eine gute Bezahlung des Personals. ›Gutes‹ Gesinde zu beschäftigen, ist ihm zufolge vor allem aus ökonomischen Gründen unerlässlich, schließlich sind »Gesinde oder Domestiquen und Arbeitsleute unter die unentbehrlichsten Mittel unseres Erwerbes vornehmlich bey Landwirthschaften zu achten«. Ob ›schlechtes‹ Gesinde durch die Vorbildfunktion der Hausmutter zu bessern ist, darüber wechseln seine Ansichten. Bei der Unterscheidung zwischen gut und schlecht handelt es sich aber auch hier vielmehr um ein moralisches Kriterium als um Fähigkeiten oder Arbeitseifer. Zwei Maßnahmen, gute Dienstboten anzuwerben, stellt er vor, um sie gleich wieder zu verwerfen: höhere Löhne und besseres Essen. Er zitiert einen Autor, der vorschlägt, dem Verwalter pro Jahr zehn Taler, den Knechten und Hirten zwei Taler und den Mägden immerhin noch einen Taler mehr als in der Gegend üblich zu bezahlen (Frauen wurden grundsätzlich schlechter bezahlt). Das Personal würde diese Zuwendung mit »Dank, Treue, Gehorsam und unermüdetem Fleiß« belohnen.[149]

Für Germershausen ist das zu kurz gedacht. Die Nachbarn müssten, um ihre guten Dienstboten nicht zu verlieren, nachziehen, was zu einer Spirale von Lohnerhöhungen führen und die Ordnung in der Nachbarschaft zerstören würde. Ebenso verhält es sich mit dem besseren Essen, das bald zur Gewohnheit würde; außerdem böte das einmalige Nachgeben Raum für weitere Forderungen. Er führt das Beispiel von Knechten an, die in Kriegszeiten besseres Essen oder höhere Löhne einforderten, worauf die Arbeitgeber wegen des Männermangels gezwungen waren, einzugehen. Mehr Lohn verleite außerdem zu Schwelgereien; das Gesinde werde dadurch »zur Unterhaltung der Lüderlichkeit mehr aufgelegt« und gebe das Geld sowieso nur für Alkohol, Karten- und Kegelspiele aus. Denn die Versuchung und der Exzess lauern überall, vor allem, da das Gesinde sich anmaßt, über seine freie Zeit am Sonntagnachmittag selbst zu verfügen. Seine Ermahnung, dem Personal sonntags durch Arbeitsaufträge den Kirchgang nicht zu verwehren, gilt allein für den Kirchgang: Solange das Gesinde die Freiheit habe, »(das Gesinde wenigstens rechnet es nun unter seine Rechte, und denket und saget, der Sonntag gehöret mir, ich kann damit machen was ich will)«, und die meiste Zeit von Sonntagmittag bis in die frühen Morgenstunden »in den Wirthshäusern und Schenken zum Saufen, Spielen, üppigen Tanzen, Ausübung der lüderlichsten Ungezogenheiten beym nächtlichen Zusammenlaufen beyderley Geschlechts« zubringe, bestehe für die »Wiederherstellung der Hauszucht« keine Hoffnung.[150]

Eine weitere Gefährdung von Zucht und Ordnung finde sogar mit Einwilligung der Herrschaften statt: in den Spinnstuben, in denen sich Mägde treffen können, um gemeinsam Garn für ihre Herrschaften zu spinnen. Den Mägden werde der Besuch der Spinnstuben erlaubt, weil in Gesellschaft mehr Garn gesponnen werde, beim einsamen Spinnen dagegen schliefen sie ein. Außerdem werde diese Form der Geselligkeit zugelassen, um ihnen auch einmal eine Freude zu gönnen. In den Augen unseres Pfarrers jedoch rotten sich die Mägde in den Spinnstuben zusammen, um über die Herrschaften herzuziehen und Intrigen einzufädeln, wie sie ihre Arbeitsbedingungen verbessern (Essen, Lohn, Geschenke, Befreiung von schweren Arbeiten) oder ihre Arbeitgeber bestehlen können.

Dazu würden auch noch Männer in die Stuben eingeladen, die mit den Mägden von den Herrschaften mitgegebenen Speisen verköstigt würden; Alkohol, Musik und Tanz ließen »schamlosen Worten den Lauf« und öffneten »den Trieben der Unkeuschheit Thür und Thor«.[151] Ohnehin bringe das Spinnen in den Spinnstuben verglichen mit den anderen Aufgaben der Mägde den geringsten Gewinn ein, somit sei der materielle Schaden durch verdorbenes Gesinde größer als der Vorteil, mehr Garn zu erhalten. Dabei gab es ursprünglich auch einen ökonomischen Grund für die Einrichtung der Spinnstuben, nämlich den, Holz und Öl für Wärme und Licht zu sparen. Die Spinnstube wurde meistens reihum in den Häusern des Dorfes ausgerichtet, den Gastgeber*innen wurden die Kosten für das Licht erstattet.

Zwischen 1570 und 1800 versuchte die Kirche immer wieder, die Spinnstuben verbieten zu lassen, da sie Zusammenkünfte unverheirateter Personen ermöglichten, und tatsächlich war es zeitweise alleinstehenden Witwen und Eltern schulpflichtiger Kinder behördlich verboten, die Spinnstube auszurichten. Die Spinnstube als weiblicher Treffpunkt löste bei den Männern der Kirche sexuelle Fantasien aus – der Begriff ›Gunkelstube‹ konnte Bordell wie Spinnstube bedeuten. Seit Ende des 19. Jahrhunderts, nachdem sich diese Institution aufgelöst hatte, wird sie hauptsächlich volkskundlich romantisiert, indem ihr die Überlieferung von Märchen und Volksliedern zugeschrieben wird. Für die kirchliche Obrigkeit aber schien von der unkontrollierten Zusammenkunft des Gesindes eine Bedrohung auszugehen, als ob es dazu keine anderen Gelegenheiten gegeben hätte.[152]

PEITSCHE UND TISCHGEBET – GEWALT UND RELIGION ALS DISZIPLINIERUNGSINSTRUMENTE

Garanten der gesellschaftlichen Ordnung sollten die zahlreichen Gesindeordnungen sein. Germershausen aber vertraut diesen Gesetzen nicht, wer sollte auch ihre Umsetzung überwachen? Gendarmen könnten dies höchstens in den großen Städten leisten. Außerdem sind ihm diese Gesetze viel zu lasch, in manchen Gegenden sei sogar inzwischen die körperliche Bestrafung des Personals verboten. Ein Gesinde, das durch Landesgesetze gegen hausherrschaftliche Züchtigungen in Schutz genommen werde, sei »desto zügelloser, und machet den Hausstand zu einem Schauplatze unerträglicher Leiden«. Die Hausherrschaften würden dadurch »allem Muthwillen eines ungeschliffenen trotzigen Pöbels völlig Preis gegeben«.[153] Die Begründung der Gesetzgeber, dass auch das Gesinde frei geboren sei, lässt er nicht gelten, mit dem Argument, dass dann auch Kinder und Jugendliche weder von ihren Eltern noch von ihren Lehrern oder Ausbildern geschlagen werden dürften. Dieser Gedanke scheint besonders absurd zu sein.

Die Grundherren liefen Sturm gegen die Einmischung des Staates in Familienangelegenheiten, zu denen sie auch ihre Arbeitskräfte zählten: Rechtsstreitigkeiten innerhalb der Familie oder Lohnforderungen des Gesindes sollten nicht vor Gericht verhandelt und so in die Öffentlichkeit gezerrt werden, da dies dem Ansehen des Hausvaters schaden könne.[154] Im Allgemeinen Landrecht übrigens, das 1794 die vielen unterschiedlichen Gesetzgebungen in Preußen in sich vereinigte, ist die Züchtigung wieder erlaubt. Es wird aber zur Mäßigung aufgerufen: Leib und Leben dürfen nicht gefährdet werden,

Stockschläge sind verboten, die Peitsche (auf dem bekleideten Körper) erlaubt. Für diese »Verhältnismäßigkeit« plädiert auch Germershausen: »Das Gesinde muß nicht zu Schanden geschlagen, oder um die Gesundheit und um den Gebrauch seiner Gliedmaßen gebracht werden.«[155] Außerdem kann man Dienstbot*innen entlassen, wenn man sie nicht schlagen will, sollte aber nicht beides tun, wie es vielmals vorkomme. Im Übrigen sollte die Hausmutter das Schlagen, auch der Mägde, ihrem Mann überlassen, da sie im Allgemeinen zu jähzornig sei.

Grundsätzlich aber erfolgten Bestrafungen, sei es durch Gesetzesvertreter oder die Herrschaft, erst, wenn es zu spät sei, davon ist Germershausen überzeugt. Das eigentliche Übel müsse ganz anders bekämpft werden. Hier kommen die Religion und ihr »sanfter und doch mehr vermögender Zwang«[156] ins Spiel. Denn der Gesindemangel resultiere weniger aus der »verringerten Menge des Dienstvolks, als in der nun durchgängigen Rohheit desselben, welche aus dem Oberstande durch die […] Verachtung der Religion auf das gemeine Volk nothwendig hat kommen müssen«.[157] Die Säkularisierung der Oberschicht ist die Wurzel allen Übels und Schuld an der Verrohung des Gesindes. Geradezu missionarisch wirbt Germershausen deswegen für Hausgottesdienste, den sonntäglichen Gang in die Kirche und das Tischgebet vor und nach dem Essen. Das Tischgebet gibt Anlass zu einer längeren Rechtfertigung. Der Autor inszeniert sich hier als Kämpfer gegen sogenannte moderne Kräfte, denen das Beten peinlich geworden ist, und berichtet von der Vorlesung eines Philosophieprofessors, in der sich der Vortragende über das Tischgebet lustig gemacht habe: Vor dem Essen sei man vom Hunger zu abgelenkt, um zu beten, und anschließend lasse sich mit vollem Magen ebenso schlecht das Gebet sprechen. Germershausen dreht das Argument um: Der Zwang, vor dem Essen warten zu müssen und sich zu konzentrieren, sei für den Knecht eine Übung in Geduld. Selbst wenn das Gebet mechanisch absolviert werde, erreiche es einen Zweck: »Der von Eßlust außer sich gesetzte Knecht sieht und riechet einen delicaten Braten oder ein Stück Fleisch. Er soll aber erst beten, das heißt, er soll seinen sinnlichen Affekt zügeln.«[158] Auch die Affektregulierung steht im Dienst der Ökonomie, denn durch einen ungeduldigen Knecht könnten Tiere zu Schaden kommen.

Sich in Geduld zu üben angesichts des Geruches eines delikaten Bratens ist allerdings vor allem bei dem Essen notwendig, das nicht auf dem eigenen Tisch steht. Das Tischgebet soll in erster Linie Zufriedenheit mit dem vorgesetzten Essen lehren, denn im Mittelstand wird dem Knecht täglich bewusst, dass die Herrschaft besser isst, anders als in Häusern des Hochadels, zu denen er keinen Zutritt hätte. Wiederholt weist unser Autor darauf hin, dass es ihm bei der Verteidigung der Religionsausübung um das ökonomische Wohl des Haushaltes zu tun ist. Ein gottesfürchtiges Gesinde klaue weniger und arbeite gewissenhafter. Es komme nicht auf die Idee, Autoritäten infrage zu stellen und um besseres Essen oder höheren Lohn zu bitten, geschweige denn zu streiten, da es um seinen natürlichen, gottgewollten Platz in der Gesellschaft weiß – nur »böses Gesinde strebet gar gern nach der Gleichheit«.

Germershausen scheint die Zeit zu vermissen, als die Bediensteten noch offener als Leibeigene behandelt wurden. Besonders deutlich wird dies an seiner Auffassung vom Besitzrecht an Waisenkindern, die er in seinem Haus aufgenommen hat. In Gegenden, in denen Gesindemangel herrscht, möchte er den Herrschaften empfehlen, verlassene oder verwaiste Kinder aufzunehmen und sie zu ihrem Vorteil zu erziehen, nämlich zur Arbeit. Dafür solle der Staat diese Kinder aber von Zwangs- und Militärdiensten freistellen und den Herrschaften ein ›Eigentumsrecht‹ an ihnen einräumen, damit sich die Aufnahme der Kinder für sie rentiere.

Mädchen werden übrigens in diesem Zusammenhang nicht erwähnt, was daran liegen könnte, dass sie den Adoptiveltern nicht so nützlich wären, müssen doch die eigenen Töchter schon früh für ihre eigene Ausbildung zur Hausmutter im Haushalt mithelfen. Auch diese Möglichkeit, Waisen im Haushalt aufzunehmen, begründet der Autor nicht mit christlicher Nächstenliebe, sondern mit einer Kosten-Nutzen-Rechnung. Insgesamt werden in der *Hausmutter* gute Taten oder Almosen nicht erwähnt. In der früheren Hausväterliteratur waren Almosen fester Bestandteil der Ausgaben: Sparsamkeit wurde als Voraussetzung für christliche Mildtätigkeit beschrieben. Im 18. Jahrhundert ändert sich die Einstellung Bedürftigen gegenüber, angeblicher Müßiggang wird gegeißelt und Sparsamkeit zur Disziplinierung des Gesindes eingesetzt.[159]

Die Leser*innen der *Hausmutter* waren nicht so streng wie der Pfarrer. Die Moralpredigten dem Gesinde gegenüber stießen auf Widerspruch (darauf reagiert er im *Hausvater* nicht gerade defensiv und verstärkt die Predigten noch).[160] Die Verbindung von Moral und Ökonomie bedeutet für den Umgang mit dem Gesinde, dass mit brachialen Mitteln gearbeitet werden muss – Gewalt, Religion oder didaktische List führt hier zum Ziel. Die Gefahr von der anderen Seite, dass der Mittelstand dem Hochadel nacheifert und sich so in Schulden stürzt, muss der Hausmutter anders vermittelt werden. Sie muss einerseits die Hierarchien beim Gesinde aktiv herstellen und sich gleichzeitig selbst im sozialen Gefüge verorten, indem sie sich den örtlichen Gegebenheiten ihres Standes anpasst und ihn repräsentiert. Die Balance zwischen Geiz und Sparsamkeit bleibt vage formuliert, weil die Unterschiede im Mittelstand selbst kaum greifbar sind und fluktuieren. Dass sich die Hausmutter in diese gesellschaftlichen Hierarchien einzuordnen und damit unterzuordnen hat, wird durch die Ansprache als Chefin verschleiert. Durch Affektbeherrschung und das Mittel des schlechten Gewissens sollen die bürgerlichen Tugenden verinnerlicht und ihr zur zweiten Natur werden.

4.
Die Mutter als gute Staatsbürgerin

DIE ZURICHTUNG DES KÖRPERS

Das Ideal der Hausmutter wird in der Literatur des 18. Jahrhunderts unterschiedlich ausformuliert. Ist die Ehefrau bei Rousseau und Campe dazu vorgesehen, ihrem Mann zu dienen, zeichnet die *Hausmutter* zunächst ein ganz anderes Bild. Hier benötigt die Hausmutter die körperlichen Voraussetzungen einer robusten Gesundheit ebenso wie eine stabile psychische Konstitution. Hausmutter zu sein bedeutet eben nicht, nur in Abhängigkeit des Ehemanns handeln zu können, sondern Verantwortung zu übernehmen und im Notfall den Hof alleine zu führen. Damit sie ihre Rolle als Chefin ausfüllen kann, warnt Germershausen vor allem vor einer Erziehung zur Empfindsamkeit – ein hart umkämpftes Thema in einer Zeit, in der unter dem Einfluss des Pietismus und modisch-sentimentaler Romane das subjektive Gefühl aufgewertet wird und neben der aufklärerischen Ratio seinen Platz beansprucht.

Der robuste Körper benötigt beispielsweise eine funktionstüchtige Nase: Eine Hausmutter könne Schaden in ihrer

Wirtschaft abwenden, wenn sie gut riechen kann, weswegen sie sich ihren Geruchssinn nicht durch exzessiven Schnupftabakgebrauch ruinieren sollte. Nicht nur verdorbene Nahrung lässt sich so bestimmen, sondern auch, ob die Gefäße für Milch und Brauerei schimmelig oder sauer riechen, ob das Gesinde in der Küche heimlich etwas für sich selbst gekocht hat, ob die Knechte im Stall Tabak geraucht oder sich verbotenerweise bei den Mägden aufgehalten haben. Auch ein Brand kann so verhindert werden: »Schon manche Hausmutter hat sich mit einer gesunden Nase Haus, Hof und Vermögen gerettet.«[161]

Mit dem Training für einen robusten Körper, der sie für ihr weiteres Leben rüstet, muss bei Kindern so früh wie möglich angefangen werden. Im 18. Jahrhundert entspann sich zu diesem Zweck eine Diskussion um das Baden in kaltem Wasser. Das Baden an sich erlebte im 18. Jahrhundert eine Renaissance. Die bis ins 15. Jahrhundert existierende Badekultur mit öffentlichen Badestuben war in den oberen Schichten nach und nach verschwunden, weil bürgerliche Gruppen die Badestuben als unsittlich diffamierten. Ein weiterer Grund war die Angst vor Ansteckung mit der Pest gewesen. Die Seuche, so hatte man vermutet, übertrage sich über ›giftige Luft‹, die durch die Poren der Haut in den menschlichen Körper eindringe. Wasser, vor allem warmes, öffne die Poren und mache die Haut poröser, Schweiß hingegen verstärke die Schutzfunktion der Haut, sodass in den Oberschichten Parfums, Puder und gewechselte Wäsche eher als das Waschen mit Wasser als hygienisch galten. Auch im Umgang mit Neugeborenen hatte diese Theorie Anwendung gefunden: Nach der Geburt wurde das Kind mit Öl behandelt, um die Poren zu schließen und auf diese Weise den Körper durch die zurückgehaltenen Säfte zu kräftigen.[162]

Im 18. Jahrhundert änderte sich diese Vorstellung: Dem Körper wurden von vornherein natürliche Widerstandskräfte zugesprochen, die durch das Baden in kaltem Wasser geweckt und gestärkt werden sollen. Dieser Wechsel wird mit dem erstarkenden Bürgertum in einen Zusammenhang gebracht: »Es entsteht der Glaube an eine autonome, dem Körper innewohnende Kraft. Er entspringt dem Denken einer Bourgeoisie, die auf ihre eigenen physischen Kräfte vertraut und vor allem an eine Lebenstüchtigkeit glaubt, die völlig unabhängig von Abstammung und Blutsverwandtschaft existiert.«[163] Nun wird der Austritt des Schweißes, der durch Arbeit oder Bewegung entsteht, als Reinigung des Körpers gesehen, er darf aber nicht mehr die Poren verkleben und muss abgewaschen werden. Das kalte Baden des ganzen Körpers konnte sich, vermutlich schon aufgrund der Witterungsverhältnisse in Mittel- und Nordeuropa, bei Erwachsenen nicht durchsetzen. Kleinkinder mussten allerdings für allerlei Experimente herhalten. Ein Vater dokumentierte in einem Artikel den Umgang mit seiner neugeborenen Tochter, die von Anfang an immer bei offenem Fenster unter dünner Baumwolle schlafen gelegt worden sei (nicht in den »so schädlichen Federbetten«). Sie werde täglich bei jedem Wetter am Brunnen mit kaltem Wasser gewaschen und im Winter wie im Sommer der Witterung teilweise unbekleidet ausgesetzt. Der Vater präsentiert stolz die robuste Gesundheit seiner inzwischen einjährigen Tochter.[164]

In der *Hausmutter* soll nicht nur das kalte Wasser zur Abhärtung des Körpers beitragen, auch Bewegung an der frischen Luft wird angeraten – die Erziehung der Töchter zur Sanftheit darf nicht in Faulheit münden. Das führt aber nicht, wie man erwarten könnte, zu strengem Drill, sondern liest sich eher wie ein Gegenprogramm zur schwarzen Pädagogik, deren Ziel ein bedingungsloser Gehorsam ist. Die Schrift bildet damit in der zeitgenössischen pädagogischen Literatur eine bemerkenswerte Ausnahme. Die Eltern sollen die Lebhaftigkeit ihrer Kinder (auch der Töchter) nicht unterdrücken. Die Kinder sollen nicht lange stehen müssen, ebenso nicht lange sitzen, und wenn sie sitzen, sollen sie sich anlehnen dürfen und so oft wie möglich ihre Körperhaltung verändern; am besten sollen sie während des Unterrichts oft herumgehen dürfen. Das führe zu einer besseren Körperhaltung – diese Einsicht predigen heute noch Orthopäden, während in der Schule lange das genaue Gegenteil praktiziert wurde.

Der Rat, Kindern viel Bewegung zu erlauben, folgt letztendlich wieder dem Kalkül der (ökonomischen) Nützlichkeit: Der Zwang zum Stillsitzen führe dazu, dass »unthätige, faule, dumme, plumpe, und ungesunde und den Müssiggang liebende Menschen entstehen müssen«. Dadurch würden »wirksame Menschen in todte und unthätige Götzen verwandelt«. Mehrfach preist der Autor dagegen das Ballspielen an, das den Mädchen erlaubt werden soll – allerdings nicht mit Jungen, ihre Brüder ausgenommen. In Ermangelung einer Spielgefährtin soll der Vater mit ihr üben. Das Spiel wird zur »Abhärtung des Leibes« empfohlen. Das Ballspiel, das ihm vorschwebt, scheint eine Art Völkerball zu sein – es geht nicht darum, den Ball zu fangen, sondern nicht von ihm getroffen zu werden. Neben dem Effekt, dass das Ausweichen eine bewegliche Hüfte mache, was später beim Reiten und Tanzen von Vorteil sei, liegt der größte Vorteil des Ballspielens gerade für Mädchen darin, mit Anstand und Geschicklichkeit fallen zu lernen.[165]

Schnürleiber, zweifellos das größte Hindernis für ein sanftes Abrollen beim Fallen sowie für ein selbstständiges Wiederaufstehen, werden hier nicht erwähnt, denn Germershausen kritisiert den Brauch, schon kleinen Mädchen die Brust zu schnüren, um ihnen eine schmale Taille zu verschaffen (auch das eine Mode, die aus dem Adel kommt). Buckel und schiefe Wirbelsäulen seien bei Bauernkindern, die keine Schnürleiber trügen, sehr viel seltener zu sehen als bei vornehmen Kindern – die Körperkultur der Unterschichten ebenso wie die fremder Völker wird von den Aufklärern als fortschrittlich deklariert, sobald sie als Argument für deren neue Wertmaßstäbe herhalten können. Falls tatsächlich eine Fehlstellung der Wirbelsäule korrigiert werden müsse, empfiehlt Germershausen das flexible Fischbein statt Eisen. Das zu enge Schnüren wurde von Medizinern schon im 18. Jahrhundert scharf kritisiert. Man schrieb ihm nicht nur alle möglichen Krankheiten wie Bleichsucht, Schwindsucht und Unfruchtbarkeit zu, sondern auch Skoliose, und tatsächlich kam es neben den üblichen Ohnmachtsanfällen auch zu Rippenbrüchen oder Deformierungen, außerdem verkümmern die Muskeln, wenn sie stillgelegt werden (wie Germershausen ganz richtig beobachtet). Die Schnürleiber hatten den gesamten Oberkörper in eine gerade Linie gebracht, und sie schränkten nicht nur die Bewegungsfreiheit, sondern auch generell die Selbstständigkeit von Frauen aus den Oberschichten ein, denn schließlich ist es unmöglich, sich ohne Hilfe an- oder auszuziehen, da das Mieder hinten geschnürt wurde. Nach der Französischen Revolution kam für einige Zeit der Empire Stil in Mode, bei dem das Kleid vom Busen an weich nach unten fällt, ab 1825 jedoch kehrte das Korsett, wie es nun hieß, mit aller Macht zurück, mit einer neuartigen Schließe mit Haken und Ösen aus Metall, die sich nun wenigstens vorne schließen ließ. Jetzt zwängte es den Körper in eine Sanduhrform, die eine besonders schmale Taille schuf und den Busen umso mehr betonte.[166]

Die Abkehr von Korsetts und Korsagen konnte sich erst mit der Reformbewegung um 1900 und vor allem durch den Ersten Weltkrieg durchsetzen. Das heißt jedoch nicht, dass damit die gesellschaftliche Kontrolle über den weiblichen Körper abgeschafft war – sie verschob sich bloß. Die Reformbewegung propagierte den durch Gymnastik gestählten Körper, er sollte von innen geformt statt von außen eingeschnürt werden. ›Natürlichkeit‹ wurde wieder einmal zum Leitmotiv und nun auch zum Konsumprodukt: Helena Rubinstein machte 1892 Karriere mit Kosmetik für das ›natürliche Gesicht‹. In ihren Kosmetiksalons wurde außer Schönheitspflege und Massage auch Gymnastik betrieben, sie galten als Vorläufer der Fitnessstudios. Rubinstein wird der Ausspruch »there are no ugly women, only lazy ones« zugeschrieben. Die Kontrolle der Körperformen durch unendliche Selbstoptimierung wird inzwischen als vermeintliche Selbstsorge verkauft.

Und auch heute hat der ›natürliche Look‹ immer mal wieder Konjunktur. Das heißt allerdings nicht, dass man seine Körperbehaarung wachsen lassen kann, wie man möchte, sondern dass der Trend zu Naturkosmetik und Birkenstocks geht – eine Wohltat für die Füße immerhin. Die Großmutter eines Freundes trug auch auf dem französischen Dorf immer Absätze, sie musste sich beide kleine Zehen amputieren lassen. Die Ermahnungen in den Zeitschriften der 1950er- / 60er-Jahre an die Hausfrauen, sich für den Ehemann hübsch zu machen, beinhalteten noch aufwendiges Make-up, perfekt sitzende Frisur und High Heels. Eltern, die einen Job haben, müssen heute natürlich auch dort angemessen repräsentativ erscheinen, ohne Babybrei- oder Marmeladenflecken auf der Kleidung, gebügelt, rasiert, geschminkt und frisiert, wobei an Frauen immer noch höhere Ansprüche gestellt werden als an Männer.

Allzu leicht wird übersehen, dass Hausarbeit auch noch nach der Einführung von technischen Geräten körperlich anstrengende Arbeit ist – ein paar Hinweise zur richtigen Körperhaltung beim Kartoffelschälen, Bügeln oder Staubsaugen reichen nicht, um chronische Rückenschmerzen zu vermeiden. Aber auch diese Arbeit lässt sich heute mit Selbstoptimierung und Selbstsorge mühelos verbinden, indem Putzen wahlweise mit Fitnessübungen verknüpft oder als perfekte Gelegenheit zum Meditieren angepriesen wird. Die Vereinbarkeit von Beruf und Familie wird so zu einem rein mentalen Problem deklariert.

DIE IDEALE HAUSMUTTER – VON PFLICHTEN UND VERSÄUMNISSEN

In der *Hausmutter* hat der Rat, die Töchter nicht zum Stillsitzen zu zwingen und sie stattdessen Ball spielen zu lassen, noch etwas sehr Spielerisches, hier geht es noch nicht um Körperertüchtigung wie dann um 1900. Auch andere Ideen des Autors lesen sich eher wie ein Plädoyer für mehr Bewegungsfreiheit gegen die gesellschaftlichen Konventionen: Warum zum Beispiel sollten Frauen in der kalten Jahreszeit zum Schutz vor Erkältungen eigentlich keine Hosen tragen? Diese Frage ergibt sich aus dem Problem ungesunder Dämpfe in der Kirche, die im Winter von mitgebrachten Kohlestövchen für die Füße ausgehen.[167] Allzu robust – sowohl in der Konstitution als auch in Erscheinung und Habitus – darf der Körper der Hausmutter aber auch nicht werden, zumindest darf sie ihn dann in der Gesellschaft ihres eigenen Standes nicht zeigen. Wie bei der Unfähigkeit, mit Anstand zu fallen, droht bei übermäßig selbstbewusstem Auftreten die Gefahr, sich der Lächerlichkeit preiszugeben. Die Schönheit des Mädchens, und damit ihre Weiblichkeit, ist gefährdet, wenn sie sich im Ausdruck zu männlich verhält und zu viel gestikuliert: »Man zerstöret also diesen Begriff von weiblicher Schönheit durch eine sogar allzu männliche äußerliche Stellung, Gebehrden und Anstand.«[168] Weiblichsein muss also eingeübt werden.

Das beste Mittel, dieser weiblichen Schönheit in Gesellschaft Genüge zu tun, ist Germershausen zufolge das Singen. Eine angenehme Stimme entlocke empfindsamen Männern die innigste Zärtlichkeit; schöne Frauen, die eine unangenehme Stimme haben, sollten lieber nicht reden, und hässliche werden durch eine angenehme Stimme schön. Die Komponistin und Intellektuelle Johanna Kinkel konstatierte ein halbes Jahrhundert später, dass singende und klavierspielende Mädchen eher geheiratet würden, weil sie im Rampenlicht stünden (ansonsten dürften sie ja nicht viel sagen in Gesellschaft): »Mädchen von kaltem Gemüt erscheinen oft seelenvoller als andere, weil sie wohleinstudierte Empfindungen mit einer melodischen Stimme ausdrücken, zu denen sie selbst gar nicht befähigt sind. Andere, die sich nicht mit diesem Blendwerk umgeben können, haben vielleicht tiefes Gefühl, aber ihre unmusikalischen Laute lassen es wie eine bittere Ironie erscheinen.«

Weibliche Schönheit zeigt sich in Demut und Bescheidenheit. Und hier dockt die *Hausmutter* doch an den herrschenden Diskurs der Zeit an, der ein allzu selbstbewusstes Auftreten von Frauen in der Gesellschaft sanktioniert. In den ersten vier Bänden wird die Leserin zwar als Chefin angesprochen, in fiktiven Geschichten blitzt dennoch auf, wie Germershausen sich die ideale Hausmutter vorstellt. Völlig unvermittelt tauchen immer wieder mitten im Textfluss kurze fiktive Beispielgeschichten auf, in denen der Autor anhand von überzeichneten Situationen *worst-case-scenarios* im Haushalt veranschaulicht.

In den Beispielen geht es fast immer um einen Mann, der Pech in der Ehewahl hatte und nun mit der Negativversion einer Hausmutter verheiratet ist, wie beispielsweise der Mann mit dem sprechenden Namen ›Mansuetus‹ (der Sanftmütige) im Kapitel »Regeln zur Reinlichkeit in der Küche und bei Tisch«. Darin geht es unter anderem um die Sauberkeit im Essraum: Es sollten sich keine Spinnweben an der Decke und kein Kot oder Straßendreck auf dem Boden befinden, ebenso sollten die Fenster geputzt und die Gardinen nicht schwarz von Fliegenkot sein. Beispiel Mansuetus, der bei der Wahl seiner Ehefrau nicht gut beraten worden war: Wenn man einer Esseneinladung bei ihm nicht entkommen konnte, verdarb man sich die Kleidung, denn an Stühlen und Wänden klebte »Talg, Schmalz oder Butter. Bey aller Vorsicht kam man nicht ohne Flecken in der Kleidung wieder von ihm weg. Der Kachelofen, entweder wegen zu vielen von oben angelegten Staubes, oder darauf gerathenen Fettes, dampfte bey starkem Heizen so sehr, daß man um die Eröffnung der Fenster bitten mußte. Der geduldige Mann mußte im Verborgenen sein Hauskreuz beseufzen.«[169]

Man darf hier immer noch nicht die Hausfrau des 20. Jahrhunderts mit der Hausmutter verwechseln – es geht nicht darum, dass die Ehefrau selbst putzt oder kocht, aber sie muss das Personal im Griff haben. Die wichtigste Fähigkeit der Hausmutter scheint aber zu sein, dass das Essen pünktlich auf den

Tisch kommt. Denn schlimmer noch als Unreinlichkeit ist es, wenn die Ehefrau ihren Mann zum Trinker macht, indem sie ihn aufs Essen warten lässt. Germershausen selbst habe Männer gekannt, die »von der Unordnung in der Tageszeit zum Essen ordentliche Brandtweinstrinker« geworden seien. »Vor ihrer Verheyrathung waren sie Muster der Enthaltsamkeit von starkem Getränke. Sie geriethen in der Ehe an Gattinnen, deren Eigensinn, Bequemlichkeitsliebe, und Mangel an Küchenwissenschaft, ihnen das Mittagsmahl bald früher bald später, aber immer so spät nach der täglichen Mittagsstunde finden ließ, daß der Hunger sie zwang, um aushalten zu können, ein Butterbrod zu essen. Um dabey etwas Warmes im Leibe zu haben, ward ein Glas Brandtwein oder Liqueur dazu getrunken.«[170]

Die folgenden Geschichten schildern verschiedene Szenarien, aus welchen Gründen Hausmütter ihre Pflicht, das Essen pünktlich auftischen zu lassen, vernachlässigen, ob aus Unfähigkeit oder wegen schlechter Charaktereigenschaften: Pelargia ist eitel und faul, kommt vor zehn Uhr nicht aus dem Bett und beschäftigt sich anschließend bis zwölf Uhr mit ihrer Frisur, sodass die Order für das Essen regelmäßig viel zu spät kommt (das Küchenmädchen muss ihr die Information abtrotzen und wird dafür noch beschimpft); Porphyria ist unorganisiert und schafft es nicht, die Vorratskammer ordentlich zu bestücken, sodass die Mägde gegen Mittagszeit immer im Dorf herumlaufen und Zutaten ausborgen müssen (was ein schlechtes Licht auf die Hausherrin wirft). Euphemia ist klatschsüchtig und verpasst deshalb nicht nur die Mittagszeit, sondern verschenkt auch reichlich Essen an Klatschweiber und Gesindel, die ihr Informationen zutragen, während »sehr arme, aber ehrliche Verwandte« darben müssen. Balbina ist Cholerikerin, die eigentlich auch komplizierte Mahlzeiten auf den Punkt koordinieren kann, aber nur, »wenn sie will«; wenn der Zorn sie überkommt, lässt sie ihn an allen um sie herum aus, sie schlägt sogar ihren Mann in Anwesenheit von Gästen. Leukopila ist als Einzelkind so nachlässig erzogen worden, dass sie »zu viel Willen« hatte. Sie sei »mit zu weniger Biegsamkeit und mit desto mehrerm Eigensinn« aufgewachsen, »den sie gemeiniglich durch ein ziemlich weit getriebenes lautes Widersprechen gegen die Aeltern ganz ohne Scheu zu Tage legte«, was sie als jung verheiratete Frau auch ihrem viel älteren Ehemann gegenüber beibehält.[171]

Germershausen betont immer wieder, dass das Ehepaar sich in gegenseitigem Verständnis miteinander absprechen muss, ob es um die Finanzen, die Arbeitsplanung oder die Bestrafung von Gesinde oder Kindern geht. Seine Auffassung von diesem gegenseitigen Verständnis scheint allerdings in verschiedenen seiner Beispiele auf: Die Frau muss Verständnis für ihren Mann aufbringen und sich an ihn anpassen.

Deutlicher noch wird diese Asymmetrie in der Beziehung ganz am Schluss des letzten Bandes, in der Ehelehre, die sich unter der Überschrift »Das Verhalten der Hausmutter vor, bey und nach gewissen Unglücksfällen« versteckt. Abgesehen von den ersten drei dort angeführten Katastrophen – Brand, Einbruch und unerklärliches Viehsterben – widmen sich die übrigen acht Unglücksfälle unvorteilhaften Charaktereigenschaften des Ehemanns: Spielsucht, Untreue, Sorglosigkeit, Geiz, Verschwendung, Waghalsigkeit, die Kombination von Eigensinn und Narrheit und »Der Mann ohne Religion« (weder Tod oder Krankheit des Mannes noch der Kinder werden als Unglücksfälle aufgezählt).

Die Ratschläge für alle Ehehöllen wiederholen sich und lassen sich in dem Satz ›die Klügere gibt nach‹ zusammenfassen. Denn falls die Ehefrau, an deren Klugheit fortwährend appelliert wird, es nicht schafft, ihrem Mann im geeigneten Moment mit Vernunft zuzureden, besteht der wichtigste Rat darin, sich ihre Überlegenheit in der Gesellschaft nicht anmerken zu lassen. Sie sollte weder beim untreuen Ehemann auf Rache sinnen noch sich bei dem Kammermädchen ausheulen oder es ihm mit Gleichem vergelten wollen. Vor allem soll sie den dummen Mann in Gesellschaft nicht bloßstellen, denn ihre Ehre steht und fällt mit der ihres Mannes. Hier zeigen sich die widersprüchlichen Anforderungen, die in dieser Zeit an das Idealbild der Hausmutter gestellt werden: Durchsetzungsfähigkeit und Führungsqualitäten gegenüber dem Gesinde, Zurückhaltung und Anpassung in Gesellschaft, und das bedeutet Unterordnung unter ihren Ehemann.

DIE KLEINE HAUSMUTTER – FRÜH ÜBT SICH

Hausmutter sein ist ein Beruf, in den man hineinheiratet oder verheiratet wird, und um zu vermeiden, dass die eigene Tochter davon kalt erwischt wird, sollte man sie von vornherein vorbereiten. Denn ein Beruf will erlernt sein, und damit kann man gar nicht früh genug anfangen. In der *Hausmutter* finden sich pädagogische Tipps, damit die drei- bis sechsjährigen Töchter nicht entmutigt werden: Die Aufgaben, die sie ihnen in diesem Alter auftragen soll, dürfen nicht zu schwer sein. So soll die Tochter zum Beispiel die Magd beim Einstellen des Geschirrs in den Zinnschrank anweisen, wobei man dann überprüfen könne, ob sie einen Sinn für Ordnung entwickele. Oder sie wird in den Garten geschickt, um Kräuter für die Köchin zu holen, wobei sie lernt, die Menge des Gewürzes für ein Gericht abzuschätzen. Die Mutter soll die Mädchen beim Spielen immer wieder unvermittelt unterbrechen und ihnen Aufgaben im Haushalt erteilen, um sie an ihre spätere Aufgabe zu gewöhnen; flexibel auf ständig neue Situationen reagieren zu können ist schließlich ein Hauptskill einer Managerin. Aber auch das muss spielerisch passieren. Gehorsam soll nicht erzwungen, sondern das Kind soll dazu gebracht werden, aus eigenem Willen zu gehorchen. So soll ihr das Wirtschaften von klein auf ins Blut übergehen.[172]

Spielzeug wird ebenfalls eingesetzt: Es muss in Beziehung zur künftigen »Lebensart und Stand des Kindes« stehen und soll »auf die Geschäffte der Mutter in ihrer Haushaltung hinzielen, indem Nachahmung das erste und liebste der Kinder ist«.[173] Es ist bezeichnend für den Wandel der Zeit, dass der Autor hier den Stand noch erwähnt und trotzdem Dinge aufzählt, mit denen eigentlich das Personal und nicht die Mutter hantiert – das Kind soll lernen, Metalle zu putzen und Kleidung sauber und instand zu halten. Mit dem Spielzeug, das aus Kochutensilien, Geschirr und Puppen besteht, soll das Mädchen Ordnung und Sauberkeit lernen (Eltern, die heute versuchen, ihren Kindern genderneutrales Spielzeug anzubieten, verzweifeln angesichts einer Industrie, die immer stärker auf geschlechtsspezifisches Marketing setzt – da hilft es auch nichts, zu wissen, dass die Farbe Blau bis nach dem Ersten Weltkrieg weiblich und Rot männlich konnotiert war).

Wenn die Ordnung nicht von Anfang an gelernt wird, ist es im Erwachsenenalter zu spät. Die Ordnung muss also wie eine Art Körpertechnik von früh an eingeübt werden. Die Mutter soll sich »herablassen, mit den Kindern zu spielen, und das Spiel anzuordnen«. Und sie sollte so vertraut mit den Kindern sein, dass diese ihr ohne Furcht Fragen stellen können. Das pädagogische aufklärerische Credo, zum Nachdenken zu erziehen, findet hier Eingang: »Es machet kluge und nachdenkende Kinder, wenn die Mutter nicht blos saget und zeiget was und wie? sie dieses oder jenes, sondern auch warum sie es thun sollen.« Nachdenken sollen die Mädchen aber nur in dem ihnen zugestandenen Rahmen. Das gilt auch für die weitere Bildung. Während für Jungen der normale Bildungsweg über Internate verläuft, lauert für die Mädchen in den Pensionen und Mädcheninternaten eine nicht zu unterschätzende Gefahr: Sie werden dort zu putzsüchtigen Frauenzimmern verzogen, was auf der einen Seite an den französischen Erzieherinnen liegt, auf der anderen Seite an den gleichaltrigen Mädchen, die einen schlechten Einfluss ausüben (›Putzsucht‹ kommt von ›sich herausputzen‹). Der Seitenhieb gegen die französischen Gouvernanten richtet sich gegen den Lebensstil des Hochadels, dessen Nachahmung dem Mittelstand ausgetrieben werden soll. Schlimmer als die Putzsucht ist aber die Gefahr, dass die Mädchen sich nach ihrer Zeit im Internat mit ihrer Bestimmung nicht mehr zufriedengeben. Die Schulen in der Stadt ersetzten, so Germershausen, die ländliche Unschuld, die von der Mutter eingepflanzten religiösen »Gesinnungen der Neigung und Lust zur Häuslichkeit« durch »Weltsinn, Pracht und Kleiderstolz« sowie »Weichlichkeit und Gemächlichkeitsliebe«. Die Mütter hätten alle Hände voll zu tun, »das aus der Stadt mitgebrachte Unkraut wieder auszurotten, und die Liebe zur Häuslichkeit, die Ertragung der Einsamkeit des stillen Landlebens, wieder hervorzubringen, und die mit der Häuslichkeit unvertragsame, in der Stadt angewöhnte, Putzsucht zu mäßigen«. Dagegen sei es besser, die Tochter im Alter von 13 Jahren in eine befreundete Familie zu geben, damit sie dort die Hauswirtschaft lerne.[174]

Die Einsamkeit des stillen Landlebens muss ertragen werden – das hört sich nicht besonders idyllisch an. Im Grunde würden auf den Schulen den Mädchen nur Dinge beigebracht, die ihnen später nichts nutzten, wie fremde Sprachen. Germershausen rät schon von allgemeiner Bildung für Mädchen ab, das Erziehungsziel ist die Hausmutter, nicht die in Gesellschaft in allen Konversationsthemen bewanderte galante Dame. Er ist da ganz einer Meinung mit Knigge: Auch wenn ein Mädchen noch nicht voll im Betrieb eingespannt sei und das Glück habe, über viel Zeit zum Lesen zu verfügen, solle sie sich prüfen, ob sie es nicht aus der Eitelkeit heraus tue, in Gesellschaft mit ihrem Wissen prahlen zu können. Germershausen wendet hier eine subtile Drohung an: Hinter ihrem Rücken würde über die Schwätzerin (zu Recht) schlecht geredet, sie werde von den Frauen verachtet und die Männer machten sich über sie lustig. Bildung hat seiner Meinung nach das Ziel der Ausbildung, gelehrte Bücher sollen sich ausschließlich mit dem zukünftigen Beruf befassen: »Ein Pfund weiblicher Haushaltungswissenschaft ist mehr werth, als ein Zentner weiblicher schöner Wissenschaften.« Die wichtigste Fähigkeit ist wegen der Buchhaltung das Rechnen, Arithmetik propagiert er darum als das Fach, dem die meiste Aufmerksamkeit gewidmet werden sollte. Gute deutsche Schriftsteller sind allerdings ebenfalls erlaubt, mit dem Ziel, sich in der Muttersprache fein und schicklich ausdrücken und auch einen »guten deutschen Brief« schreiben zu können, den »Richtigkeit, Leichtigkeit und edle Einfalt auszeichnet«.[175] Welche Bildung zu welchem Zweck einem Mädchen zuteilwerden soll, wird hier also streng definiert.

Johann Heinrich Ramberg, *Die gelehrte Frau*, 1802

Während die Gelehrte arbeitet (sie ist sehr erfolgreich, wie man an den Diplomen an der Wand erkennen kann), bricht hinter ihr der Haushalt zusammen – Spinnweben in der Ecke, Mäuse im Nähkästchen, das Personal stiehlt, die Kinder werden vernachlässigt (trotz Kindermädchen) und der hungrige Gatte, verlottert in Nachthemd und Schlafmütze, muss sich das Essen selbst warm machen. Ich wünsche ihr von Herzen ein eigenes Arbeitszimmer, so eins wie die, in denen sich männliche Gelehrte porträtieren lassen.

Das Fazit in der *Hausmutter* lautet: Eine gelehrte Frau kann keine Wirtin sein. Den Frauen wird hier noch nicht biologisch die Fähigkeit zur Gelehrten abgesprochen – diesen ›wissenschaftlichen Beweis‹ werden erst die folgenden Jahrzehnte antreten –, sondern sie treibt mit ihrem Beruf den Haushalt in den Ruin. Eine gelehrte Frau braucht laut Germershausen einen passenden Ehemann, für den es kein Problem ist, dass sie ihm den Haushalt nicht führen kann (aber das ist für den Autor eigentlich keine wirkliche Option). Im Grunde gilt das bis heute, zumindest sobald Kinder ins Spiel kommen und solange sich die Arbeitsstrukturen an kinderlosen Männern orientieren. Sheryl Sandberg, Geschäftsführerin bei Facebook, macht als wichtigste Karriereentscheidung für Frauen nicht das Studiengebiet, sondern die Wahl des Partners aus – wessen Beruf als wichtiger angesehen wird, zeigt sich in dem Moment, in dem ein Elternteil wegen der Mandelentzündung des Kindes (oder wegen geschlossener Kitas und Schulen während einer weltweiten Pandemie) zu Hause bleibt (bzw. mehr Zeit im Arbeitszimmer bekommt).[176]

Die Leserin der *Hausmutter* soll nicht nur in der Repräsentation nach außen, über das Essen, auf das bürgerliche Mittelmaß eingeschworen werden, sondern auch bei der Erziehung ihrer Töchter (die gleichen Anforderungen gelten natürlich auch für sie selbst). Aufklärung, Bildung, Freiheiten werden immer gerade so weit gewährt, dass sie die Nützlichkeit nicht gefährden. Die Anpassung an die Gesellschaft soll hier noch über Druck von außen erzeugt werden: Man wird ausgelacht, wenn man hinfällt, wenn man sich als gebildet zeigt, wenn man die Butter in der falschen Form auf den Tisch bringt. In dem Moment aber, in dem die Mutterschaft der Leserin behandelt wird, ändert sich das Disziplinierungsverfahren ebenso grundlegend wie folgenreich bis in die Gegenwart. Der Anpassungsdruck wird nach innen verlegt und appelliert nun an eine andere Instanz: an das schlechte Gewissen der Mutter.

DIE PREUẞISCHE KAMPAGNE FÜR NEUE MÜTTERLICHKEIT

In den Einträgen des *Zedler*-Lexikons Anfang des 18. Jahrhunderts fällt auf, dass sich die Definition der Geschlechterrollen hauptsächlich um das Verhältnis der Ehepartner dreht, sie folglich als soziale Rollen aufgefasst werden. In entsprechenden Lexikonartikeln aus dem letzten Drittel des Jahrhunderts wird ein anderer Schwerpunkt deutlich: Die Rolle der Frau wird sehr viel stärker durch die Mutterschaft, durch Biologie, bestimmt. Die Notwendigkeit, Mütter zu guten Müttern zu erziehen, damit sie gute Staatsbürger produzieren, war im letzten Drittel des 18. Jahrhunderts Teil der bevölkerungspolitischen Überlegungen des preußischen Staates. Bevölkerungspolitik, das aktive, regulierende Eingreifen in das biologische Leben der einzelnen Untertanen, ihre Fortpflanzung, Erziehung und Gesundheit, gehört zur Regierung des modernen Staates und seiner Verwaltung. Das Interesse des aufgeklärt-absolutistischen Staates für das Wohl seiner Bevölkerung erstreckte sich auf geradezu alle Lebensbereiche, die es einer ordnenden Hand und Kontrolle zu unterwerfen galt, denn gute und zahlreiche Staatsbürger*innen waren gute und zahlreiche Steuerzahler*innen, Beamte, Soldaten – und Mütter. Der Körper der Frau wird hier zum Politikum, Mutterschaft zur Schaltstelle der Modernisierung der bürgerlichen Gesellschaft.[177]

Die Diskussion um die neue Rolle der Mutter als Erzeugerin und Erzieherin guter Staatsbürger schlug sich in zahlreichen Publikationen nieder, in medizinischer und pädagogischer Ratgeberliteratur, die sich an die Mütter oder die Obrigkeit wendete. Die Historikerin Sabine Toppe untersucht diese Literatur in ihrer Studie *Polizey und Geschlecht* (der Begriff Polizey bedeutet im 18. Jahrhundert Staatsverwaltung). In diesen Schriften wurde ein neues Bild von Mütterlichkeit propagiert, das die Geschlechterverhältnisse verändern sollte. Toppe bezeichnet die ›Entdeckung der Kindheit‹ im Zeitalter der Aufklärung eher als »Entdeckung der jungen Generation als Hoffnung auf eine bessere Zukunft«.[178] Im Zuge dessen wurde Erziehung zu einem Thema, dem man Auswirkungen auf die Weltgeschichte (und den eigenen Machterhalt) zuschrieb. Auch insofern lagen Schwangerschaft, Geburt, Pflege und Erziehung der Kinder nun im Interesse des Staates.

In einer in Europa einzigartigen Kampagne wurde diese neue Norm der Mütterlichkeit verbreitet, und die war im Grunde für alle Stände konzipiert. Die Maßnahmen richteten sich bei der ärmeren Bevölkerung vor allem darauf, Kindsmord und Abtreibungen zu verhindern und sich um Waisen- und Findelkinder zu kümmern. Uneheliche Schwangerschaft wurde bis dahin, wenn die Schwangere über kein wohlhabendes familiäres Netzwerk verfügte, sozial wie juristisch hart bestraft. Nun wurden neben Waisenhäusern auch Entbindungshäuser für arme ledige Frauen eingerichtet, wodurch weniger dieser Frauen und Kinder während oder nach der Geburt starben. Die Frauen konnten sich in den Entbindungshäusern der

Kirchenbuße entziehen und bekamen medizinische Unterstützung sowie Kost und Logis auch vor der Geburt. In den meisten dieser Einrichtungen wurden die Frauen, je nach gesundheitlichem Zustand, zu Handarbeiten wie Spinnen, Stricken, Nähen etc. verpflichtet, bezahlt oder unbezahlt. Wenn sie nach der Geburt genug Milch für ein weiteres Kind hatten, konnten sie als Amme Geld verdienen. In Göttingen, wo 1751 der erste Lehrstuhl für Geburtshilfe eingerichtet worden war, dienten sie außerdem als Lehrmaterial für Medizinstudenten und Hebammenschülerinnen, was nicht unbedingt angenehm für die Gebärenden war – Schwangere versuchten, die nahende Geburt so lange wie möglich vor den Hebammen geheim zu halten, damit die unerfahrenen Studenten, unter denen sich auch der eine oder andere Erzeuger befand, nicht mehr rechtzeitig gerufen werden konnten.

1794 verbesserte das preußische Allgemeine Landrecht auch die rechtliche Situation lediger Mütter und unehelicher Kinder, ebenfalls mit dem Ziel, Abtreibungen und Kindsmord zu verhindern und so die demografische Entwicklung zu beeinflussen. Frauen sollten in den zahlreichen Ratgebern über Schwangerschaftsfürsorge, Kinderkrankheiten und Kindererziehung aufgeklärt und zu ›guten Müttern‹ erzogen werden. Stimmen, die für eine bessere Ausbildung von Kindermädchen und Ammen plädierten, gab es auch, sie bekamen aber nicht so viel Gehör wie diejenigen, die das neue idealisierte Mutterbild propagierten, und das, obwohl die Kinderbetreuung in keiner Schicht die alleinige Aufgabe der Mütter war. Die wurde normalerweise von Großeltern, Nachbar*innen, älteren Geschwistern, Ammen, Kindermädchen oder Gouvernanten übernommen, während die Mütter ihren eigentlichen Arbeiten nachkamen.

In der *Hausmutter* lässt sich das neue Mutterbild ebenfalls schon finden. Das Buch spiegelt die historische Umbruchsituation, denn auch hier müssen zunächst Standesnormen eingeübt werden. Schon das Material der Windeln zeugt vom Stand des Hauses: Wenn es nicht das Schlesische Leinen ist, dann zumindest das feine Hausleinen. Ebenso ist der Grad der Sauberkeit ein Indiz für den Stand der Mutter: »es ist einer Mutter vom Mittelstande nicht zu verzeihen, wenn ein Uringeruch denjenigen entgegen fliegt, welche sich der Wiege nähern«. Es wird allerdings nicht erwartet, dass die Mutter selbst ihr Kind wickelt. Sie muss das Kindermädchen richtig anleiten und überwachen, dass den Kindern sofort die Windeln gewechselt werden, wenn sie nass sind. Das Kind wird dann zum Aushängeschild für »Fähigkeit, Ordnung und Geschmack der Mutter«.[179]

Die Definition des Standes erfolgt immer wieder über die ›richtigen‹ Verhaltensweisen, auch hier lässt sich die Abgrenzung nach oben und unten finden: Vom festen Einwickeln wird abgeraten, vornehme Mütter würden diese Methode benutzen, um ihren Töchtern von vornherein eine schmale Taille anzulegen, was zum Tod führen könne; eine frühe Form des Schnullers, der sogenannte Nutschbeutel, der sich nur bei armen Leuten finden lasse, wird ebenfalls abgelehnt. Das Kind lutscht dabei an einem Beutel, in dem sich in Wasser getauchte Zwieback- und Semmelbrösel befinden. Germershausen befindet das für unappetitlich und unhygienisch. Das feste Einwickeln des Säuglings diente aber nicht nur dazu, eine schmale Taille zu formen, sondern war für arbeitende Mütter eine Möglichkeit, das Kind abzulegen, ohne dass es sich verletzen konnte.[180]

Ab den 1770er-Jahren wird es Mode, dass Mütter sich mit ihrem Säugling malen lassen. Daran wird sichtbar, dass die

Beschäftigung mit dem Säugling überhaupt auch in wohlhabenden Schichten ab dieser Zeit standesgemäß sein kann. Dass die Versorgung von Säuglingen und Kleinkindern durch Kindermädchen geschieht, ist aber in der *Hausmutter* eine Selbstverständlichkeit. Es geht zunächst eher um die richtige Anleitung und die Kontrolle des Personals durch die Hausmutter, um die richtige Außenwirkung zu erzielen, da die Sauberkeit des Säuglings auf die Mutter zurückfällt. Der Autor widmet sich in diesem Kontext aber noch einem weiteren Thema: der frühkindlichen Erziehung, die in der zweiten Hälfte des 18. Jahrhunderts anfing, eine Rolle zu spielen. Kinder der wohlhabenden Schichten durften nun nicht mehr wie zuvor einfach dem Gesinde überlassen werden, die Mutter sollte sich selbst um sie kümmern (es geht hier nicht darum, was die Mütter selbst wollten, ob sie diese neue Aufgabe gerne übernehmen wollten, wenn sie die Zeit dafür hatten, oder nicht – es geht um die gesellschaftliche Erwartungshaltung, die sich in dieser Zeit drastisch ändert).

Auch diese Entwicklung ist an den verschiedenen Ausgaben des *Frauenzimmerlexikons* zu beobachten: Ist es in der ersten Ausgabe noch normal, dass sich die Erziehung kleiner Kinder in den Händen der Dienstboten befindet, wird diese Praxis in der letzten Ausgabe von 1773 als »Ausdruck verfehlter und degenerierter Weiblichkeit«[181] bezeichnet. Germershausen weiß, dass es eine realitätsferne Vorstellung ist, die Kinder vollständig vom Gesinde fernhalten zu wollen. Jedoch: Der moralische Charakter eines Kindes werde in den ersten sechs Jahren anerzogen, deshalb sei es von großer Wichtigkeit, die Erziehung in dieser Zeit nicht schleifen zu lassen und vor allem nicht dem Personal zu überlassen. Denn wolle man die Erziehung erst den Erziehungsinstituten überlassen, in die

die Kinder im jugendlichen Alter geschickt werden, hätten sie keine Chance mehr. Kinder (beiderlei Geschlechts) seien auf die Fähigkeiten der Mutter angewiesen, und nicht nur auf ihre Fähigkeiten, sondern vor allem auf ihre Charaktereigenschaften; die Bildung des Menschen hänge von einer Gemengelage von Tugenden, Eigenschaften und Verhaltensweisen der Mütter ab: Von klugen Müttern seien kluge Kinder zu erwarten, von trägen, unempfindlichen Müttern dumme und stumpfe Kinder. Von tugendhaften, weisen Müttern fromme Kinder, von lasterhaften Müttern lasterhafte Kinder. »Von leichtsinnigen, verbuhlten, niederträchtigen, tändelnden, naschhaften, unreinlichen, verschwenderischen, aufgeblasenen, störrigen, unfreundlichen, hartherzigen, neidischen, falschen, verläumderischen Müttern leichtsinnige, zur Unzucht stark geneigte, niederträchtige, tändelnde, naschhafte, unreinliche, verschwenderische, aufgeblasene, störrige, unfreundliche, hartherzige, neidische, falsche, verläumderische Kinder.«[182]

Der Vater kann auch ein wenig mit seinem Charakter beitragen, aber nur gradweise. Für die Charakterbildung des Kindes ist fast ausschließlich der Charakter der Mutter, ihre Tugenden und Unsitten, verantwortlich. Das Ziel ist es, das Kind zu einem gehorsamen, für die Gesellschaft brauchbaren Menschen zu erziehen. Körper und Seele der Leserin und noch vielmehr der Töchter sollen im Hinblick auf die zukünftigen Aufgaben der Hausmutter als Managerin des Betriebes, als gute Partie für einen zukünftigen Ehemann und als Gebärerin gesunder Kinder vorbereitet, Erziehungskompetenzen sollen angelernt werden. Es wird sogar ein Vergleich mit Gott bemüht, der schließlich auch lauter gute Menschen schaffen will.

Um überhaupt gebärfähig zu sein, muss die Tochter einen robusten Körper besitzen. Auch zu diesem Zweck sollen die

Mädchen sich viel bewegen. Außerdem wirbt Germershausen mit Nachdruck dafür, dass die Töchter erst heiraten, wenn sie älter als 20 Jahre sind. Wer jung heirate, werde früh alt und kraftlos. Das schnelle Altern liegt ihm zufolge nicht nur am frühen Kinderkriegen, sondern vor allem am viel praktizierten Sex, weswegen auch die Männer nicht vor ihrem 25. Lebensjahr heiraten sollten. Denn da die Liebeslust in ihrer Sinnlichkeit etwas Neues für das junge Ehepaar sei, wälzen sie sich unmäßig darin herum, wie er bekrittelt. Die Folgen aber sind tödlich: Der noch unbärtige Ehemann werde alsbald zum Skelett, während er doch eigentlich auf der Höhe seiner Männlichkeit und Stärke sein sollte, um sich in den Dienst des Staates zu stellen. Der Beischlaf wird hier als Angriff auf den jungen Körper gesehen; dies sei die wahre Ursache, warum so viele junge Frauen so schwere Geburten ausstünden und dabei stürben oder schwache Kinder zur Welt brächten (nicht die ständigen Schwangerschaften). Sex ist in dieser Vorstellung nicht etwas, das Energie gibt, sondern etwas, das Energie raubt.

DIE STILLDEBATTE – AMME UND RABENMUTTER

Der am emotionalsten und rigorosesten verfolgte Punkt der staatlich-aufklärerischen Kampagne zur Erziehung der Mütter Ende des 18. Jahrhunderts ist der Versuch, sie davon zu überzeugen, dass sie selbst stillen sollen. Der Druck, der hier aufgebaut wurde, lässt sich mit der heutigen Stilldebatte vergleichen. Das preußische Allgemeine Landrecht (1794) bemühte sich, die Pflichten der Ehefrau als Mutter festzulegen, und nahm sogar einen Paragrafen mit auf, der den Müttern vorschrieb, ihre Kinder selbst zu stillen: »Eine gesunde Mutter ist ihr Kind selbst zu säugen verpflichtet.«[183] Der Ehemann hatte zu bestimmen, wie lange sie stillen sollte. In der Regel wurde zwei Jahre lang gestillt, da Ersatznahrung schwierig herzustellen und zu verabreichen war. Über diesen Stillparagrafen haben sich zwar viele Zeitgenossen lustig gemacht, er gibt jedoch eine oft formulierte Forderung zeitgenössischer Schriften wieder. Auch in den Erziehungsratschlägen der *Hausmutter* geht es immer wieder um die Zurichtung des Körpers der Tochter zum Gebären und Nähren. Hier kommt die Ablehnung der Schnürleiber ins Spiel. Sie wird mit der Deformierung des Körpers begründet, die nicht nur eine schiefe Wirbelsäule, sondern auch Unfruchtbarkeit und kleine Brüste zur Folge haben könne, deren Fähigkeit, Milch zu produzieren, möglicherweise beeinträchtigt werde oder ganz versiege.[184]

Das Gegenbild zur stillenden Mutter ist die Amme, deren Einsatz nun entweder einer prinzipiellen Kritik unterzogen wird oder den es in Ausnahme- oder Notfällen zumindest zu regeln gilt. Die Kritik an der Anstellung von Ammen ist zu dieser Zeit nicht neu, sie hat vielmehr eine lange Geschichte – schon in griechischer wie römischer Antike beklagten sich Politiker über die »Stillmüdigkeit« der Frauen. Die Skepsis gegenüber Ammen war groß. Es wurde vermutet, dass sich Charaktereigenschaften mit der Milch übertragen, und deshalb zu verschiedenen Zeiten unterschiedliche, oft realitätsferne Ansprüche an die Ammen gestellt: In Rom, wo es staatlich organisierte Ammenmärkte gab, wurden die gute Beherrschung der Sprache und eine philosophische Ausbildung (die meisten Ammen waren versklavte Frauen) verlangt, in der christlichen Welt Tugendhaftigkeit; es gab auch Forderungen im Hinblick auf das Alter, den Körperbau, die Haarfarbe, die Form der Brüste, gesunde Zähne und eine deutliche Aussprache. Sprache, philosophische Bildung und Tugendhaftigkeit wären nachvollziehbare Forderungen, wenn es um die frühkindliche Erziehung ginge, diese wurde aber erst im 18. Jahrhundert als relevant wahrgenommen. Der Vorstellung nach fand die Beeinflussung durch die Milch statt. Das Wort ›Ammenmärchen‹ stammt aus der griechischen Antike: Eine Amme solle man nur im Notfall einstellen, und dann soll sie von ›griechischer Sitte‹ sein und keine moralisch fragwürdigen Märchen erzählen.[185]

Auch Germershausen macht sich die Forderung nach dem Selbststillen zu eigen und verweist dabei zunächst auf die Natur: »Die Natur fordert jede Mutter zu der Pflicht auf, ihr Kind selbst zu säugen, und selbiges nicht einer Amme zu überlassen.« In der weiteren Begründung ist sie es »Gott und ihrem eigenen Fleische schuldig«, und schließlich stellt er, der Geistliche, sogar sexuelle Erregung in Aussicht. Er beschreibt das Stillen als »ein unschuldiges und ganz ausnehmendes Vergnügen, (da nämlich das Heraussaugen der Milch aus der Brust ein so sanftes, lange andauerndes Kitzeln verursacht, um dessentwillen auch die Thiere ihren Jungen so gern und willig ihre Euter überlassen, und erstere als Werkzeuge einer sie belohnenden Wollust fühlen und lieben,) als auch einer der stärksten natürlichen Triebe«.[186] Die Triebbefriedigung wird ausschließlich in den Dienst der Sache gestellt.

In der *Hausmutter* werden klare Vorgaben gemacht, unter welchen Voraussetzungen eine Amme eingestellt werden darf, sollte die Mutter aus gesundheitlichen Gründen nicht stillen können: Die Amme muss eine ehrliche Frau sein, deren eigenes Kind innerhalb der vorhergehenden sechs Wochen gestorben ist. Und wenn eine solche (zufälligerweise) nicht zu bekommen ist, muss es eine Frau sein, die unter falschen Heiratsversprechungen geschwängert wurde und die daran »keinen Gefallen sonst gehabt, oder nicht geil gewesen« ist.[187] Auch Germershausen geht noch davon aus, dass mit der Milch »Gemüthseigenschaften« an den Säugling weitergegeben werden, weshalb die Amme nicht dumm sein sollte und nicht weiter herumhuren darf. Was in dieser Situation mit dem unehelichen, vaterlosen Kind der Amme passiert, das sowieso schon unter prekären Umständen aufwächst, ist nicht weiter Thema. Die Sterblichkeitsrate im ersten Lebensjahr war bei unehelichen Kindern doppelt so hoch wie bei ehelich geborenen. Die Kinder der Ammen wurden in Deutschland meistens an Ziehmütter abgegeben, in deren Obhut sie oft nicht lange überlebten.

Die historischen Quellen zum Ammenwesen sind allerdings spärlich gesät. Während es in anderen Ländern den Begriff ›Milchgeschwister‹ gab, die Amme also das fremde zusätzlich zu ihrem eigenen Kind stillte, ist diese Praxis in den deutschen Ländern nicht unbedingt überliefert. In Frankreich war es üblich, Kinder aus wohlhabenden Familien direkt nach der Geburt zu Ammen aufs Land zu schicken. Deswegen wurden die Ammen für die hohe Säuglingssterblichkeit verantwortlich gemacht: Sie nähmen mehrere Kinder an, um mehr Geld zu verdienen, und kümmerten sich nicht genügend um sie. Tatsächlich war schon die Verschickung aufs Land lebensgefährlich: Viele Säuglinge starben auf der beschwerlichen Reise, da sie in dieser Zeit nicht versorgt werden konnten. Eine zeitgenössische Schätzung für Paris im Jahr 1780 geht davon aus, dass von 21 000 Säuglingen 17 000 zu Ammen aufs Land verschickt wurden, 2000 bis 3000 in

Kinderheime kamen, 700 von einer im Haus wohnenden Amme und 700 von den eigenen Müttern gestillt und verpflegt wurden.[188] Schon 1762 hält Rousseau in seinem Roman *Émile oder Über die Erziehung* ein Plädoyer dafür, dass die Mütter sich angesichts eines starken Bevölkerungsrückgangs selbst um ihre Kinder kümmern sollen. Dass die Kindersterblichkeit eher mit der Reise zur Amme zusammenhing als damit, dass sich eine Amme statt der biologischen Mutter um das Kind kümmerte, wurde nicht berücksichtigt. Rousseau selbst übrigens gab seine fünf Kinder gleich nach der Geburt in Waisenhäuser (ein Viertel der getauften Kinder landete zu dieser Zeit in Paris in Waisenhäusern, meistens nicht, weil die Eltern starben, sondern weil sie arm waren). Seine Partnerin Thérèse Levasseur war Wäscherin, und da er wenig oder gar kein Geld verdiente und sie mit ihrer Arbeit für den Lebensunterhalt des Paares aufkam, hätte sie sich nicht auch noch um die Kinder kümmern können, so seine Argumentation (das war allerdings nur bei den ersten beiden Kindern so, ab dem dritten hatte er eine Anstellung).

In den deutschen Ländern wurden die Kinder aus den oberen Schichten nicht aus dem Haus gegeben, sondern üblicherweise von der im Haus angestellten Amme und dem Kindermädchen betreut. Sozialhistorisch gesehen lassen sich Ammen in Deutschland in drei Gruppen einteilen: zum einen arme, meist ledige Frauen, die sich in Kranken- oder Waisenhäusern verdingten und kommunal registriert waren. Außerdem gab es Nachbarinnen, die ohne Bezahlung halfen, wenn die Mutter nicht stillen konnte, oder die Waisen oder Findelkindern das Leben retteten. Diese Gruppe ist historisch bisher wenig beachtet worden. Die dritte Gruppe besteht in einer Figur, die durch literarische Verklärung am geläufigsten ist: die hoch geachtete Familienamme, die als Versorgerin des Kindes quasi zum Teil der Familie wurde. Sicherlich gab es große Überschneidungen zwischen diesen Gruppen. Dafür sprechen Erkenntnisse aus Briefen und Tagebüchern von wohlhabenden Frauen: Das Pflegepersonal wechselte in den ersten Lebensjahren der Kinder häufig, manche Mütter stillten in den ersten Monaten selbst und gaben an eine Amme ab, wenn sie eine Reise antreten mussten, oder sie stillten zwar tagsüber, nahmen aber nachts eine Amme in Anspruch; auf der anderen Seite blieben Ammen teilweise auch nach dem Abstillen als Kinderfrau angestellt und verbrachten so einen längeren Zeitraum in einer Familie.

Der Hauptgrund für die hohe Säuglingssterblichkeit lag in mangelnder Hygiene und den Versuchen mit Ersatznahrung, wenn keine Amme zur Verfügung stand. In den ärmeren Schichten war für viele Frauen das Stillen aufgrund der hohen Arbeitsbelastung zu zeitaufwendig (Untersuchungen zu süddeutschen Dörfern im 19. Jahrhundert haben ergeben, dass während der Erntemonate wesentlich mehr Säuglinge starben als im Winter; Frauen, die in dieser Zeit trotzdem stillten, galten als faul).[189] Schon früh wurde mit künstlicher Nahrung und künstlichen Saugvorrichtungen experimentiert. Aus der Antike sind beispielsweise Sauggefäße aus Ton erhalten. Vom späten Mittelalter bis ins 19. Jahrhundert fand in ländlichen Gegenden das ›Saughorn‹ Verwendung, durch das Kuh- oder Ziegenmilch gefüttert wurde. Als Nuckelaufsatz diente die abgeschnittene Zitze eines Kuheuters, die selten ausgetauscht wurde und durch ihre Verwesung fatale hygienische Verunreinigungen der Milch verursachte. Aber auch das Horn selbst war schwierig zu reinigen und beherbergte vielzählige Bakterienkulturen.

Weitere Versuche, Säuglinge mit Mehlbrei oder vorgekauter Nahrung zu versorgen, waren wegen der mangelnden Mundhygiene der Erwachsenen oder der fehlenden Nährstoffe des Breis ebenfalls nicht optimal. Die Ideen aus Konrad Anton Zwierleins enthusiastischer Schrift *Die Ziege als beste und wohlfeilste Amme* von 1816 – der Säugling trinkt direkt aus dem Euter der Ziege – wurden in der Hoffnung auf eine Verringerung der Säuglingssterblichkeit zunächst in Kranken- und Findelkinderhäusern umgesetzt, bis 100 Jahre später die Ziegenmilchanämie entdeckt wurde. Der Ziegenmilch fehlen Folsäure und das Vitamin B_{12}, was eine Mangelernährung des Säuglings zur Folge hat. Die Ziege wurde aber vor allem in Notsituationen eingesetzt, nie in solch flächendeckender Weise, wie Zwierlein es sich erhoffte. Die Umsetzung erwies sich als kostenaufwendig, da die Methode zwei bis drei Menschen benötigte, um den Säugling und die Ziege festzuhalten.[190]

Es sind eigentlich die Mütter aus den wohlhabenderen Schichten, die aufgrund ihrer gesellschaftlichen Verpflichtungen teilweise nicht stillen, sich aber eine Amme leisten konnten, die von den Autoren der ammenkritischen Schriften angegriffen werden. Dass sie als ›Rabenmütter‹ bezeichnet wurden, liegt an einer Fehlinterpretation von Luthers Übersetzung einer Stelle aus dem Buch Hiob, die dazu führte, dass man glaubte, die Raben würden ihre Jungen aus dem Nest werfen. Das Wort hat sich im Deutschen bis heute gehalten, während es in anderen Sprachen dafür kein Äquivalent gibt. Vermutlich hat die spezifisch deutsche Karriere des Wortes ›Rabenmutter‹ ihre Ursache in der erwähnten staatspolitischen Kampagne der 1790er-Jahre zur Prägung des Mütterlichkeitsbegriffes.[191]

Tatsächlich aber zeigt sich in historischen Zeugnissen dieser Schicht ein ganz anderes Bild. Der Arzt eines Findel- und Gebärhauses erklärt in einem Artikel von 1787, warum bürgerliche Frauen inzwischen selbst stillten: zum einen aus ökonomischen Gründen, denn Ammen seien für eine bestimmte bürgerliche Schicht offenbar zu teuer; zum anderen sei es Mode geworden – so wie man sich früher der französischen Mode folgend eine Amme genommen habe, so gelte es nun als Mode, sich aufgeklärt zu zeigen und selbst zu stillen. Außerdem scheint der gesellschaftliche Druck ebenfalls eine Rolle zu spielen: Frauen stillten selbst, weil sie Angst hätten, dass sonst schlecht über sie geredet würde.[192] Aus einer Untersuchung von Tagebucheinträgen und Briefen bürgerlicher und adeliger Frauen im letzten Drittel des 18. Jahrhunderts geht hervor, dass viele dieser Frauen selbst gestillt haben oder es gerne hätten. Wenn auf eine Amme zurückgegriffen wurde, dann aus gesundheitlichen Gründen, weil es die gesellschaftlichen Verpflichtungen erforderten oder der Ehemann es so wollte, nicht, weil es als unfein galt. Zu den gesellschaftlichen Verpflichtungen gehörte unter anderem das Reisen zu Anlässen, die nicht in der unmittelbaren Nachbarschaft stattfanden. Angesichts der damaligen Transportmittel und -wege war eine Reise beschwerlich und langwierig, die Mitnahme von Säuglingen und Kleinkindern also äußerst kompliziert, sodass das Kind während der Abwesenheit der Eltern an eine Amme übergeben wurde.[193] Das Schreckbild der Rabenmutter, die ihr Kind aus Bequemlichkeit nicht selbst stillen will, hat also nicht der Realität entsprochen, sondern war ein reines Disziplinierungsinstrument. Vielmehr wurden die Mütter unter Druck gesetzt, wenn sie den Lebensstil ihres Standes nicht zugunsten der Kinder radikal änderten und konsequent zu

Hause blieben, was zu der Zeit im Adel, bei Handelsfamilien und auch im wohlhabenden Mittelstand gar nicht möglich gewesen wäre.

Die sogenannten Spreewaldammen – mit ihren großen weißen Hauben – waren in Berlin um 1900 sehr in Mode, weil Kaiser Wilhelm eine sorbische Amme angestellt hatte. Manche besorgten sich die Tracht, um eine besser bezahlte Anstellung zu bekommen.

STILLEN ALS GLAUBENSFRAGE

Die Ammentätigkeit ging in Deutschland nach dem Ersten Weltkrieg zurück, als die erste funktionierende Ersatznahrung auf den Markt kam, ebenso wie hygienisch besser zu handhabende Nuckelflaschen. Auch die ersten Glasflaschen um 1900 wurden noch als ›Killerflaschen‹ bezeichnet, da sie schwierig zu säubern waren. Die Sauger bestanden aus Metall, Horn oder Elfenbein, die mit der Flasche durch einen Korken verbunden waren, und in ihm sammelten sich ebenfalls Bakterien. Ab dem Ende des 19. Jahrhunderts gab es die ersten Sauger aus Gummi. Erst ein Glasexemplar, das von beiden Seiten zu öffnen war, brachte in den 1920er-Jahren hygienischen Fortschritt. In der Zeit des Nationalsozialismus propagierte der Staatsapparat das Stillen mit großer Vehemenz. Dann wieder wurde zeitweise Milchpulver als gesündere Alternative zur Muttermilch angepriesen, sodass es zur Zeit meiner Geburt Mitte der 1970er-Jahre gesellschaftlich überhaupt kein Problem war, mit Milumil zu füttern, im Gegenteil. Inzwischen empfiehlt die WHO das Stillen, was verständlich ist, weiß man um die Belastung von Milchpulver mit Schadstoffen und die Strategien von Herstellern wie Nestlé, die ihre Produkte in Krisengebieten verteilen, wo sie dann vielfach mit verunreinigtem Wasser angemischt werden müssen. Muttermilch ist grundsätzlich gesünder für das Kind, und wenn das Stillen gut funktioniert, fördert es die emotionale Bindung zwischen Mutter und Kind; außerdem hat es den Vorteil, dass man nicht ständig die Fläschchen mit sich herumtragen und desinfizieren muss. Aber es gibt auch einige Nachteile, wie die Fixierung des Säuglings auf die Mutter, die zeitintensiv ist und, da man vielleicht nicht überall stillen kann oder möchte, sozialen Rückzug zur Folge haben kann, ganz zu schweigen von der eingeschränkten Möglichkeit, wieder arbeiten zu gehen, der dadurch entstehenden ökonomischen Abhängigkeit vom Partner und dem sich einspielenden Muster, dass dann doch zuerst die Mutter für alles zuständig ist. Zudem verzögert es das Bonding mit dem Vater oder anderen Bezugspersonen (ich höre immer wieder von Vätern, die sich sehr über die Zeit freuen, in der sie dem Säugling die Flasche geben können, was sie als starke Intensivierung ihrer Beziehung zum Kind beschreiben). Vor allem aber ist das Stillen nicht so selbstverständlich, wie es suggeriert wird.

Stillen wird auch heute als etwas so ›Natürliches‹ angesehen, dass man davon ausgeht, es müsse von allein funktionieren. Dabei kann schon die Anatomie der Brustwarze das Stillen erschweren oder unmöglich machen. Dass das Stillen problematisch oder schmerzhaft sein kann, überrascht viele junge Mütter, weil darüber kaum geredet wird. Die heutige Stilldebatte hat an Vehemenz stark zugenommen, teilweise wird so sehr auf der Muttermilch beharrt, dass das Wohl der Mutter dabei aus dem Blick geraten kann. Selbst bei zu geringem Milchfluss wird von Zufütterung abgeraten, da manche Säuglinge anschließend die Brust nicht mehr nehmen, weil es mühsamer ist, daran zu saugen. So wird eine belastende erste Zeit mit hungrig schreiendem Kind, schmerzhaftem Stillen und eine daraus resultierende späte Bonding-Phase lieber in Kauf genommen, als dass das Kind etwas anderes als Muttermilch bekommt. Gesellschaftlich müssen sich Frauen inzwischen rechtfertigen, wenn sie nicht stillen; gleichzeitig werden Frauen, die ihre Kinder bis zum vierten Lebensjahr stillen, schräg angesehen.

VERORDNETES MUTTERGLÜCK

Auch im 18. Jahrhundert gerieten Frauen, die zu lange stillten (länger als die üblichen 18–24 Monate), unter Verdacht – nämlich, dass sie die nächste Schwangerschaft hinauszögern wollten. Der Irrglaube, Frauen könnten nicht schwanger werden, solange sie stillen, ist auch heute noch verbreitet; gleichzeitig war es aber auch üblich, in dieser Zeit den Beischlaf nicht zu vollziehen. Diese Gewohnheit taucht sogar 1794 im Allgemeinen Landrecht auf, in dem der Frau rechtlich zugestanden wird, den Beischlaf in der Zeit des Stillens zu verweigern.[194] Frauen, die nicht stillten, wurden so natürlich tatsächlich schneller wieder schwanger. Anfang des 19. Jahrhunderts beschäftigen sich Ärzte mit diesem Thema, sie kritisierten, dass das ständige Schwangersein und Kindergebären Raubbau am Körper der Frauen betreibe, die dadurch eine schwache Konstitution erhielten und ebenso schwache Kinder zur Welt brächten.[195] In der *Hausmutter* aber ist das absichtliche Herauszögern einer erneuten Schwangerschaft ein Verstoß gegen die Bestimmung der Frau: »Sie sind darum da«, sich das Kinderzeugen (nicht aber die bloß tierische »Lust vom Beyschlafe«) zu einer »Quelle von Seeligkeiten« zu machen und bei jedem neuen Kind »Freuden der Engel« zu spüren, Mutter sein zu dürfen.[196]

»Sie sind darum da« – die Existenzberechtigung der Frauen besteht darin, durch das Kinderkriegen glücklich zu sein, und zwar am laufenden Band. Dass das Kinderkriegen glücklich machen soll, ist heute immer noch eine Erwartungshaltung, die postpartale Depression oder eine späte Bonding-Phase bei Müttern zu Tabuthemen macht. Mit der versprochenen Überflutung von Glückshormonen wird so sehr gerechnet, dass es die Mütter völlig aus der Bahn wirft, wenn sie ausbleiben. Dabei haben 80 Prozent der Frauen Stimmungsschwankungen nach der Geburt, von denen sich 15 Prozent zu einer postpartalen Depression auswachsen, die bis zu einem Jahr andauern kann. Eine Studie des Deutschen Instituts für Wirtschaftsforschung ergab, dass sich die Lebenssituation von einem Drittel der befragten Mütter innerhalb der ersten sieben Jahre des Kindes »substanziell« verschlechtert hat. Sie litten unter Stress, stressbedingtem und sozialem Rückzug, depressiven Verstimmungen und Angstgefühlen.[197] Und doch ist das

Mutterglück der ersten Zeit das Bild, das dominiert und als ›normal‹ gilt.

Doch auch abgesehen davon ist das Hadern mit der Mutterschaft ein Tabu. Das zeigen die hochemotionalen Reaktionen, die die Studie *Regretting Motherhood* der Soziologin Orna Donath über Mütter, die ihre Mutterschaft bereuen, vor allem in Deutschland hervorgerufen hat.[198] Am interessantesten finde ich daran immer wieder die unterschiedliche Bewertung von Vater- und Mutterschaft. Nicht nur mit Blick auf die Zeitverteilung werden bei Vätern und Müttern unterschiedliche Maßstäbe angesetzt (fast alle Väter arbeiten in Vollzeit, wenn die Kinder im Grundschulalter sind, im Gegensatz zu den meisten Müttern), sondern auch in Bezug auf die emotionale Beziehung. Wenn Väter von der emotionalen Interaktion mit ihren Kindern überfordert sind, wird das ganz anders beurteilt, als wenn Mütter überfordert sind. In Psychologie und Psychoanalyse ist es bis heute ausgemacht, dass die Beziehung zur Mutter den Grundstein für die psychische Gesundheit der späteren Erwachsenen legt. Sehr langsam sickert die Erkenntnis ein, dass es sich dabei nicht um die biologische Mutter handeln muss, sondern vor allem um eine emotional zuverlässige Bezugsperson. Der Glaube an die natürliche Mutterliebe hält sich aber ungebrochen, und wer sie nicht direkt nach der Geburt und dann durchgehend spürt, hat das Gefühl, dass mit ihr etwas nicht stimmt. Das auszusprechen ist immer noch ein großes Tabu und verstärkt die Gefahr, in eine Depression zu rutschen.

Die Historiker*innen, die sich mit diesem Thema befassen, legen Wert darauf, zu betonen, dass es Mutterliebe auch vor Rousseau gegeben hat; in den Schriften der preußischen Kampagne für das neue Mutterbild wird sie nun aber zu einem »kulturellen Imperativ«, der die Geschlechterverhältnisse neu formuliert.[199] Dieser Imperativ sollte über die folgenden 250 Jahre eine Präsenz entwickeln, der sich kaum noch jemand entziehen kann. Dafür, dass die Mutterliebe in den Texten als ›natürliche Bestimmung‹ dargestellt wird, müssen die Mütter nach Ansicht der (männlichen) Autoren aber sehr viel von ihnen lernen: »Die Frauen konnten nicht Mütter sein, sie mußten Mütter sein. Dafür, daß Mutterliebe und Mütterlichkeit als ›Naturgesetzlichkeiten‹ galten, wurde von den Polizeywissenschaftlern erstaunlich viel Lehrmaterial aufgelegt und ein erstaunlicher Druck aufgebaut, damit die Frauen sich ihrer eigentlich selbstverständlichen ›Natur‹ entsprechend verhielten.«[200]

Auch Germershausen spricht seine Leserin beim Thema Mutterglück auf einmal in einem völlig veränderten Tonfall an. Diese moralische Besserwisserei im Duktus einer Predigt hatte er bis dahin nur gegenüber Menschen angewandt, die der Leserin unterstehen, sodass sie sich mit dem Geschriebenen identifizieren konnte; nun richtet er sich gegen sie selbst. Das Thema ist hochgradig emotional besetzt. Jetzt sind es nicht mehr die täglich bis ins kleinste Detail zu treffenden Entscheidungen, die Aufsicht über alle Verrichtungen, die das Gesinde zu tun hat, und einiges mehr, sondern die Mutterpflichten, die die höchste Aufmerksamkeit erfordern. Sogar selbst zu stillen ist nicht genug: Mit den Kindern Zeit zu verbringen rät der Autor eindringlich besonders Müttern in großen Wirtschaften, die sich unterstehen, »mit kriechendem Athem aus dem Gedränge ihres Hauses herzueilen, um das Kind mit Darreichung der Muttermilch […] aufs schnellste abzufertigen, und es hierauf ungesäumt, voll fremder Gedanken oder

Nahrungssorgen, der Wärterinn oder Kindermuhme wieder zu überliefern.«[201] Mit diesem Satz wird das Bild der Hausmutter aus den bisherigen Bänden, das die absolute Kontrolle über alle Arbeitsabläufe forderte, über den Haufen geworfen. Die Beschäftigung mit der Betriebsleitung wird zu »fremden Gedanken« erklärt und ebenso wie »Nahrungssorgen« zur unwichtigen Nebentätigkeit. Die Leitung und Kontrolle über das Geschehen in der Wirtschaft schien schon bei der Beschreibung der verschiedenen Tätigkeiten in den ersten Bänden unmöglich von einer Person durchführbar. Nun aber wird die Anforderung vollends überladen. Wollte die Frau ihr entsprechen, dann wäre sie durchgehend entweder schwanger oder sie stillte und kümmerte sich außerdem um die Erziehung der Kinder; die Leitung des Gutshofes müsste nebenbei geschehen.

DAS SCHLECHTE GEWISSEN DER MODERNEN MUTTER

Mit dem Wechsel der Prioritäten und der moralischen Gewichtung geht auch ein strategischer Wechsel des Autors einher. In den ersten vier Bänden der *Hausmutter* werden zwei Druckmittel eingesetzt, um Frauen dazu zu bewegen, sich der Gesellschaft anzupassen. Zum einen ist dies die Karikatur des negativen Beispiels, über das sich die Leserin lustig machen und durch das sie sich mit Germershausens Idealvorstellung identifizieren kann. Das zweite Mittel ist der Spott, der die Leserin selbst treffen kann: Wer beim Hinfallen die Kopfbedeckung verliert oder sich in Gesellschaft als gebildet zu erkennen gibt, wird ausgelacht. Beide Strategien funktionieren über Fremdbestimmung: gesellschaftliche Normen, die von außen gesetzt sind (bzw. vom Autor als selbstverständlich vorausgesetzt werden) und zu denen man sich verhalten muss. Und beide Strategien funktionieren über Scham: die Beschämung der anderen oder die Scham, die einen selbst überkommt, wenn man verlacht wird. Beim Thema Mutterschaft ändert sich die Strategie: Der Leserin wird eingebläut, sie sei keine gute Mutter, wenn sie das Kind von einer Amme stillen lasse. Schuldgefühle und ein schlechtes Gewissen machen das Druckmittel zu einem internen, eigenbestimmten. Wer sich etwa nicht um seine eigene Gesundheit (oder die seiner Töchter) kümmert, dem drohen die schrecklichsten Konsequenzen, was exemplarisch am Verhalten von Mädchen während der Menstruation illustriert wird. In dieser Zeit sollten Brot, Kuchen, Stockfisch und Erkältungen vermieden werden, gegen Letztere empfiehlt Germershausen lauwarme Fußbäder und wollene Socken. Mäßigkeit, Zerstreuung der Gedanken und ein aufgeräumtes Wesen helfen neben der Vermeidung von Schreck und Zorn ebenfalls beim ordentlichen Verlauf der Menstruation. Stockt das Blut, wird der frühe körperliche Verfall prophezeit: »Welche nun diese Regeln übertreten, sind selbst Schuld, wenn die Blume, die kaum aufgegangen, wieder verwelkt und abfällt.«[202] Der fünfte Band der *Hausmutter* ist durchzogen von solchen drastischen Bildern. Falsches, unmäßiges Verhalten kann schnell zum Tod führen, insbesondere bei allem, was mit Sexualität zu tun hat. Die Mäßigung des Gefühlslebens, die Beherrschung der eigenen Affekte spielen eine große Rolle in der Entwicklung des Bürgertums im Zeitalter der Aufklärung – das Disziplinierungsgebot richtet sich aber vor allem an Frauen, Kinder und das gemeine Volk.

Und so tauchen diese Themen auch nur in der *Hausmutter*, nicht im *Hausvater* auf. So wie die Ehefrau für die Repräsentation des Hauses zuständig ist, so wird sie nun als Mutter verantwortlich für das Wohlgeraten der Kinder gemacht – es ist ihre Schuld, wenn ein Kind missrät, also nicht zu einem nützlichen Mitglied der Gesellschaft wird.

Schon in der Schwangerschaft ist es wichtig, sich zu mäßigen und seine Affekte zu beherrschen, andernfalls kann das verheerende Folgen haben. Um ihre Gesundheit und die des ungeborenen Kindes nicht zu gefährden, soll die Schwangere nicht laufen, springen, schreien oder lachen, keine Mittel einnehmen, die vorsätzlich zum Niesen führen (wie auch sonst keine Arzneien), und vor allem darf sie nicht tanzen, denn wenn sie schwitzt und anschließend etwas Kaltes trinkt, »kann sie sich augenblicklich ums Leben bringen«. Neben Lachen, Niesen oder kalten Getränken bei erhitztem Körper galt Schreckhaftigkeit als Gefahr für den Fötus. Wenn eine Schwangere sich in den ersten Monaten der Schwangerschaft erschreckt, so die verbreitete Auffassung, findet ein sogenannter Versehzauber statt, und das Kind erhält die Merkmale, vor denen die Mutter sich erschreckt hat: Bei Schreck vor einer Maus bekommt es ein behaartes Muttermal, der Anblick einer Magd mit zwölf Zehen und vier Daumen überträgt dieselbe Missbildung auf das Kind; eine aus England kolportierte Geschichte berichtet von einer Schwangeren, die mit Entsetzen eine Hinrichtung angesehen hatte – das anschließend frühzeitig geborene Kind sei mit abgetrenntem Kopf zur Welt gekommen. Der Rat für empfindsame Schwangere ist einigermaßen umständlich: Sie soll jede Gelegenheit vermeiden, in der »ihre Einbildungskraft in Bewegung kommen könnte«. Eine Vertraute soll alles auskundschaften und aus dem Weg räumen, was die Schwangere potenziell erschrecken würde; im Notfall sollte sie sich antrainieren, schnell die Hände vor die Augen zu halten. Die Empfehlung, zu Hause zu bleiben, wird nicht ausgesprochen, ist aber naheliegend angesichts der Drohung, für ein angeborenes Leid ihres Kindes verantwortlich zu sein.[203]

SEELISCHE ABHÄRTUNG

Besser aber ist die Vorsorge, Töchter im Hinblick auf diese Gefahr von vornherein so zu erziehen, dass sie sich gar nicht erst erschrecken. Die Mutter sollte möglichst früh anfangen, ihre Kinder, und ausdrücklich auch ihre Töchter, nicht zu verzärteln, sondern an die Schrecken des Lebens zu gewöhnen, indem sie ihnen beispielsweise gefangene Mäuse in die Hand gibt. Die Schuld an der anerzogenen Schreckhaftigkeit wird vor allem den Kindermädchen zugeschrieben, die die Kinder mit Fröschen, Mäusen und Würmern quälen. Ebenso muss kleinen Kindern beigebracht werden, den Anblick von »Krüppeln«, hässlichen oder verstümmelten Menschen mit Mitleid, aber »ohne sonderliche Gemüthsunruhe« hinzunehmen; die Kinder müssen Blut sehen können und sollen es, um sich daran zu gewöhnen, bei Aderlassen mit der Schüssel auffangen, außerdem sollen sie bei Tierschlachtungen und Hinrichtungen zusehen. Zu demselben Zweck soll auch die bildende Kunst eingesetzt werden: Damit die Söhne und Töchter traurige Anblicke ertragen lernen, soll man ihnen schon in der Kindheit Bilder von Totengerippen und verstümmelten Menschen zeigen und erklären. Die Kinder sollen die Bilder nachzeichnen, damit sie durch den Umgang mit den Kopien anschließend die Originale »mit dreisten unverwandten Augen und Herzen« wie ein Studienobjekt anschauen können, wie es auch Maler tun. Die Kinder sollen aber auch nicht zur Gefühllosigkeit erzogen werden, sondern »zur Standhaftigkeit aus Vernunft und Religion«, um später die üblen Seiten des Lebens gelassen ertragen zu können.[204]

Die bildende Kunst kann ebenso einen positiven Einfluss auf den Embryo ausüben. Denn wenn die Einbildungskraft der Schwangeren schon so ausgeprägt ist, kann sie das auch zu ihrem Vorteil nutzen, indem sie »Gemälde einer sehr schönen Menschengestalt«[205] in ihren Zimmern aufstellt. Diese Überzeugung der Übertragung des Gesehenen auf das Ungeborene stammt aus der griechischen Antike. Schwangere sollten schöne Statuen betrachten, um schöne Kinder zu bekommen. Im Mittelalter kam die negative Variante hinzu, um Fehlbildungen bei Säuglingen erklären zu können. Aufgewühlte Emotionen der Frau während der Empfängnis oder der Schwangerschaft wurden für das Aussehen des Kindes verantwortlich gemacht, daher auch der Begriff des Muttermals. In der ersten Hälfte des 18. Jahrhunderts begannen britische Ärzte diesen Glauben zu hinterfragen, trotzdem hielt er sich noch bis ins 19. Jahrhundert.[206] Die Argumentation, ein ›missgestaltetes‹ Kind habe seinen Ursprung in der zu großen Schreckhaftigkeit der Schwangeren (nicht im göttlichen Willen), legt die Verantwortung in die Hände der Mutter – sie hat es selbst in der Hand, ob sie sich die entsprechenden schönen Vorbilder angesehen hat oder sich von ihrer Empfindsamkeit zu Schrecken hinreißen lässt.

Diese Verantwortung hat heutzutage nicht nachgelassen. Das Pharmaunternehmen Merck bewirbt das Nahrungsergänzungsmittel Folsäure mit dem Slogan »Gib deinem Baby mehr als nur deine schönen Augen. Du kannst mehr beeinflussen, als du denkst!« Die Schwangere soll Einfluss auf die Epigenetik nehmen, indem sie sich gesund ernährt, Stress vermeidet und sich ausreichend bewegt und schläft, dadurch könne sie die Entwicklung ihres Babys »bis ca. 75 % positiv beeinflussen.« »Stress vermeiden« als Tipp klingt fast zynisch, wenn der Druck auf Schwangere, sich ›richtig‹ zu verhalten, wächst, weil das im Umkehrschluss bedeutet, dass jeder Verstoß gegen diese Verhaltensweisen dem Fötus schaden könnte. Die Anforderungen an Schwangere sind allerdings je nach Region sehr unterschiedlich. In Italien zum Beispiel wird der Verzehr von rohen Nahrungsmitteln, inklusive Rohkost wie Salat oder Petersilie, mit einer Vergiftung gleichgesetzt, während der tägliche Konsum von Alkohol nicht als Problem angesehen wird – in Deutschland inzwischen undenkbar. Eine Schwangere oder eine Stillende mit einem Glas Rotwein oder einer Zigarette wird hier heutzutage schnell als asozial eingestuft.

DISZIPLINIERUNG DES LACHENS

In der *Hausmutter* wird dazu geraten, die Töchter gegen das Erschrecken abzuhärten, indem ihnen Gelassenheit antrainiert wird; Germershausen macht aus einer verbreiteten medizinischen Ansicht ein Argument für die Selbstdisziplinierung (und unterhält nebenbei sein Publikum mit ein paar Gruselgeschichten). Davon abgesehen geht es in Hinblick auf Affektbeherrschung von Kindern zunächst um die der Eltern. Die Tipps zum Umgang mit Kindern lesen sich teilweise wie ein Gegenprogramm zur Brutalität der schwarzen Pädagogik. Schon der Umgang mit Neugeborenen soll ein rücksichtsvoller sein. Mutter wie Kinderbetreuerinnen sollen den Säugling vor Lärm und schlechter Laune schützen, sie sollen immer ein freundliches und vergnügtes Gesicht machen und dem Kind »mit ganz sanfter Stimme angenehme Melodien« vorsingen. Das Spielen sollte man Kindern nicht verbieten, denn die Freude ist für die körperliche Gesundheit ebenso wichtig wie für die Seele: »Aeltern verstehen sich nicht recht auf Kindererziehung, wenn sie die Lustigkeit der Kinder in ihren Spielen verscheuchen.« Allerdings ist auch hier der goldene Mittelweg zu beachten: Das Lachen kann nicht nur Schwangeren schaden, sondern auch dem Kind. Lachen, das durch Kitzeln oder »unanständige Scherze« von Erwachsenen hervorgerufen wird, sei genauso gefährlich für kleine Kinder wie Drohungen, Schläge oder Vernachlässigung. Das Lachen wird in diesem Fall für das Auslösen des sogenannten ›Jammers‹ verantwortlich gemacht, in den das Kind verfallen und an dem es auch sterben könne. Der Jammer ist, vor allem bei Erwachsenen, ein Synonym für Epilepsie. Bei Kindern bezeichnet er Krankheiten, die krampfartiges Weinen hervorrufen, wie das Zahnen oder Koliken.[207]

Germershausen spricht nicht davon, den Kindern das Lachen zu verbieten, sondern davon, sie nicht zum Lachen zu reizen. Die Freude im Spiel soll zwar unterstützt, das Spiel aber, »mit Glimpf«, unterbrochen werden, wenn es allzu wild wird und die »Kinderfreuden ins Unmäßige sich versteigen«. Die Freude soll zielgerichtet genutzt werden: Das gut gelaunte Kind gehorcht besser. Ziel ist es, ein freundliches Kind mit sanftem Charakter zu erhalten, was durch angenehmes Lächeln, nicht durch lautes Lachen charakterisiert wird.[208]

In den pädagogischen Schriften, in denen es darum geht, das Lachen zu disziplinieren, zielt das vor allem auf Kinder und Frauen. Die von Rousseau inspirierte Idee, Kindern eine fröhliche Kindheit zu ermöglichen, ist auch hier in einem Zusammenhang mit der Herausbildung einer leistungsstarken bürgerlichen Schicht zu sehen: Traurige Menschen können nicht so viel für die Gesellschaft leisten.[209] Auch dass die Mutter selbst stillen soll, wird in der *Hausmutter* nicht mit Bedürfnissen des Kindes begründet, sondern damit, dass es durch die entstandene emotionale Bindung später besser gehorcht: Es sei zu beobachten, dass die Kinder durch das Gestilltwerden eine Neigung zu ihren Ammen entwickelten. Um das zu vermeiden und damit diese Zuneigung der Mutter zukommt, sollten auch diejenigen, die aus körperlichen Gründen nicht stillen können, sich umso mehr darum kümmern, das Herz des Kindes zu gewinnen. Das könne durch körperliche Nähe geschehen, vor allem direkt nach dem Stillen durch die Amme. Das Argument für die der Mutter geschenkte Zuneigung ist wieder Kontrolle. Die Mutter kann damit das Kind später nach ihrem Willen formen: damit sie die Kinder »in Zeiten zum Gehorsam, und zu nöthigen Lebenspflichten«[210] gewöhnen kann – sie also zu einem gehorsamen Staatsbürger oder zu einer die Einsamkeit des Landlebens ertragenden Hausmutter erzieht. Immer wieder überrascht die Einfühlsamkeit des Autors in die Perspektive des kleinen Kindes. Er kann aber nicht anders, als alles einem Nützlichkeitsdiktat zu unterstellen.

VON DEN GEFAHREN DER EINBILDUNGSKRAFT – LESEN UND MASTURBATION

Nicht nur ein trauriges, empfindsames Gemüt einerseits wie übermäßiges Lachen auf der anderen Seite bilden eine Gefahr für die Nützlichkeit des Menschen, auch die Fantasie kann sie torpedieren. Der Feldzug gegen die Einbildungskraft dient nur zu einem Teil der frühen Einübung von Gemütsruhe, um später als Mutter und Hausmutter gegen alle emotionalen Wagnisse gefeit zu sein. Er richtet sich darüber hinaus gegen jene Leidenschaft, die die Fähigkeit zur Ehe, die Grundlage ökonomischen Handelns, besonders gefährdet: die Romanlektüre. Dass sie eine große Gefahr für Töchter im Teenageralter darstelle, wurde zum viel diskutierten Thema, als im Gegensatz zum üblichen Vorlesen in der Gemeinschaft das stille Lesen aufkam und den Erwachsenen die Kontrolle über den Lesestoff entglitt. Abgesehen davon, dass sich das Lesen zu einer Sucht entwickeln kann, die die künftige Hausmutter von ihren Pflichten abhält, befürchtet Germershausen bei den jungen Leuten die Verklärung ihres Weltbildes. Romanfiguren als Musterbeispiele von Mut, Treue und Aufopferung zeichneten die Idealvorstellung einer vollkommenen Welt, die nicht existiere.[211]

Das hat nicht nur die gefährliche Unzufriedenheit mit dem eigenen Leben zur Folge, sondern auch die harte Konfrontation mit der Realität, in der die vorgestellten Ideale von keiner Seite erfüllt werden können – besonders in der Ehe: »Daher so manche unglückliche Ehen, weil keines von den Eheleuten so ist, wie es sich das andere vorgestellt, und man in diesem vertrauten Umgange das nicht findet, was man, nach Anleitung der Komödie, der Oper, oder des Romans, zu finden glaubte.« Besonders beim Freien sei kaltes Blut und ein nüchterner Blick für die Realität nötig. Die meisten Romane wollten die »Leidenschaften der jungen Leute entzünden, und ihre Neigungen empören«, wohingegen die Erziehung doch auf das genaue Gegenteil, die Mäßigung und Einschränkung dieser Leidenschaften, zielen sollte. Die Vorbehalte gegen das Lesen zielen zwar auf die Mädchenerziehung – angesichts der vielen Mädchenlesezirkel stellt Germershausen den Erfolg seines Appells rhetorisch infrage –, die Sorgen werden aber geschlechterneutral formuliert und betreffen auch die Jungen.[212]

Das wichtigste Thema der Affektbeherrschung dreht sich aber natürlich um die Masturbation, deren körperliche Folgen für Mädchen noch viel schlimmer seien als für Jungen. Ausschlag im Gesicht, heftige Schmerzen der Nase, weißer Ausfluss, der durch ein ätzendes Brennen unerträglich werde, Geschwüre in der Gebärmutter, »Verlängerungen und Schwindflechten der Clitoris« mündeten schließlich in »rasende Geilheit und Tod«.[213] Diese Vorstellung von Masturbation als Auslöser von Krankheit und Tod wurde in einer europaweit sehr erfolgreichen Publikation des Schweizer Arztes Samuel Auguste David Tissot von 1758 verbreitet.[214] Der Historiker Thomas Laqueur hat eine Kulturgeschichte der Selbstbefriedigung publiziert und herausgefunden, dass die Onanie in einer anonymen englischen Publikation 1712 zum ersten Mal zu einem Problem erklärt wird. Diese Schrift verbreitete sich über ganz Europa in vielen Übersetzungen und Auflagen. Sie war so erfolgreich, weil der Autor seine Warnung vor diesem ›Problem‹ mit einer Art medizinischer Softpornografie verband (in Form von ›Geständnissen‹ der männlichen und weiblichen Onanisten), für die in Büchern und Zeitungen mit Auszügen und Anzeigen viel Werbung gemacht wurde. Laqueur identifiziert den anonymen Autor nach seinen Recherchen als den Chirurgen John Marten, der zuvor schon einmal wegen Obszönität verklagt worden war.[215]

Bis dahin war Masturbation nur bei erwachsenen Männern wegen des ›vergeudeten‹ Samens in die Kritik geraten, nun wurde sie als ›Selbstbefleckung‹ und ›Selbstschändung‹ bezeichnet und betraf auch Frauen und Jugendliche. Die Behauptung, Onanie habe bei Jungen wie Mädchen fürchterliche medizinische Konsequenzen, diente dem Autor dazu, ein sehr teures, von ihm selbst produziertes Heilmittel zu verkaufen (für die geforderten 12 englischen Schilling bekam man zu dieser Zeit 290 Tassen Kaffee im Kaffeehaus). Der Mediziner Tissot kritisiert zwar die Schlüpfrigkeit der Geschichten, übernimmt aber die Behauptung der körperlichen Schädigung und behauptet sogar, dass die Folgen tödlich sein können. Er bietet im Gegensatz zu seinem Vorgänger keine Quacksalbermedizin an, sondern rät zu gesundem Lebensstil, guter Gesellschaft und stärkendem Trank (also Alkohol). Mit Schwindsucht und Geisteskrankheit wurde Masturbation erst im 19. Jahrhundert in Verbindung gebracht. Auch die Überzeugung, dass die weibliche Hysterie durch Masturbation ausgelöst wird, gibt es erst ab 1825. Zu ihrer ›Heilung‹ wurde die Klitoris entfernt (ohne Anästhesie).[216] Dort, wo die Psychoanalyse sich nicht durchsetzen konnte, hielt sich diese Praxis bis ins 20. Jahrhundert. Die Verhinderung von Onanie bei Jugendlichen wurde in den Schriften von Pädagogen und Medizinern nach Erscheinen von Tissots Buch geradezu obsessiv thematisiert.

Laqueur interessiert die Frage, warum eine so mittelmäßige Publikation mit einer an den Haaren herbeigezogenen

Behauptung wie die des anonymen Autors 1712 so gravierende Auswirkungen auf die Schuldgefühle einer ganzen Gesellschaft haben konnte: »Selten fußte ein kultureller Umbruch von solchen Dimensionen auf derart bescheidenen Anfängen.«[217] Seiner These nach sind es die Veränderungen des Wirtschaftssystems, die um 1700 in England und mit mehreren Jahrzehnten Verzögerung in den deutschen Gebieten zu spüren sind: das kapitalistische System, in dem das Verlangen nach Mehr eine wichtige Antriebsfeder ist, ebenso wie die Imaginationsfähigkeit der Projektemacher. Expansionsdrang, Kreditwesen und Spekulation gehören einerseits zum neuen Wirtschaftssystem, Fantasie und Exzess werden aber gleichzeitig als Bedrohung wahrgenommen, wenn der Einzelne sich darin unkontrolliert verliert. Der massive Feldzug gegen die Masturbation lässt sich hier ebenso einordnen wie die Angst, das private, stille Lesen zerrütte die Nerven und sei gefährlich. In der *Hausmutter* münden beide fantasiebefeuernden Tätigkeiten, Lesen und Masturbieren, in einem ähnlich gelagerten Schreckbild. Denn wenn die Mädchen sich die Onanie angewöhnten, resultiere das außer in den geschilderten körperlichen Auswirkungen auch noch in der Unlust zu heiraten (das finde ich einen sehr schönen Gedanken, auch wenn das vom Autor nicht so gemeint war). Es wird nicht ausgesprochen, aber damit wäre wiederum die ökonomische Sicherheit der Tochter gefährdet (und ihre Bestimmung als Hausmutter und Mutter verfehlt). Germershausen droht im Grunde der Leserin mit den fürchterlichsten Konsequenzen, wenn sie ihre Töchter nicht von der Onanie abhält, was wieder bei den Schuldgefühlen der Mutter als Verantwortlicher ansetzt.

Das Kind soll also mit Vernunft zu Vernunft erzogen werden. Die *Hausmutter* liest sich hier streckenweise sehr modern und psychologisch feinfühlig. Wenn das Kind beispielsweise etwas Verbotenes haben möchte, soll man es ihm nicht einfach verbieten, sondern es ablenken. Denn wenn man etwas ohne Grund verbiete, wecke dies erst recht den Wunsch danach und führe auf lange Sicht zum Gegenteil des beabsichtigten Erziehungsziels: Wenn Eltern ihren Kindern zum Beispiel Delikatessen vorenthielten, die sie sich selbst genehmigten, fühlten die Kinder sich zu Recht ungerecht behandelt und entwickelten sich in der Folge zu Esslüstlingen.[218] In anderen pädagogischen Schriften der Zeit wurde eher dazu geraten, Essen als Mittel zur Einübung von Gehorsam und zur Abhärtung einzusetzen, indem es verweigert oder angekündigt, dann aber verzögert werden sollte, damit auch das einjährige Kind lernt, sich zu beherrschen.[219] Das fängt schon beim Säugling an: Während Germershausen dazu rät, auf die Bedürfnisse des Kindes einzugehen und bereits zu stillen, bevor es schreit, setzte sich in der Folge die Vorstellung durch, dass schon der Säugling durch strikt einzuhaltende Stillzeiten und -dauer diszipliniert werden muss. *Die deutsche Mutter und ihr erstes Kind* – ein Ratgeber für Mütter, der im Nationalsozialismus publiziert und in der BRD bis in die 1980er-Jahre immer wieder und nur leicht verändert aufgelegt wurde, warnt davor, dem Säugling nachzugeben, und rät dazu, ihn schreien zu lassen. Die Mutter darf ihn nicht zum Tyrann erziehen, sie hat schließlich noch anderes zu tun (die anderen Kinder und den Haushalt zu betreuen und so den Systemerhalt zu garantieren).[220]

Was die Prügelstrafe jedoch betrifft, widerspricht sich Germershausen. Einerseits soll sie entweder sofort oder gar nicht ausgeführt werden (vor allem nicht am nächsten Tag, weil das Kind dann schlecht schläft), andererseits soll sie nicht im Affekt geschehen, sondern verschoben werden, bis Kind und Eltern sich beruhigt haben. Außerdem soll man sie bei Kindern, die älter als fünf Jahre sind, nicht vor den Augen des Gesindes vollziehen, da sie sich sonst vorgeführt fühlten. Und alle müssen sich solidarisch mit der Strafe zeigen, denn wenn das Kindermädchen oder die Großmutter Mitleid zeigten, schüre das Hass auf die Eltern. Die Forderung der emotionslos ausgeführten Bestrafung ist die andere Seite der Aufklärung. Hinzu kommt der Tipp, durch zusätzlichen Liebesentzug mehr bewirken zu können als mit der Rute allein. Das unverdorbene Kind werde sich bei gezeigter Betrübnis der Eltern vornehmen, sie nicht mehr traurig zu machen. Heutige Leser*innen haben sofort die entsprechenden Szenen aus dem Film *Das weiße Band* von Michael Haneke (D 2009) vor Augen. Die Handlung spielt 130 Jahre später und scheint eine direkte Verbildlichung dieser Theorie zu sein. Die Leiter des Philanthropin, einer 1774 gegründeten Reformschule, ersetzten die Prügelstrafe durch öffentliche Demütigung.[221] Auch Campe gehörte zu diesen Reformpädagogen. Ansonsten ist jedoch in den zeitgenössischen pädagogischen Schriften vielfach von gewaltvollen Strafen die Rede, die darauf zielen, den Eigensinn des Kindes zu brechen. Körperliche Gewalt in der Erziehung sollte sich noch lange halten, rechtlich wurde für die Schulen das Züchtigungsrecht in der DDR 1949, in der BRD 1973 und in Bayern 1983 abgeschafft; Eltern ist es seit 2000 verboten, ihren Kindern körperlich oder seelisch Gewalt zuzufügen. Liebesentzug und Scham als alternative

Methoden zur körperlichen Züchtigung greifen heute noch mehr oder weniger subtil.

Alle diese Erziehungsmaßnahmen in der *Hausmutter* – die Abhärtung des kindlichen Körpers mit kaltem Wasser, die Anerziehung eines ausgeglichenen Gemüts und die Eindämmung der Einbildungskraft – verfolgen das Ziel, eine leistungsstarke bürgerliche Schicht und nützliche Staatsbürger zu schaffen.

Die Etablierung der Mutter als beste Garantin für die Charakterbildung in der frühkindlichen Erziehung Ende des 18. Jahrhunderts ist eine ideologische Entscheidung. In den pädagogischen Schriften von Eberhard von Rochow aus den späten 1770er-Jahren ist durchgehend geschlechtsneutral von Kindern und Eltern die Rede, es gibt kein eindeutiges, idealisiertes Mutterbild, wie es von anderen Autoren wie Campe oder Pestalozzi in den 1780er-Jahren produziert wurde. Rochow vertritt zwar auch die Auffassung, dass die frühkindliche Erziehung äußerst wichtig für die Entwicklung des Kindes ist, zieht daraus jedoch einen ganz anderen Schluss: Die Mädchen aus den unteren Schichten sollten eine bessere Schulbildung genießen, damit sie diese Aufgabe in der Position als Kindermädchen oder Ammen besser erfüllen können.[222] Doch die idealisierte Mutter schien prädestiniert für die Umsetzung der neuen bürgerlichen Erziehungsnormen – das perfekte Argument, um sie von bürgerlichen Rechten wie Bildung oder Berufsausübung auszuschließen. Wie gut sich das Bild durchsetzte, ist übrigens an den Märchen der Brüder Grimm zu sehen: In *Schneewittchen* und *Hänsel und Gretel* ist es in der ursprünglichen Version von 1812 die eigene Mutter, die die Kinder aussetzt oder ihrer Tochter den Tod wünscht. Erst in einer überarbeiteten Version von 1840 wird diese Figur mit der bösen Stiefmutter ersetzt.

Die propagierte Rolle der neuen Mutter konnte vor allem in Beamten- und Akademikerkreisen durchgesetzt werden, Berufsgruppen, in denen der Beruf des Mannes vom Haus und der Arbeit der Ehefrau getrennt war – und aus denen viele der Autoren kamen, die Schriften zur Rolle der Mutter publizierten. Dieses Rollenmodell konnte sich so gut verbreiten, weil es eine große Attraktivität ausstrahlte. Für Mütter, die sich gerne mehr ihren Kindern widmen wollten, bot es zumindest in der Theorie diese Möglichkeit (tatsächlich kollidierte dieser Anspruch mit ihren ja nicht weniger werdenden Aufgaben). Doch ganz grundsätzlich muss die suggerierte emotionale Überlegenheit, das Bild der guten Mutter, für viele ein positiver Anreiz gewesen sein, sonst hätte es im 19. Jahrhundert nicht so viele Befürworterinnen gegeben. Die Kehrseite dieses Bildes wird einem erst später deutlich: »Die Idealisierung ließ den emanzipatorischen Vorgang, der im 18. Jahrhundert für einige Frauen mit Lesen und geistiger Bildung begonnen hatte, wieder ersticken; denn Idealisierung ist die subtilste Form der Diskriminierung.«[223] Dazu gehört nicht nur die ideelle Überhöhung der Mutterrolle, sondern auch die ganz konkreten »polizeywissenschaftlichen Versprechungen von Anerkennung, Vorzügen und Rechten bei der Erfüllung mütterlicher Pflichten und die Fürsorge für Schwangere und Wöchnerinnen gegenüber«.[224] Die Rechte sollten im Laufe der Zeit immer mehr beschnitten werden, und die Anerkennung schwand in dem Maße, in dem es diese nur noch für (gut) bezahlte Arbeit gibt.

5.

Von der Herrin im Haus zur Dienerin am Mann

BEWAHREN HEISST SPAREN – NEUE TUGENDEN

Der Wandel von der Figur der Hausmutter als tatkräftiger, zum Vermögen des Hauses produktiv beitragender Hälfte des Arbeitspaares zur Figur der bürgerlichen Hausfrau, deren Aufgaben als durchweg reproduktiv angesehen werden, verläuft über die Schnittstelle der Figur der Mutter. Doch das idealisierte Mutterbild allein erklärt nicht, wie das Modell der bürgerlichen Hausfrau entstehen konnte bzw. warum es sich so prominent durchzusetzen vermochte. Hier kommen noch einmal die ökonomische Entwicklung und starke traditionalistische, beharrende Kräfte ins Spiel. Immer noch: Auch im 19. Jahrhundert waren nur sehr wenige Frauen nicht erwerbstätig. Die Tendenz zum Hausfrauendasein zeigte sich erst in einer sehr kleinen bürgerlichen Schicht, die sich aber im Laufe des Jahrhunderts enorm verbreitern sollte. Im Zuge dieser Entwicklung sollte ein jahrhundertealter Topos wichtig werden, der nun verstärkt bemüht wurde: Die Frau bewahrt, was der Mann erworben hat. Verknüpft ist diese Vorstellung mit der Theorie vom aktiven Mann und der passiven Frau, was sich beispielsweise im Brockhaus von 1815 niederschlägt: »Der Mann muss erwerben, das Weib sucht zu erhalten; der Mann mit Gewalt, das Weib mit Güte oder List. Jener gehört dem geräuschvollen öffentlichen Leben, dieses dem stillen häuslichen Cirkel. Der Mann arbeitet im Schweiße seines Angesichtes und bedarf erschöpft der tiefen Ruhe; das Weib ist geschäftig immerdar, in nimmer ruhender Betriebsamkeit. Der Mann stemmt sich dem Schicksal selbst entgegen, und trotzt schon zu Boden liegend noch der Gewalt; willig beugt das Weib sein Haupt und findet Trost und Hilfe noch in seinen Thränen.«[225] Die Einträge zu ›Mann‹ und ›Frau‹ in den gebräuchlichen Lexika sahen ein paar Jahrzehnte früher noch ganz anders aus, wie wir gesehen haben. Die dort beschriebenen Pflichten von Hausmutter und Hausvater werden um 1800 zu biologisch behaupteten allgemeinen Charaktereigenschaften und Tugenden von Frau und Mann und gelten damit standesübergreifend für alle.

Im ersten Kapitel haben wir gesehen, dass es eine Aufgabenverteilung von Erwerben und Bewahren überhaupt nicht gab und die Realität selbst in den bürgerlichen Schichten lange anders aussah – oft waren eher die Frauen für den Verkauf der produzierten Waren oder das Eintreiben von Schulden und somit für die Geldeinnahme der Familie verantwortlich. Als Germershausen in den 1780er-Jahren die Aufgabenverteilung in der *Hausmutter* und dem *Hausvater* explizit darlegt, nimmt er das Klischee der bewahrenden Frau dankbar auf: In der *Hausmutter* ist der Sparsamkeit in der Haushaltung ein ganzes Kapitel gewidmet. Im *Hausvater* hingegen wird lediglich vor Schulden und allzu waghalsigen Experimenten gewarnt (und dass der Hausvater seiner Frau bei ihrer Sparsamkeit im Haushalt nicht in die Quere kommen darf).[226] Engagierter Staatsbürgerlichkeit, zu deren Kanon die Bereitwilligkeit gehört, »den Staat mit seinem Vermögen zu unterstützen« und »den eigenen Vortheil nach dem gemeinschaftlichen Besten einzuschränken«[227], steht Germershausen skeptisch gegenüber. Es sei zwar patriotisch, Neues auszuprobieren, wenn dabei ein Nutzen für die Nachwelt entstehe. Er wendet sich aber gegen unbedachte Projektemacherei, wenn er warnt, dass jeder prüfen solle, ob er nach Verlust seines Vermögens sagen könne: »Ich war dazu da, daß ich mich fürs allgemeine Wohl aufopfern sollte.«[228] Er fordert, sich einzuschränken, wenn die Erträge aus der Landwirtschaft den Lebensunterhalt nicht decken: Das Erbe der Eltern dürfe nicht angetastet werden, die Ausgaben die Einnahmen nie überschreiten, und ein Notpfennig gegen Kornpreisschwankungen, Rinderseuchen und Missernten sollte angelegt werden.

Hier zeigt sich die Zerrissenheit des Autors zwischen dem Willen zum Fortschrittsdenken der Ökonomischen Aufklärung zum Wohle der Nation und einer traditionellen, vorsichtigen Einstellung. Ausdrücklich warnt er davor, sich zu verschulden, Schulden scheinen unausweichlich den sozialen Tod nach sich zu ziehen. Die Beharrlichkeit, mit der immer wieder der Ehrverlust des Schuldners, der seine Schulden nicht begleichen kann, betont wird, lässt vermuten, dass Schulden zu haben durchaus nicht unüblich war. Tatsächlich hatte lange Zeit jeder bei jedem Schulden, und die Wirtschaft hätte ohne anschreiben zu lassen gar nicht funktioniert – aus dem einfachen Grund, weil kaum Bargeld im Umlauf war. Auch wenn sich viele Menschen mit Ersatzwährungen oder dem sogenannten schwarzen Geld behalfen, war doch das währungsstabilere Gold- und Silbergeld ein Zahlungsmittel der Oberschicht (die Bezeichnung »schwarzes Geld« leitet sich von Pfennigen aus Kupferlegierungen her, die sich mit der Zeit schwarz färbten). In den anderen Schichten und vor allem auf dem Land wurde nur von Durchreisenden und nicht vertrauenswürdigen Mitgliedern der Gesellschaft erwartet, dass sie bar bezahlten, alle anderen ließen anschreiben. Ein grundlegender Wandel in der moralischen Bewertung von Schulden hat damit begonnen, dass bei zu spät bezahlten Raten Strafzinsen vor Gericht eingefordert werden konnten (in England um 1600). Gerichtsentscheidungen gegenüber Schuldner*innen wurden im Laufe der Zeit zunehmend härter, und die Anklagen vor Gericht hatten (wie die Beschuldigungen von Hexerei) oft das Ziel, Konkurrenz aus dem Weg zu schaffen.[229]

Die moralischen Warnungen vor Schulden haben im 18. Jahrhundert aus Angst vor einem außer Kontrolle geratenden Kapitalismus zugenommen. Sie reihen sich ein in die Entwicklung eines ›bürgerlichen Tugendkatalogs‹, an dessen oberster Stelle Ordnung, Fleiß und Sparsamkeit rangieren. Dieser Kanon hat sich aus den ökonomischen Tugenden gespeist, die vor allem auch von der Hausväterliteratur propagiert wurden. Aber das musste erst mal etabliert werden. Die (Selbst- wie Fremd-)Wahrnehmung nationaler Charaktereigenschaften der Deutschen hat sich im Laufe der Zeit drastisch gewandelt: »Der zeitgenössische, holzschnittartig verkürzte Moralvergleich der Nationen notierte noch um 1600 exzessive Trunkenheit, überbordende Lebensfreude und eine generelle Maßlosigkeit als hervorstechende Merkmale des deutschen Lebensstils.«[230]

Die Propagierung von Ordnung, Fleiß und Sparsamkeit ist Teil frühneuzeitlicher Kontrollmechanismen, die zur Staatsbildung beitragen sollten und sich schon vor 1500 in gesetzlichen Maßnahmen gegen Müßiggang in der Reichsgesetzordnung widerspiegeln. Eine davon war die sukzessive Abschaffung von Feiertagen, die sich im Mittelalter bis zu einem halben Jahr summieren konnten. Am Ende des 18. Jahrhunderts haben sich die vormals standesübergreifenden ökonomischen Tugenden in spezifisch bürgerliche verwandelt. Germershausens Warnung vor Schulden ist deshalb auch eine Warnung davor, sich wie der Adel zu verhalten und Geld für unnütze Dinge wie einen schönen Garten zu verschwenden. Ordnung, Sparsamkeit und Fleiß spielen eine wichtige Rolle für das Funktionieren der neuen wirtschaftlichen Bedingungen, für die eine arbeitsame und leistungsstarke Bevölkerung gebraucht wird. Ordnungsliebe wird zunehmend mit Disziplin, Gehorsam und Unterordnung verknüpft und die ökonomischen Tugenden »hauptsächlich den schwächeren Gliedern der bürgerlichen Gesellschaft gepredigt: den Armen und den Frauen, also denjenigen, denen man aufgrund ihrer Besitzlosigkeit die bürgerlichen Rechte absprach.«[231]

Genau das lässt sich auch in der *Hausmutter* ablesen: Wird der Hausvater vor den großen Ausgaben gewarnt, geht es in der *Hausmutter* um die Alltagstugenden, die täglichen Kleinigkeiten, in denen Germershausen sein Ideal von Sparsamkeit ansiedelt, und das betrifft nur noch den Haushalt. Das zuvor an das Arbeitsehepaar gerichtete Gebot des Fleißes wird gegen Ende des 18. Jahrhunderts zur Tugendanforderung an die Hausmutter umdefiniert.[232] Wie gesehen, bedeutet Sparsamkeit für die Hausmutter eine ständige Gratwanderung für die Definition ihres eigenen Standes – der goldene

Mittelweg zeigt sich zwischen unangebrachtem Geiz und ebenso unangebrachtem Prunk bei Gastmahlen. An den Ausgaben für das Gesinde hingegen soll gespart werden, wo es nur geht. Durch strenge Kontrolle der Essensplanung kann die Hausmutter ihre Ausgaben in diesem Bereich im Zaum halten und Überschüsse erwirtschaften, die sie »als Erwerb ansehen könne, wodurch sie die Hauptsumma des ganzen alljährlichen Wirthschaftsertrages vermehren kann und soll«.[233] Sie trägt also durch Sparsamkeit aktiv zum Vermögen bei.

Nun kommt eine andere Möglichkeit zu sparen hinzu: Neben der unausgesprochenen Voraussetzung, dass sie die Verwalterin ersetzt, kann die Hausmutter auch Arbeiten übernehmen, die eigentlich von Bediensteten ausgeführt werden. In der *Hausmutter* ist das zunächst nur an zwei Stellen denkbar. Die erste betrifft das Bierbrauen – die Hausmutter braucht nur eine Magd anzulernen und kann das Brauen oder besser gesagt dessen Überwachung selbst in die Hand nehmen, statt einen Brauer einzustellen. Die zweite Tätigkeit, die uns allen bekannter vorkommt, ist das Spinnen von feinem Garn. Garn wird aus Flachs in unterschiedlichen Stärken gesponnen, um daraus unterschiedliche Textilien herzustellen: aus dem gröberen Garn Bettzeug und Kleidung für das Gesinde oder Stoff für die Arbeit auf dem Hof – Säcke, Lappen, Durchseihtücher für Milch. Je feiner der Faden, desto feiner das Gewebe, aus dem Tischtücher, Servietten, Windeln oder Bettzeug für die Herrschaft gemacht werden. Das Garn wird an die Weber*innen gegeben, die das Leinen zurückliefern, das wiederum von Schneider*innen zu den gebrauchsfertigen Textilien verarbeitet wird. Je feiner der Faden, desto sensibler müssen die Finger sein, deswegen muss eine Magd, die feines

Garn spinnen soll, von allen groben Haus- und Feldarbeiten entbunden werden. In der *Hausmutter* wird penibel vorgerechnet, wie viel eine Magd kostet, die im Haus wohnt und extra für das Spinnen abgestellt ist. Sie muss nämlich auch noch sonntags verköstigt werden, obwohl sie an dem Tag gar nicht arbeitet. Die Rechnung ergibt, dass sich das nicht lohnt, wenn doch Hausmutter und Töchter die dunklen Mußestunden in der Winterzeit selbst für die Herstellung von Garn nutzen können, anstatt sich solch unsinnigen Vergnügungen wie dem Kartenspiel hinzugeben.[234]

Expliziter wird Germershausen in einem Artikel, den er kurz nach dem Erscheinen der *Hausmutter* in zwei Zeitschriften publiziert. Er sinniert über einen Spruch aus Luthers Tischreden: »Der Mann kan [sic] die Frau nicht reich machen, wohl aber die Frau den Mann. Denn der ersparte Pfennig ist besser, als der erworbene.« Die Hauptaussage des Spruches wird hier als Ehrenrettung der Ehefrau interpretiert, die mehr zum Wohlstand des gemeinschaftlichen Haushalts beiträgt, als es die Männer wahrhaben wollen. Denn: »Ohne Sparsamkeit kan kein Reichtum entstehen. Er kan auch nicht ohne Sparsamkeit bestehen. Nun muß man wissen, daß es im Hausstande, was das Sparen anbetrift, hauptsächlich auf die Frau ankomme.«[235]

Der Artikel handelt von einer Frau, die mit ihren Töchtern aus erster Ehe ihren Mann vor der Verschuldung rettet, indem sie selbst spinnt, näht, Kleidung, Tisch- und Bettwäsche ausbessert und (zumindest die Leibwäsche) sogar selbst wäscht, statt diese Arbeiten, wie üblich, gegen Bezahlung außer Hause verrichten zu lassen. Der Artikel richtet sich an ein breiteres Publikum als die *Hausmutter* (also auch an die Ehemänner) – hier macht sich der Autor nicht mehr augenzwinkernd mit der Leserin gemein. Die Hausmutter wird in die Pflicht genommen, und der Autor versucht seine Leser*innen davon zu überzeugen, dass die Pfennigfuchserei bei den »kleinern und allerkleinsten« Ausgaben »Vergnügen« bereiten kann: »die Berechnung des Ersparten reitzet uns, daß wir darauf sinnen und danach trachten, die Summe unsers Vermögens immer höher zu treiben«.[236] Bezog sich die Disziplinierung zunächst auf die Kontrolle des Gesindes, soll die Sparsamkeit der Hausmutter in Fleisch und Blut übergehen und so zur Selbstdisziplinierung führen.

DIE PFARRFRAU ALS ROLE MODEL – WIE MAN SEINE ZIELGRUPPE VERFEHLT

Die ökonomischen Tugenden Ordnung, Fleiß und Sparsamkeit werden zu dezidiert weiblichen Tugenden bzw. zu unverzichtbaren Tugenden der Frauen, die den Beruf der Hausmutter ergreifen oder, besser gesagt, in ihn hineinheiraten oder verheiratet werden. Der erste Schritt dabei ist, die Kontrolle der Arbeiten selbst durchzuführen und sie nicht einer Verwalterin zu überlassen. Dass die Frau des Hauses aber selbst Hand anlegen und Aufgaben des Personals übernehmen soll, ist eine absolute Neuheit – die sich im fünften Band der *Hausmutter* mit den Aufgaben der Mutter ankündigte und im Artikel über den ersparten Pfennig mit der Pflege von Kleidung einen Schritt weitergeht. In den deutschsprachigen Frauenzeitschriften Ende des 18. Jahrhunderts gibt es keine einzige konkrete Anleitung für den Haushalt – weder Kochrezepte noch Haushaltstipps oder Anleitungen für Reinigungs- oder

Heilmittel. Im Gegenteil, eine Übernahme solcher Arbeiten hätte die Standesgrenzen gefährdet. Davor warnt 1792 die Schriftstellerin Marianne Ehrmann: Fordere ein geiziger Ehemann von seiner Frau, dass diese das Essen in der Regel selbst kochen solle, so schade das ihrer Gesundheit und gefährde ihr Ansehen in der Gesellschaft, wenn ihr die Arbeit an den zerschundenen Händen anzusehen sei. Frauen aus dem Mittelstand, die sich freiwillig so verhielten, nennt Ehrmann »Hausprahlerinnen«.[237]

Tatsächlich wird die *Hausmutter* den wirklichen Aufgaben ihrer adressierten Klientel nicht gerecht. Die Frauen von Stand führten tatsächlich oft die Bücher und mussten häufig als Gastgeberin fungieren, weswegen das Wissen über die Gerichte und deren Zusammenstellung wahrscheinlich hilfreich war. Ansonsten aber hatten sie gesellschaftlichen Verpflichtungen nachzukommen, die in der *Hausmutter* nicht einmal erwähnt werden und die ohne vertrauenswürdige Vertreterinnen nicht durchführbar gewesen wären, da sie vielfach mehrwöchige Abwesenheiten erforderten – ob es um private Besuche, geschäftliche Reisen oder längere Aufenthalte in der üblichen Stadtwohnung oder auf anderen Besitzungen ging. So ist auch die informierte Kontrolle der Betriebsleiterin nicht durch die Herrin des Hauses auszuführen. Schon die Annahme, dass sie die Hygiene in der Gesindeküche oder die Milchmägde beim Melken überwacht, ist realitätsfern. Ich vermute, dass dem Autor seine eigene Frau, die Idealfigur der ländlichen Pfarrfrau, vorschwebte, die er hier auf größere Betriebe überträgt. Die Pfarrfrau war diejenige, die wirklich alle in der *Hausmutter* beschriebenen Aufgaben zu erfüllen hatte, inklusive der Vorbildfunktion und der Mutterpflichten.

Und tatsächlich erwähnt Germershausen seine Frau als Vorbild, von der er sich alles abgeschaut hat. Er habe es »der göttlichen Vorsehung zu danken, daß mir selbiger eine so gute Gattinn zugeführet hat, bey der ich mein Essen nicht eher weiß, als bis es vor mir auf dem Tische dasteht. Ich bin daher in der Anweisung zu den Geschäfften der Hausmutter in der Küche, nur ein Kopiste der meinigen.«[238] Er habe den Spott der Welt nicht zu fürchten, da seine Umgebung wisse, dass seine Ehefrau das Vorbild für die ideale Hausmutter seines Buches sei. So erhält sie weniger die Ehrung als eigentliche Urheberin des Buches, die er ihr hier etwas verklausuliert zuspricht, als dass sie als Rechtfertigung dafür herhalten muss, dass er als Mann sich eigentlich nicht in diesen Dingen auskennen dürfte. Die Tatsache, dass er erst erfährt, was es zu essen gibt, wenn er am Tisch sitzt, scheint bedeutungsvoller als der Umstand, dass er sich als Kopist seiner Frau bezeichnet. Seine Frau bleibt namenlos (Dorothea Günther und Christian Friedrich Germershausen heirateten 1751. Sie starb 1781, in dem Jahr, in dem der letzte Band der *Hausmutter* publiziert wurde). Sie taucht auch sonst nirgends im Buch auf, obwohl es zahlreiche persönliche Anekdoten gibt; und diese Stelle befindet sich nicht etwa im Vorwort bei den Widmungen, sondern versteckt mitten im ersten Band. Der Autor lässt es offen, ob seine Frau aktiv am Schreiben beteiligt war oder er sich nur ihre Arbeitsweise zum Vorbild nahm. Dass Frauen an den Werken ihrer Männer mitarbeiten und nicht namentlich genannt werden, ist in der Literaturgeschichte (und in der Wissenschaft) häufiger vorgekommen, nicht nur bei Brecht und Einstein.

Germershausen versucht in der *Hausmutter*, den Frauen aus dem Mittelstand (bürgerlich und adelig) einzutrichtern, dass sie sich nicht am Hochadel orientieren sollen, aber er schießt am Ziel vorbei. Der Aufwand für Repräsentation ist auch im bürgerlichen Mittelstand enorm, und um die von ihm geforderten Tugenden anzunehmen, müssen die Frauen die Standesgrenzen erst einmal übertreten. Das sollte im 19. Jahrhundert allerdings für die bürgerlichen Frauen zur Realität werden, und nicht erst, als das Bürgertum während der Industriellen Revolution stark anstieg und das Einkommensniveau sank, sondern schon durch die politische Situation Anfang des Jahrhunderts, begleitet von der Hasskampagne gegen gelehrte Frauen und dem idealisierten Mutterbild. 1815 endete die Besatzung Napoleons, und die Zeit der Restauration begann, in der die aristokratischen Herrscher die feudalen Strukturen wiederherstellten. Für das aufstrebende Bürgertum bedeutete das eine politische Ohnmacht, die in Rückzug ins Private und den Kult der Kleinfamilie resultierte, Spießbürgerlichkeit gilt als das zentrale Merkmal der Epoche des Biedermeier. Wobei das ›Private‹ hier eigentlich erst geschaffen wurde. Die Alltagstugenden, denen man sich unaufhörlich und jeden Tag aufs Neue widmen muss, werden im Biedermeier der Restaurationszeit wichtiger als staatsbürgerliche Pflichten, die sich dem Fortschritt der Gesellschaft verschreiben. Nun dominiert gesellschaftlich das Modell der bürgerlichen Ehe und trägt seine Tugendvorstellungen auch in die aristokratische und gutbürgerliche Schicht hinein.

Zu diesen Tugenden gehört für die Frauen auch die rastlose Betätigung, und die lässt sich in den höheren Schichten am besten durch Handarbeit garantieren. So stellt sich schon bei Germershausens Rechnung mit der Spinnmagd die Frage, ob überhaupt feines Garn noch selbst gesponnen wurde, wenn es sogar in der näheren Umgebung schon Spinnmanufakturen gab. Die Quintessenz seines Plädoyers ist, dass die Frau des Hauses und ihre Töchter (nicht die Söhne; das Spinnen wird nur von Jungen und Männern der unteren Schichten gefordert) selbst spinnen sollen, statt Karten zu spielen. Auch in der Ausbildung der Töchter zur Hausmutter spielt die Handarbeit eine wichtige Rolle, wovon er die Leserin aber noch überzeugen muss. Ab dem Alter von sechs Jahren soll die Tochter zum Spinnen angehalten werden, zudem könne sie im Gehen auf dem Feld stricken, während sie das Personal beaufsichtige, und somit Arbeiterin und Aufseherin zugleich sein. Der Autor behauptet, er kenne verschiedene adelige Damen, die strickend das Gesinde auf dem Feld beobachteten. Außerdem wisse er von Prinzessinnen, die sich durch Stricken die Zeit vertrieben und die entstandenen Strümpfe den Armen- und Waisenhäusern schenkten.[239] Das klingt nach einer Werbemaßnahme. Die Aristokratie lässt sich auf ein niedrigeres Niveau herab, um Güte und Demut zu demonstrieren. Bei Germershausen wird die Geschichte als vorbildliches Beispiel angeführt, um zu erreichen, dass die Adressatinnen das Stricken nicht als unter ihrer Würde betrachteten und es zu einer nützlichen Betätigung auch in den oberen Schichten wird. Hier wurden aufwendige Stickereien schon eher als eine angemessene Handarbeit gesehen, bei der nicht die eigentliche Herstellung von Gebrauchstextilien im Vordergrund steht, sondern die Verzierung. Beim Stricken geht es im Grunde um das Einüben von ständiger Betätigung, auch wenn sie ökonomisch nicht sinnvoll ist bzw. gerade weil sie ökonomisch nicht sinnvoll ist: »Eine handarbeitende Frau symbolisierte in idealer Weise häusliche Tugend, denn sie war tätig, ohne daß dies wirtschaftlich erforderlich gewesen wäre.«[240] Mädchen und Frauen sollen ständig eine Handarbeit in der Hand haben, diese aber »gleichsam mechanisch« ausüben und sich gleichzeitig auf andere Dinge konzentrieren können. Die geforderte ständige Beschäftigung erlaubte die Kontrolle von Zeit und Körper der Frauen.

Um die durchgehende nützliche Beschäftigung möglich zu machen, ist Germershausen auch dagegen, dass Mädchen ein Instrument lernen. Denn am Klavier zu sitzen, Laute oder Cymbel oft in der Hand zu halten, dazu werden sie als Hausmutter keine Zeit haben. Deswegen plädiert er für das Singen, das bei ihm, wie im vorigen Kapitel gesehen, als weibliche Artikulation ohnehin hoch im Kurs steht. Mit Gesang kann die Hausmutter die Arbeit in der Hauswirtschaft, ob sie schwer ist oder wegen ihrer Einförmigkeit ermüdend, sich und ihren Töchtern und Mägden erleichtern. Neben dem erzieherischen Effekt (und dem der Überwachung, wie wir am Beispiel der Milchmägde gesehen haben) soll das Singen die eintönige Arbeit erleichtern – das mutet zynisch an. Das Singen wird, im Gegensatz zum Erlernen von Instrumenten, als ›natürlich‹ deklariert. »Die einsamen und stillen Verrichtungen, die das Frauenzimmer hat, sind ihnen zum Singen so bequem, dass man glauben sollte, der Schöpfer hätte ihnen darum eine so schöne Stimme gegeben, weil sie die Bequemlichkeit haben, sie zu üben und zu nutzen.« Hier zeigt sich noch einmal deutlich die Verfehlung seiner Zielgruppe, in der die musikalische Unterhaltung in Gesellschaft großgeschrieben war; und in der von Hausmutter und Töchtern außerdem keine schwere, eintönige Hausarbeit gemeinsam mit den Mägden geleistet wird.

Die Domestizierungsmaßnahmen hinsichtlich der Handarbeit hatten Erfolg, der Strickstrumpf wurde zum ständigen Begleiter von Frauen auch in den oberen Schichten. Schon Sophie von La Roche hatte zur Geheimhaltung ihrer schriftstellerischen Tätigkeiten immer eine Handarbeit auf dem Schreibtisch liegen, unter der sie bei unerwartetem Besuch ihre Papiere versteckte – obwohl sie, Mutter von acht Kindern, mit ihrem Schreiben für den Lebensunterhalt ihrer Familie sorgte. War es zumindest in wohlhabenden städtischen Familien zur Zeit der *Hausmutter* nicht unüblich, die Aussteuer außer Haus herstellen zu lassen, so änderte sich das um 1800. Die um die Jahrhundertwende einsetzende Verbreitung der Handarbeit ist auch daran zu erkennen, dass in der Zeit des Biedermeier kaum ein weibliches Porträt ohne das Attribut einer Strick- oder Stickarbeit auskam. Damit sollte die ›Sittlichkeit‹ der Porträtierten vermittelt werden. Denn nicht nur gegen den Müßiggang, auch gegen sündige Triebe musste angestrickt werden. Dazu diente unter anderem ein Beutel für die Wolle um das Handgelenk, so konnte das Knäuel nicht auf den »unehrbaren Teilen des Leibes« herumspringen und eventuelle Gelüste wecken.[241]

Die Diskussion um Handarbeit und Selbstmachen im Haushalt ist bis heute moralisch besetzt, sie transportiert soziale Normen und Rollenbilder und übt auch heute noch sozialen Druck aus, wie an der Konkurrenz um den besten selbstgebackenen Kuchen zu sehen ist. Selbstgemachtes ist heutzutage Distinktions- und Statussymbol, denn man muss es sich leisten können. Die Wolle für einen selbstgestrickten Pullover kostet mehr als der in Bangladesch hergestellte Kaschmirpulli. Doch wo fängt das Selbstgemachte an? Bei Gestricktem erwartet niemand, dass man die Wolle selbst gesponnen und gefärbt, das Schaf geschoren hat, die Stricknadeln geschnitzt; beim Kuchen ist die Fertigbackmischung inzwischen verpönt, aber das Mehl darf man fertig gemahlen kaufen? Auch hier sind die Grenzen fließend.[242] Mit den Backmischungen von Dr. Oetker haben viele meiner Generation backen gelernt – natürlich mit dem entsprechenden Backpulver, Puddingpulver und der Speisestärke, die von Oetker seit dem Ende des 19. Jahrhunderts vertrieben werden. Es hat lange gedauert, bis ich begriff, dass Backin und Gustin aus den Rezepten des *Dr. Oetker-Schulkochbuchs* firmeneigene Produktnamen waren und ich stattdessen auch andere Produkte hätte kaufen können. Sehr lange. Doch ob Dr. Oetker oder das selbstgemahlene Dinkelmehl, Backen bleibt – vor allem zu gesellschaftlichen Anlässen – meistens Frauensache. Auch im Büro sind es in der Regel Frauen, die zu ihrem Geburtstag oder Abschied einen selbstgebackenen Kuchen für alle mitbringen. Wenn der Kollege noch schnell vor der Arbeit ein paar Donuts kauft, wird das ganz anders beurteilt, als wenn sich die Kollegin so verhält. Und die Qualität des selbstgemachten Kuchens wird dann oft mehr kommentiert und gelobt als jede gelungene Präsentation zuvor.

Doch auch im DIY-Sektor verändern sich die Zuschreibungen an die Geschlechterrollen je nach Situation: Nachdem im Zweiten Weltkrieg die Frauen nicht nur die männlichen Berufe, sondern auch alle Arbeiten zur Versorgung der Familie inklusive der Reparaturen oder Wiederaufbauten im Haus übernommen hatten, richteten sich die Anleitungen für

Elektroinstallationen, Dachdecker- oder Tapezierarbeiten in der Nachkriegszeit explizit auch an Frauen. Erst als diese Arbeiten im Zuge des Wirtschaftswunders zu Hobbys deklariert wurden, ordnete man sie Männern zu.[243] In der Werbung ist in der Folgezeit das Bild der Hausfrau zu sehen, die etwas für andere, für ihre Familie tut, während der heimwerkende Mann etwas für sich macht, die Tätigkeit bedeutet Entspannung; die Frau soll ihn dabei in Ruhe lassen, der Hobbykeller fungiert als Refugium, während sie kein eigenes Zimmer hat. Die ständige Verfügbarkeit der Arbeitskraft der Hausfrau / Mutter, deren Arbeitstag nie endet, trägt nicht nur physisch, sondern vor allem psychisch zur Dauerbelastung bei. Keinen eigenen Rückzugsort zu haben, thematisierten Frauen immer wieder – die Schriftstellerinnen um 1800 kämpften um einen eigenen Schreibtisch, Virginia Woolf um ein eigenes Zimmer.[244] Die Disziplinierung zur Arbeit zeigt sich heute auch dort, wo Frauen, die sich als Mutter in dieser Dauerbelastung befinden, ein schlechtes Gewissen befällt, wenn sie sich tagsüber hinlegen oder einen Kaffee trinken gehen – und diejenigen, die dieses schlechte Gewissen nicht an den Tag legen, werden sofort mit den Begriff ›Latte-Macchiato-Mütter‹ abgekanzelt.

VOM BERUF ZUR IDENTITÄT: HAUS- UND EHEFRAU

Die Verschmelzung der Frau mit ihrer Bestimmung als Hausmutter wird von den bürgerlichen Autoren rigoros vorangetrieben. Im 19. Jahrhundert lernen viele bürgerliche Frauen zwar immer noch einen Beruf, um sich selbst finanzieren zu können (z.B. Lehrerin, Gouvernante oder Musikerin), müssen ihn aber den gesellschaftlichen Regeln entsprechend aufgeben, sobald sie heiraten (weswegen manche Künstlerinnen gar nicht erst geheiratet haben). Trotzdem macht die Hausfrau im 19. Jahrhundert immer noch einen relativ geringen Teil der Bevölkerung aus, die meisten Familien sind auf das Einkommen der Frauen angewiesen. In den bürgerlichen Schichten, in denen sich die propagierte alleinige Ausbildung zur Hausmutter und Ehefrau Ende des 18. Jahrhunderts durchsetzte, waren diese Frauen, wurden sie Witwe, durch Armut bedroht. Das ist nicht so weit entfernt von der Armutsfalle im Rentenalter, die vor allem alleinerziehenden Müttern heutzutage durch Teilzeitarbeit droht, auch wenn die Ausmaße der Verarmung früher um einiges drastischer sein konnten.

In den Schriften von Christine Dorothea Gürnth um 1800 wird die Zwickmühle deutlich, in der sich die Argumentation gegen die ›natürliche Bestimmung‹ der Frau befand. Gürnth veröffentlichte unter dem Pseudonym Amalie scharfzüngig formulierte Stellungnahmen für die Chancengleichheit der Geschlechter, indem sie Zweifler an mangelnden geistigen Fähigkeiten von Frauen scharf kritisierte und sich für Mädchenbildung einsetzte: Man solle sie zum Menschen anstatt »blos zum Weibe« bilden und nicht nur zur Haushälterin ihres Mannes machen. Nach den zeitgenössischen Maßstäben werde sie zur Sklavin ohne eigenen Willen erzogen. Gürnth plädierte für die Professionalisierung der Arbeit von Frauen und die Aufhebung des Zunftzwangs, vor allem, damit Witwen nicht der Armut ausgeliefert würden. Allerdings machte sie sich die Aufspaltung der Berufe in männliche und weibliche zu eigen. Sie stritt also für eine Anerkennung und Professionalisierung der haushältigen, versorgenden und textilgewerblichen Tätigkeiten, ohne eine Alternative für Frauen zu sehen (im Gegensatz zu Theodor Hippel).[245]

Gürnth selbst war Autorin verschiedener Ratgeber und Kochbücher für Landwirtinnen, Gutsvorsteherinnen und Hausfrauen. Sie kritisierte die *Hausmutter* als altmodisch, die von Germershausen propagierten Tugenden hätten den Großmüttern ihrer Generation besser gefallen. Das entpuppt sich bei näherer Betrachtung zum Teil als Eigenwerbung, denn Gürnth erklärt sich zu seiner moderneren Nachfolgerin. Ihre eigenen Werke durchzieht eine durchaus moralische Grundhaltung, viele dieser vermeintlich ›weiblichen‹ Tugenden vertritt sie selbst.[246] Auch viele der bürgerlichen Streiterinnen für Frauenrechte konnten nicht mehr außerhalb der behaupteten Ungleichheit der Geschlechter denken, ihre Forderungen drehten sich hauptsächlich um eine bessere Bewertung jener Tugenden statt um radikale Gleichberechtigung; diese sollte erst wieder nach 1848 in der sozialistischen Frauenbewegung auf die Tagesordnung kommen. Was die Gegenwehr ebenfalls erschwerte, war das Bildungssystem, das seit seiner Entstehung die Zementierung dieser Strukturen maßgeblich unterstützte. Erst gegen Ende des 19. Jahrhunderts wurden staatliche weiterführende Schulen für Mädchen gegründet, in denen dann für Handarbeit mehr Stunden als für Mathematik veranschlagt waren.

Die Publikation der *Hausmutter* zog ein ganz neues Genre von Hausmütterliteratur nach sich. Das ist ökonomischen Lexika zu entnehmen, in denen um 1800 eine neue Unterkategorie eingeführt wurde, die nun zwischen weiblicher und männlicher Arbeit unterscheidet. Diese Bücher sind lange nicht mehr so umfangreich und stärker spezialisiert –

Germershausen gilt zu Recht als der »letzte Repräsentant« der Hausväterliteratur. Doch eines lässt sich schon an den Buchtiteln erkennen: Männliche Arbeit wird zunehmend mit dem sich professionalisierenden Beruf, weibliche Arbeit mit ihrem Geschlecht verknüpft.

Die ökonomischen Lexika unterscheiden die einschlägige Literatur entweder nach Themen oder nach Personen. Bücher mit neutralem Titel beschreiben die Tätigkeit an sich und sind dieser jeweils untergeordnet. Die Abteilung »Vom Landwirthe und Hausvater, als solchem« umfasst nur wenige Bücher, die zugehörigen Unterkategorien sind Dorfpfarrern als Landwirten oder der Aufklärung der Bauern gewidmet oder handeln von den Rechten und Pflichten der Gutsherren. Die landwirtschaftlichen Tätigkeiten sind den jeweiligen Themen, nicht der Person des Landwirtes untergeordnet. Die Publikationen, die sich an Frauen richten, sind dagegen insgesamt in der Kategorie »Von der Landwirthinn und Hausmutter, und ihren Geschäften« aufgelistet – die Tätigkeiten sind quasi in ihr personifiziert. Dass die Aufteilung nach Geschlechtern noch neu und entsprechend fragil war, zeigt sich etwa darin, dass Ratgeber zur Fleckentfernung oder Färbeanleitungen auch schon mal dem Hausvater zugeordnet werden, die Tranchierliteratur der Hausmutter.[247]

Bei vielen in der *Hausmutter* aufgezählten Verpflichtungen handelt es sich eigentlich um die Aufgaben einer Verwalterin. Nach Germershausens Ansicht soll nun die Frau des Hauses all diese Aufgaben übernehmen, sodass sie letztendlich die Funktionen der Veranstaltungsmanagerin, Betriebsleiterin und Mutter in sich vereint. Der *Hausvater* hingegen ist nicht mehr für den Hausvater, sondern für den Landwirt geschrieben, der ebenso gut ein Verwalter sein kann; das wird auch daran deutlich, dass das Thema der Repräsentation keine Rolle spielt. Während der *Hausvater* ein landwirtschaftliches Anleitungsbuch ist, beinhaltet die *Hausmutter* gleichzeitig Lebenshilfetipps, auch wenn diese ständig ökonomisch begründet werden. Lebens- und Selbsthilfebücher sind als ›Selbst-Bedienung‹ zu lesen: der Leser, die Leserin, der oder die als Selbst in dem Buch entworfen wird, soll lernen, sich zu bedienen.[248] In der *Hausmutter* wird das Ideal der haushältigen Frau entworfen, und das Buch bietet die Anleitung zur Annäherung an dieses Ideal, während es im *Hausvater* nicht (mehr) um das Selbst des Landwirtes geht. Die Frau muss also durch Heirat, Stand und Geschlecht den Beruf der Hausmutter ausüben und darin ihre Identität finden, während der Gutsherr nicht durch den Besitz gezwungen ist, diese Tätigkeit auch ausüben zu müssen, sondern einen Verwalter einstellen kann.

Auch wenn hier an der Zielgruppe vorbeigeschrieben wird (natürlich gab es unzählige Verwalterinnen), zeigt sich doch, was das Bild der Hausmutter, Mutter und Hausfrau in der Realität anrichten kann, wenn es nur lange genug propagiert wird. Ratgeberliteratur ist normative Literatur, die ein fiktives Ideal als Normalität verkauft. Damit übt sie Einfluss auf gelebte Alltagsrealität aus oder verfestigt zumindest vorhandene Tendenzen. Und wenn das Wissen schon mal aufgeschrieben ist, kann es bei veränderter ökonomischer Situation auch angewendet werden. Germershausen hat mit der *Hausmutter* den Startschuss für eine Art von Haushaltsliteratur gegeben, die zwar zu dieser Zeit rückwärtsgewandt und veraltet war, 80 Jahre später aber aktuell wurde.

Die Verknüpfung der Ehefrau mit häuslichen Tätigkeiten festigte sich nämlich im Laufe des 19. Jahrhunderts, sodass das Bild der Hausfrau, das in den Ratgebern und Kochbüchern aufscheint, sich grundlegend von dem der Hausmutter unterscheidet.[249] Exemplarisch lassen sich dafür die Kochbücher von Henriette Davidis heranziehen, neben Katharina Prato wohl die erfolgreichste deutschsprachige Kochbuchautorin ihrer Zeit. Sie veröffentlichte beispielsweise ein Kochbuch mit dem bezeichnenden Titel *Der Beruf der Jungfrau* (1864).[250] Während Prato und andere Autorinnen bis dahin Wirtschaftsbücher für Herrschaftsköchinnen und Hausdamen publiziert hatten, prägte Davidis ein neues Genre: Ihre Bücher galten der Erziehung der beamtenbürgerlichen Hausfrau, der sehr viel weniger Personal zur Verfügung stand als der Hausmutter, die einen landadeligen oder großbürgerlichen Haushalt führte. Sie musste mit einem sehr viel geringeren Budget zurechtzukommen: »Der größte Gewinn in jeder Hauswirtschaft liegt unbedingt darin, möglichst wenig Leute zu behalten.«[251] Das wäre Ende des 18. Jahrhunderts undenkbar gewesen. Hier zeigt sich ebenfalls die Veränderung der gesellschaftlichen Schicht, die als ›Mittelstand‹ bezeichnet wird.

UNSICHTBARE ARBEIT – HAUSFRAUENHÄNDE UND LIEBESDIENST

Die Trennung der ›privaten‹ und der ›öffentlichen‹ Sphäre verstärkt sich im 19. Jahrhundert mit dem Anwachsen der bürgerlichen Schicht immer mehr. Das männliche Berufsleben wird in den zeitgenössischen Haushaltsratgebern als feindliches Außen dargestellt, die Familie, das traute Heim, als Zufluchtsort. Die Frauen sollen das emotionale Klima einer bergenden Häuslichkeit herstellen. Für gute Stimmung zu sorgen und sich Kummer nicht anmerken zu lassen, ist in der Hausliteratur schon seit der Antike ein Thema. Nie wird es von den Männern, nur von den Frauen gefordert, und diese Forderung gewinnt gegen Ende des Jahrhunderts stark an Dringlichkeit. Die Verantwortung für die psychische und physische Erholung des arbeitenden Mannes wird den Ehefrauen übergeben. Gleichzeitig soll mit möglichst wenig Zeit- und Geldaufwand eine optimale, repräsentative Haushaltsführung gewährleistet werden. Eine bestimmte gesellschaftliche Schicht, in der diese Ideologie Ende des 19. Jahrhunderts kulminiert, betrachtet Sibylle Meyer in ihrer Studie *Das Theater mit der Hausarbeit*: die rapide wachsende Gruppe gut ausgebildeter Beamter, Juristen und Offiziere, die um die nicht so schnell wachsende Anzahl Stellen im öffentlichen Dienst konkurrieren und unter diesem Konkurrenzdruck zugleich ein wohlhabendes, standesgemäßes Privatleben simulieren müssen.[252] Meyer konzentriert sich dabei auf einen Aspekt, der die Absurdität der Lebenssituation der zugehörigen Ehefrauen exemplarisch veranschaulicht: den Mythos des Müßiggangs bürgerlicher Frauen. Um den Wohlstand der Familie zu demonstrieren, durfte die Ehefrau keine Lohnarbeit leisten. Das Einkommen des Ehemanns war allerdings nicht hoch genug, um diesen Lebensstandard aufrechterhalten zu können. So mussten viele Frauen in Heimarbeit dazuverdienen, was geheim gehalten wurde. Der Verdienst wurde in die Hauswirtschaft gesteckt. Wenn die Wahrheit herauskam, war soziale Degradierung die unweigerliche Folge. Im eigenen Haushalt lebte man sehr sparsam, während die Gastessen, zu denen Vorgesetzte und Kollegen mit Ehefrauen eingeladen wurden, etwas anderes vorgeben mussten.

Diese Situation spiegelt sich in der Wohnungsstruktur: Die Essen fanden im repräsentativen Salon statt, der ausschließlich für solche Gelegenheiten genutzt wurde, während die eigentlichen Wohnräume kleiner waren und nach hinten hinaus lagen. Vor allem die Größe der Küche stand in keinem Verhältnis zu den vielfältigen Arbeiten, die dort stattfanden: kochen, Holz hacken, abwaschen mit hoch- und wieder heruntergetragenem Wasser, Wäsche waschen, bügeln und Vorräte einmachen. Zum Baden diente die Küche ebenfalls. Der Raum war meistens klein, dunkel und schlecht belüftet. Befindet sich die Küche in den städtischen Wohnungen um 1900 zum engen Hinterhof hinaus, verschwindet sie in großbürgerlichen Villen in den Keller. In zeitgenössischen Grundrissen werden Räume mit ›Salon‹ oder ›Zimmer‹ bezeichnet, die Küche bleibt hingegen unmarkiert. Sie ist durch den eingezeichneten Herd erkennbar. In kulturgeschichtlichen Werken werden die Einrichtungen bürgerlicher Wohnungen ausgiebig beschrieben, vor allem die Salons und die ›kalte Pracht‹, weniger die privaten Wohnzimmer. Selten werden in der Literatur die Schlafzimmer erwähnt und fast nie die Küchen, was ebenfalls für die Tabuisierung dieses Raumes spricht. Auf der Suche nach Beschreibungen der bürgerlichen Küche im letzten Drittel des 19. Jahrhunderts wird man weder in kulturhistorischen Werken noch in Inventarlisten, Budgetanalysen oder autobiografischen Romanen fündig. Einzig in Romanen über Dienstbotinnen oder in deren Lebenserinnerungen finden sich Hinweise auf die Einrichtung der Küche. Der Arbeitsplatz, an dem sie schlecht bezahlte Arbeit leisteten, musste nicht vor der Gesellschaft versteckt werden.

In dieser Schicht konnte die Familie sich meistens nur ein unerfahrenes ›Mädchen für alles‹ leisten. Für die Bewirtung bei den Gastessen wurde ein Diener gemietet, denn ein männlicher Diener stand in der Hierarchie weiter oben – der Frauenanteil unter den Dienstbot*innen stieg bis 1880 auf 96,8 Prozent an.[253] Wenn das Dienstmädchen nicht kochen konnte, musste noch jemand gemietet werden, der der Ehefrau in den Tagen zuvor bei der Vorbereitung des Essens half. Die Frau des Hauses musste während des Essens Konversation machen und durfte sich nicht anmerken lassen, dass es keinen großen Stab an Personal gab, der im Hintergrund agierte. Da viele der eingeladenen Gäste in der gleichen Situation waren, wurde nur darauf gewartet, dass ein Fehler passierte. In den Ratgebern der Zeit wird darauf hingewiesen, dass Service und Besteck zusammenpassen müssen, weshalb auch diese extra für den Abend geliehen wurden. War nicht genug Besteck für die vielen Gänge vorhanden, musste es in der Zwischenzeit abgewaschen und danach in kaltes Wasser gelegt werden, damit die Gäste es nicht merkten – ebenfalls ein Tipp aus einem Ratgeber. Hier ist eine Veränderung der Tischsitten zu sehen, die trotz sinkendem Lebensstandard erheblich mehr Arbeit macht: In der *Hausmutter* wird der Gast noch ermahnt, sein Messer im Brot statt in der Serviette abzuwischen, das bedeutet, dass man das Besteck während des ganzen Essens behält, statt dass bei jedem Gang gewechselt wird.

Diese Gastessen waren notwendiger Bestandteil der Karriereplanung des Mannes: Vorgesetzte und Kollegen, die ihm für seinen beruflichen Aufstieg hilfreich sein sollten, wurden eingeladen, inklusive deren Ehefrauen. Benimm- und Konversationsregeln für diese Ereignisse füllen ebenfalls zahlreiche Ratgeber, die Steifheit der Situation wird in zeitgenössischen Zeitschriften satirisch kommentiert. Die Ehefrau musste durch ihr gesellschaftliches Auftreten den guten Ruf ihres Mannes unterstützen, sie war als Gastgeberin für den Erfolg des Abends zuständig und hatte somit aktiv teil an seiner gesellschaftlichen Position und dem erhofften Aufstieg im Beruf. Gleichzeitig musste die Arbeit, die dahintersteckte, verschleiert werden. Am Haushaltsbudget für das Alltagsleben der Familie musste extrem gespart werden – indem die Ehefrau möglichst viele der Arbeiten, die normalerweise Geld kosteten, selbst machte. Je weniger der Beamte verdiente, desto stärker war der Druck auf die Ehefrau. Ihre Ausbeutung gewährleistete das materielle und gesellschaftliche Überleben der Familie, wobei das gesellschaftliche untrennbar mit dem materiellen verbunden war. Sichtbar zu werden drohte dieser Spagat an den Händen, die die Spuren der Hausarbeit nicht verbergen konnten. In der *Hausmutter* ist das noch ein sichtbares Kennzeichen für Waschfrauen und Mägde. Ein Ratgeber von 1854 empfiehlt der Hausfrau, sie abends täglich mit frischem Speck einzureiben, der Nachteil sei, dass man mit Handschuhen schlafen müsse, um das Bettzeug nicht zu beschmutzen.[254] Für Cremes und Lotionen, die Frauen zur Pflege der ›Hausfrauenhände‹ angeboten werden, gibt es später unzählige Werbebeispiele.

Ältere Leser*innen erinnern sich vielleicht noch an »Tilly«, eine Werbe-Ikone der 1960er- bis 1990er-Jahre. Die mütterliche Fürsorge ausstrahlende Mitarbeiterin eines Kosmetiksalons ließ die vom Spülen strapazierten Hausfrauenhände ihrer verzweifelten Kundinnen in dem Spülmittel Palmolive baden (»Sie baden gerade Ihre Hände darin«). Die erschreckte Kundin, deren Hand nach dieser Offenbarung zurückzuckte: »In Geschirrspülmittel?!«, konnte Tilly beruhigen: »In Palmolive – es pflegt die Hände schon beim Spülen.«

Vollends absurd wird das »Theater mit der Hausarbeit«, wenn die Ratgeber den Frauen raten, ihre Arbeit (nicht nur die Lohnarbeit) auch vor ihrem eigenen Mann zu verbergen. Sie soll in der Zeit ausgeführt werden, wenn er nicht zu Hause ist, damit er sich nach Feierabend ungestört von seiner Arbeit regenerieren kann. So greifen sie das Klischee vom zu früh heimkehrenden Ehemann auf, der sich (so suggerieren die Autor*innen: zu Recht) darüber verärgert zeigt, dass der Waschtag noch nicht beendet ist, oder geben den Rat, das Strümpfestopfen tagsüber zu erledigen. Die Entfremdung vom Zusammenleben wird auf die Spitze getrieben, wenn die Ehefrau ihren Mann beim Essen wie einen Gast behandeln soll, da er den Kopf voll habe von seiner Arbeit und nicht mit störenden Familienangelegenheiten belästigt werden sollte – also auch alles, was die Kinder angeht.[255] Auch verheiratet ist die Frau hier im Grunde alleinerziehend. Nicht nur die Entfremdung des Ehepaars voneinander wird hier deutlich, sondern auch die Trennung der Identifikationen: Im 19. Jahrhundert wird nur noch die Frau mit der Familie identifiziert und durch sie definiert, der Mann durch den Beruf und seine gesellschaftliche Position, nicht mehr, wie noch der Hausvater, durch die Familie. Das zeigt sich heute noch in den absurden Begriffen Familienvater oder Karrierefrau.[256]

Die Tabuisierung der Küche, das Verstecken von Arbeit vor der Gesellschaft und auch vor dem eigenen Ehemann wäre in der *Hausmutter* undenkbar – genauso wie sie grundsätzlich Einsicht in die Vermögensverhältnisse und Geschäfte ihres Mannes zu haben hat, um ihn im Notfall vertreten zu können.

Diese Einsicht in die Finanzen wird in den Haushaltsratgebern Ende des 19. Jahrhunderts ebenso nachdrücklich, allerdings eher verzweifelt gefordert. Hier wird von einer grundlegend anderen Situation ausgegangen: Die Ehefrau hat grundsätzlich weder Einsicht in die Finanzen ihres Mannes noch Zugriff darauf, obwohl das Vermögen auch ihre Mitgift oder Erbschaften umfasst. Der Ehemann wiederum hat keine Kenntnis vom Haushalt (die er auch gar nicht besitzen soll) und teilt der Ehefrau ein zu geringes Haushaltsgeld zu, mit dem sie extrem sparsam umgehen muss – gleichzeitig wird verlangt, dass sie schmackhaft, abwechslungsreich und gesund kocht. Viele Ratgeber und Zeitschriften behandeln das heikle Thema des knappen Haushaltsgeldes und wie man dabei vorgeht, den Ehemann vorsichtig um mehr zu bitten. Daran wird die Verschiebung der Machtverhältnisse innerhalb der Ehe vom Arbeitspaar zur Hausfrauenehe besonders deutlich. Gerade beim Alleinverdienermodell kann das bis heute eine Rolle spielen. Das eingenommene Geld wird nicht als gemeinsames Vermögen wahrgenommen, sondern der, der es verdient, nimmt es als seines wahr, ungeachtet der Tatsache, dass der andere durch die Übernahme von Haushalt und Kindern dieses Einkommen überhaupt erst ermöglicht. Ein Klassiker sind die Ehen, in denen die Frauen ihren Mann um Taschengeld bitten müssen, jeder Kleiderkauf für sich selbst ein Kampf – das Klischee von der Ehefrau, die das Geld ihres Mannes verschwendet, wurde gern und oft reproduziert.

Das bürgerliche Ideal der Liebesheirat, das sich seit Aufklärung und Romantik vor ökonomische Gründe für die Ehe geschoben hatte, verpflichtete die Ehefrau dazu, die häusliche Arbeit ohne Erwartung einer Gegenleistung als ›Liebesdienst‹ zu versehen. In den Haushaltsbüchern des 19. Jahrhunderts wird immer wieder die Notwendigkeit betont, den Haushalt aus Liebe zum Ehemann zu führen. Davidis legt der Hausfrau vor allem nahe, sie solle selbst kochen. Nicht nur wegen der Einsparungen sei das wünschenswert, sondern auch, weil das Essen dann besser schmecke. In den Kochbüchern und Haushaltsratgebern wurden Ehefrauen, die nicht gut oder sogar schlecht kochten, für die Zerstörung der Liebe in der Ehe verantwortlich gemacht, und die Fähigkeit, gut zu kochen, sollte eine glückliche Ehe garantierten. Die Ehefrau soll ihrem Mann seine Lieblingsgerichte auftischen, um sich seine Liebe zu bewahren. Er ginge sonst ins Restaurant und verschwendete dort Geld. Dass der Ehefrau die Schuld gegeben wird, wenn ihr Mann sich nicht häuslich verhält, ist, wie schon gesehen, bereits in der *Hausmutter* ein Thema: Er wird zum Trinker, wenn er mittags oft auf das Essen warten muss. Dieses Bild wird in der Haushaltsliteratur auch später immer wieder bemüht. Dass der Geschmack des Ehemanns aber den Speisezettel bestimmt, ist neu und taucht in der *Hausmutter* mit keinem Wort auf. Gegen Ende des 19. Jahrhunderts erhöht sich dieser Druck noch einmal, wenn hinzukommt, dass nicht nur sparsam und lecker, sondern auch gesund gekocht werden soll und die Hausfrau die neuen ernährungswissenschaftlichen Erkenntnisse verfolgen muss. Die Ratgeber, die Familien aus der Arbeiterschaft auf das bürgerliche Familienideal einschwören sollten, schreiben der Frau eine wichtige Rolle zu, denn hungrige Männer, die sich in Gaststätten zusammenrotten, geraten in Gefahr, zu Revolutionären gegen die öffentliche Ordnung zu werden und sich der Sozialdemokratie anzuschließen.[257]

Die Unsichtbarkeit der Arbeit trägt in der Folge zu ihrer Entwertung bei: Hausarbeit wird nicht mehr als echte Arbeit angesehen, da sie nicht mehr bezahlt wird, sodass die drei K von »Kuhstall, Küche, Keller« im 18. Jahrhundert über »Kinder, Küche, Kirche« im 19. Jahrhundert schließlich zu »Kinder, Küche, Konsum« im 20. Jahrhundert werden.[258] Damit schwindet auch die Wertschätzung der Hausarbeit. Es findet mit der Industrialisierung nicht nur die Verschiebung von Arbeit aus dem Haus heraus statt, sondern auch eine Verschiebung von bezahlter Arbeit im Haus zu unbezahlter Arbeit im Haus.[259] Außerdem wird sie nicht mehr als produktiv, sondern nur noch als reproduktiv wahrgenommen – nur noch dann sichtbar, wenn sie nicht ausgeführt wird. Die bürgerliche Hausfrau ist ›nur‹ noch Hausfrau, die ›nicht arbeiten gehen muss‹ und dafür dankbar zu sein hat. Hausarbeit wird nur noch von der Hausfrau als Arbeit wahrgenommen, nicht mehr vom Ehemann, der Gesellschaft und der Wissenschaft. Die Historikerin Barbara Duden beschreibt die Probleme in den 1970ern, das Phänomen der Hausarbeit in den Blick zu bekommen, weil die Begrifflichkeiten sie kaschierten: »Die Sicht auf Hausarbeit im Kapitalismus war terminologisch verdeckt durch Begriffe wie Familie, Privatsphäre oder gar Konsum- und Freizeitsphäre.«[260]

Der Haushalt wurde schon Ende des 19. Jahrhunderts als unproduktiv und konsumierend angesehen, als sich an der Arbeitsbelastung noch gar nichts geändert hatte (bzw. sie sich sogar erhöht hatte, weil weniger Arbeit außer Haus gegeben wurde). Lebensmittel zum Beispiel wurden in riesigen Mengen unbearbeitet eingekauft, um dann mit ebenso großem

Aufwand wie zuvor haltbar gemacht zu werden (Konservendosen waren am Anfang für das Militär und die Seefahrt gedacht, nicht für die normalen Haushalte). Hinzu kommt, dass die Industrialisierung manche Arbeit erschwerte, weil zum Beispiel der Qualm aus den Fabrikschloten Wäsche und Wohnungen mit einer Rußschicht überzog und die Flächen, auf denen Wäsche gebleicht werden konnte, unbrauchbar machte.

In den 1970er-Jahren gab es eine Strömung innerhalb des westdeutschen Feminismus, die die Bezahlung von Hausarbeit forderte, sie blieb ohne Erfolg. Schon damals war zudem strittig, ob die Durchsetzung der Forderung nur bestehende Strukturen und Rollenverteilungen verfestigen würde. Ähnliche Diskussionen entzündeten sich an dem 2013 eingeführten Betreuungsgeld, das von den Kritiker*innen als »Herdprämie« bezeichnet wurde und an dem nach seiner Ablehnung durch das Bundesverfassungsgericht 2015 nur die CSU-geführte Regierung in Bayern festhielt. Aber grundsätzlich bleibt festzuhalten, dass Haus- und Care-Arbeit ins Private gedrängt und gar nicht bezahlt oder in typischen ›Frauenberufen‹ ausgeübt und sehr niedrig bezahlt wird. Während der Corona-Pandemie wurden einige dieser Berufe kurz ›systemrelevant‹ genannt und viel von der Notwendigkeit geredet, ihnen mehr Wertschätzung entgegenzubringen, geändert hat sich aber nichts. Im Gegenteil, Schulen und Kitas wurden geschlossen, während die Produktion munter weiterlief und auf der anderen Seite die Haus- und Sorgearbeit in Lockdown und Homeoffice sprunghaft anstieg.

Die Argumentationsverschiebung von der durch ökonomische Gründe geprägten Betriebsleitung der Hausmutter zur Hausfrau des 19. Jahrhunderts, die ihre Arbeit aus Liebe zu Ehemann und Kindern verrichten muss, bringt auch die Forderung zur Selbstdisziplinierung mit sich – wenn die Ehefrau und Mutter diese Arbeit an der und für die Familie nicht heiter und zufrieden ausführt, liebt sie sie offensichtlich nicht genug. Gleichzeitig wächst der gesellschaftliche und ökonomische Druck, verschärft durch die Gesetzgebung. Fremdbestimmung hört auch im Zeitalter der Selbstdisziplinierung nicht auf, im Gegenteil. Die Verinnerlichung der bürgerlichen Normen unter dem Deckmantel der Liebe macht es nur sehr viel schwerer, sich gegen die gesellschaftlichen Zwänge zur Wehr zu setzen und überhaupt erst einmal herauszufinden, was man selbst möchte.

NATURRECHT RELOADET: DIE FRAU ALS MÜNDEL

Wurde die Liebe in der Ehe eingefordert, hieß das bis ins 18. Jahrhundert hinein eher, dass das Ehepaar sich nicht so sehr hassen soll, dass die ökonomische Zusammenarbeit gefährdet ist. Die romantische Liebe wird in dem Moment, in dem sie – zumindest für die Frau – mit der monogamen Ehe verknüpft wird, zu einem subtilen Disziplinierungsinstrument.[261] Johann Gottlieb Fichtes Überlegungen zum »Naturrecht« (1796) bilden für das 19. Jahrhundert die Grundlage für weitere Diskussionen über das Eherecht und prägen es entscheidend mit. Fichte zufolge begründet die Liebe der Frau das eheliche Rechtsverhältnis: Seiner Auffassung nach bedeutet Liebe für die Frau der Trieb, »einen Mann zu befriedigen«. Das Ziel sei die »Verschmelzung« zweier Menschen, das heißt hier, die Frau geht im Mann auf, das Passive im Aktiven, wie bei Campe. Für Fichte hat das noch weiterreichende rechtliche Konsequenzen: »Das Geringste, was daraus folgt, ist, daß sie ihm ihr Vermögen und alle ihre Rechte abtrete, und mit ihm ziehe. Nur mit ihm vereinigt, nur unter seinen Augen, und in seinen Geschäften hat sie noch Leben und Tätigkeit. Sie hat aufgehört, das Leben eines Individuums zu führen; ihr Leben ist ein Teil seines Lebens geworden, (dies wird vortrefflich dadurch bezeichnet, daß sie den Namen des Mannes annimmt).«[262] Der Mann sei seinerseits moralisch zu Großmut und ehelicher Zärtlichkeit verpflichtet, da seine Frau sich ihm völlig ausliefert.

Im Allgemeinen Landrecht (ALR), das zwei Jahre vor Fichtes Publikation in Kraft trat, gab es den Ansatz, beiden Geschlechtern die gleichen Rechte einzuräumen – sofern es nicht um gesetzlich geregelte Ausnahmen ging. Das Gesetz machte allerdings in allen Artikeln, die sich um Ehe und Familie drehen, Ausnahmen. So wird im ALR die Ehefrau dazu verpflichtet, dem Hauswesen ihres Mannes seinem Stand und Rang nach vorzustehen, und die Autorität des Mannes im Haus gestärkt. Auch ihre Rechtsposition verschlechtert sich: Konnte sie vorher in eigenem Namen vor Gericht auftreten, auch gegen ihren Ehemann, wird sie nun gesetzlich der Vormundschaft ihres Vaters oder Ehemanns unterstellt. Die Vermögensrechte der Ehefrau wurden zwar verbessert, indem sie durch einen Gütervertrag die Verfügungsrechte an dem von ihr in die Ehe eingebrachten Vermögen behalten kann, ohne Vertrag aber geht das Vermögen der Frau in die Verwaltung des Mannes über. Über das von ihr im Laufe der Ehe erarbeitete Geld darf sie ebenfalls nur verfügen, wenn sie sich mit einem entsprechenden Vertrag durchsetzen konnte, denn was sie während der Ehe erwirbt, »erwirbt sie, der Regel nach, dem Manne«.[263] Das heißt, wenn es keinen entsprechenden Vertrag gibt und der Ehemann ohne Testament stirbt, erben die Verwandten des Mannes, auch das von ihr erarbeitete Geld, selbst wenn sie Hauptverdienerin in der Ehe war, und sie bleibt als Witwe mittellos zurück. In dem Moment, in dem die Eheschließung vordergründig nicht mehr als ökonomische Zusammenarbeit begriffen wird, sondern auf romantischer Liebe basieren soll, ist die Verhandlungsgrundlage für einen solchen Vertrag aber stark asymmetrisch, wie an der Argumentation Fichtes zu sehen ist.

Das änderte sich im Bürgerlichen Gesetzbuch (BGB) von 1900 nicht. Einige Abgeordnete, die für die Einführung von Gütertrennung plädierten, wie sie schon in England praktiziert wurde, scheiterten. Es wurden im Gegenteil sogar noch die Rückerstattungsansprüche der Frauen verschlechtert, die sich scheiden ließen. Im ALR waren sie besser gegen die Verschwendung ihres Vermögens durch den Ehemann abgesichert gewesen. Dieser »Güterstand der ehemännlichen Verwaltung und Nutznießung« wurde 1953 wegen Unvereinbarkeit mit dem Grundgesetz außer Kraft gesetzt.[264]

Es gab immer wieder Stimmen, die sich in der Diskussion von Gesetzesreformen für die Rechte der Frauen stark machten, aber wie in der parlamentarischen Diskussion um das BGB konnten sie sich nicht durchsetzen. Und selbst die frauenfreundlichen Ansätze im ALR wurden in der Realität des 19. Jahrhunderts mit seinen restaurativen, gegen die Unabhängigkeit der Frauen gerichteten Tendenzen von den Gerichten nicht umgesetzt, vielmehr »praktizierte die Rechtsprechung ganz auffällig seit der Jahrhundertmitte zuungunsten der Frauen eine restriktivere Auslegung«.[265]

Dass die Moralvorstellungen des Bürgertums sich im Laufe des 19. Jahrhunderts immer besser durchsetzen konnten, zeigt sich an der Bewertung ehelicher Untreue und unehelicher Schwangerschaften. Beides ist zu unterschiedlichen Zeiten in unterschiedlichen Regionen und je nach Stand oder sozialer Vernetzung mal drastischer, mal weniger streng geahndet worden. Im ALR heißt es: »Zur ehelichen Treue sind beide Ehegatten wechselseitig verpflichtet.«[266] Während des 19. Jahrhunderts wird Ehebruch vor allem in den Diskussionen um die Scheidungsreform immer stärker zum Nachteil der Frau ausgelegt. Da die Frau auf ihren Bereich im Haus eingeschränkt sei, sei mit ihrem Ehebruch die Würde der Frau verloren und der eheliche und häusliche Friede vernichtet, während der Mann, der viel außerhalb des Hauses unterwegs sei, den Frieden des Hauses damit nicht gefährde und sein Ehebruch als »momentaner Fehltritt« anzusehen sei. Die nur noch von der Frau geforderte Sittlichkeit diszipliniert sie zur ehelichen Treue und garantiert dem Mann die Verfügungsgewalt über ihren Körper. Das geht sogar so weit, dass per Gesetz die »eheliche Pflicht« der Frau festgeschrieben wird, bei der »Beiwohnung« weder Teilnahmslosigkeit noch Unwillen zur Schau zu tragen, wie es etwa in einem Scheidungsurteil von 1966 zum Tragen kommt: »Die Frau genügt ihren ehelichen Pflichten nicht schon damit, daß sie die Beiwohnung teilnahmslos geschehen lässt. Wenn es ihr infolge Veranlagung oder aus anderen Gründen [...] versagt bleibt, im ehelichen Verkehr Befriedigung zu finden, so fordert die Ehe von ihr eine Gewährung in ehelicher Zuneigung und Opferbereitschaft und verbietet es, Gleichgültigkeit oder Widerwillen zur Schau zu tragen.«[267] Erst 1997 wurde die Vergewaltigung in der Ehe Straftatbestand (wie Mareice Kaiser anmerkt, stimmten Volker Kauder, Horst Seehofer und Friedrich Merz dagegen).[268] Noch im Jahr 2000 kürzte ein Amtsgericht den Anspruch auf Unterhalt wegen des verweigerten Beischlafes.

Die Rechtsstellung für ledige Schwangere war im ALR verbessert worden, um die hohe Säuglingssterblichkeit zu senken: Der Vater wurde verpflichtet, Alimente zu zahlen, und dieser Anspruch konnte sogar von seinen Eltern eingefordert werden. Diese Regelung machte ein Gesetz von 1854 wieder rückgängig. Es strich den Anspruch auf väterliche oder großelterliche Unterstützung für die unehelichen Kinder und ließ dem Vater nur noch die Verpflichtung, die Kosten des Wochenbettes zu übernehmen. Das wurde unverändert ins BGB übernommen. Die DDR verbesserte 1950 die rechtliche Stellung von ledigen Müttern und ihren Kindern: »Die nichteheliche Geburt ist kein Makel. Der Mutter eines nichtehelichen Kindes stehen die vollen elterlichen Rechte zu, die nicht durch die Einsetzung eines Vormundes für das Kind geschmälert werden dürfen.«[269] (In der Folge sollte der Staat den Eltern aus politischen Gründen die Vormundschaft entziehen, hier aber geht es um die bürgerlichen Moralvorstellungen, die das Familienrecht im BGB lange prägen sollten.) In der BRD wurden bis 1970 nichtehelich geborene Kinder unter die Vormundschaft des Jugendamtes gestellt; bis 1998 waren sie nur begrenzt erb- und unterhaltsberechtigt, und auch bis dahin hat das Jugendamt automatisch eine Amtspflegschaft übernommen, die Eltern durften nicht gemeinsam das Sorgerecht ausüben. Erst seit 2011 unterscheidet das BGB nicht mehr zwischen ehelichen und nichtehelichen Kindern.

Im ALR hatte die Ehefrau als Vorsteherin des Haushaltes zumindest noch das sogenannte Notverwaltungsrecht, in Abwesenheit oder Verhinderung ihres Mannes die Geschäfte zu führen, und damit auch Zugriff auf das Vermögen. Im BGB von 1900 wird die sogenannte ›Hausfrauenehe‹ eingeführt: Die Ehefrau ist immer noch zur Führung des Haushaltes verpflichtet, sie darf aber keine Entscheidungen treffen, nach dem sogenannten ›Gehorsamsparagrafen‹: »Dem Manne steht die Entscheidung in allen das gemeinschaftliche Leben betreffenden Angelegenheiten zu.«[270] Für Handelsfamilien galt auch im BGB eine Sonderregelung – dort, wo es ökonomisch unerlässlich war, wurden Zugeständnisse gemacht.

Die restaurative Nachkriegsstimmung im Westdeutschland der 1950er-Jahre führte zu einer einzigartig hohen Verheiratungsdichte, weswegen die Hausfrauenehe zur allgemein anerkannten gesellschaftlichen Norm wurde – die Männer der Jahrgänge 1922 bis 1926, die Generation der Rückkehrer aus dem Krieg, verheirateten sich zu fast 100 Prozent.[271] In dem Moment, in dem die Hausfrauenehe die ›Normalität‹ ist, kann die Frau nur schwer aus ihr entkommen. Während der Mann den Beruf wechseln kann, ist das Hausfrau- und Muttersein zu ihrer Identität geworden. In der Hausfrauenehe konnte die Ehefrau ohne die schriftliche Zustimmung ihres Mannes weder ein Bankkonto eröffnen noch einen Arbeitsvertrag schließen oder den Führerschein machen. Das kollidierte mit dem 1949 in Kraft tretenden Grundgesetz, das auch dank des Engagements der vier Politikerinnen im Parlamentarischen Rat – den sogenannten ›Müttern des Grundgesetzes‹ Frieda Nadig, Elisabeth Selbert, Helene Weber und Helene Wessel – den hart umkämpften Passus »Männer und Frauen sind gleichberechtigt« enthält. Entsprechende Änderungen des BGB sollten bis 1953 vollzogen sein, wurden aber mit einigen Korrekturen im Ehe- und Familienrecht erst 1957 und auch nur teilweise umgesetzt. Als Fortschritt wurde gesehen, dass die Ehefrau rechtlich gesehen die explizite Einwilligung ihres Ehemannes nicht mehr benötigte, wenn sie Verträge abschließen wollte – das galt auch für einen Arbeitsvertrag. De facto änderte sich aber der Einfluss des Ehemanns auf diese Verträge nicht, denn das Gesetz erlaubte ihm, einen von ihr geschlossenen Vertrag fristlos zu kündigen, falls sie seiner Meinung nach ihre ehelichen Pflichten vernachlässigen sollte. Insofern benötigte der Arbeitgeber bzw. Vertragspartner doch die explizite Einwilligung des Ehemannes, da sonst der Vertrag auf wackeligen Füßen stand. Die Vernachlässigung der ehelichen Pflichten an sich war schon ein Scheidungsgrund, und wer schuldig geschieden wurde, hatte weder Anrecht auf Unterhalt noch auf das Sorgerecht für die Kinder. Der Ehemann hatte aber auch in der Ehe alle Entscheidungsrechte über die Erziehung der Kinder, etwa die Entscheidung, ob die Tochter Abitur machen durfte oder stattdessen im Geschäft mitarbeiten musste. Die Ehefrau war ebenfalls immer noch rechtlich verpflichtet, unentgeltlich im Geschäft des Mannes mitzuarbeiten.

Erst 1977 wurde die Hausfrauenehe mit einer grundlegenden Eherechtsreform abgeschafft. Nun war die Ehefrau nicht mehr verpflichtet, dem Haushalt vorzustehen und ohne Bezahlung im Geschäft ihres Mannes mitzuarbeiten, sondern beide Ehepartner können (dem Recht nach) frei entscheiden, ob sie erwerbstätig sein wollen oder nicht. Theoretisch sind auch beide für die häuslichen und erzieherischen Belange verantwortlich. Doch wirkt die geschlechtsspezifische Arbeitsteilung, unter anderem begünstigt durch das bis heute gültige Ehegattensplitting, noch bis in die Gegenwart fort.

In der DDR veränderten sich Position und Selbstverständnis der Frauen schon dadurch stark, dass eine Vollbeschäftigung auch für Frauen in Erwerbsberufen angestrebt wurde, was allerdings zu einer Doppelbelastung führte, da die Ehefrauen auch weiterhin de facto für den Haushalt zuständig waren. Außerdem verdienten auch sie weniger als die Männer, und auch ihnen standen nur sehr selten Führungspositionen offen.

DIE HAUSFRAU ALS SISYPHOS UND MASCHINE – EINSAMKEIT UND ICH-AUFLÖSUNG

Die These, dass die Technisierung der Hausarbeit im 20. Jahrhundert zu ihrer Reduzierung führt, ist eine weitere Form von Verschleierung der Arbeit, sie verlagerte sich vor allem. Sicher hat etwa die Einführung des Kühlschrankes oder der elektrischen Waschmaschine einen sehr großen Teil der Arbeit vereinfacht. Die Hausfrau konnte und musste nun aber alle Aufgaben, die früher außer Haus oder in Gemeinschaft erledigt worden waren, selbst übernehmen, und das durch viele Schichten hindurch. Die Technisierung des Haushaltes garantierte, dass die Arbeit auf hohem Niveau von nur einer Person ausgeführt werden konnte.

Die Isolierung in der privaten Arbeitssituation ist ein fortschreitender Prozess, der nicht erst in kleineren Haushalten und infolge der Konzentration der Aufgaben auf die Ehefrau beginnt. Sie setzt schon Ende des 18. Jahrhunderts ein, als sich die Arbeitsbedingungen der Landbevölkerung durch die Agrarreformen verändern: Durch die neuen Hack- und

Futterpflanzen sowie die Stallfütterung stieg das Spektrum der weiblichen Arbeiten und damit das Arbeitspensum der Frauen. Hinzu kam, dass Männer zunehmend gezwungen waren, außerhalb des Dorfes nach Arbeit zu suchen, sodass die Frauen deren Arbeit mit übernehmen mussten. Die Arbeiten wurden immer weniger gemeinsam durchgeführt, denn während die Aufgaben der Männer körperlich schwerer waren und eher in Gruppen ausgeführt wurden, waren Tätigkeiten wie Futter oder Wasser holen, Unkraut jäten, hacken, die Versorgung der Tiere und der Kinder sowie kochen und putzen zumindest in kleineren Betrieben jeweils auch von einer Frau allein zu bewältigen. Wegen des gestiegenen Arbeitspensums mussten sie außerdem in höherem Tempo erledigt werden.[272] Dieser Strukturwechsel im ländlichen Bereich setzt sich schließlich auch in der Sphäre der bürgerlichen Hausfrau fort.

Die seit dem 18. Jahrhundert erfolgte Zuweisung, dass die Frauen ins Private, Männer ins Öffentliche gehören, war zunächst ein gesellschaftliches Konstrukt, das die Realität nicht widerspiegelte, denn auch das ›Private‹ war öffentlich – Geselligkeit wurde großgeschrieben, ständig hatte man Besuch oder war bei anderen zu Besuch, der Repräsentationsaufwand war enorm. Allein zu sein war nicht nur bei beengten Lebensverhältnissen eher eine Ausnahme und wurde misstrauisch beäugt, wie die Kritik am stillen Lesen zeigt. In dem Moment, in dem das Private tatsächlich privat wird, die Kleinfamilie nicht mehr in ein Netzwerk von Nachbarschaft und anderen sozialen Kontakten eingebunden ist und die Hausfrau im technisierten Wirtschaftswunder der 1950er- und 60er-Jahre keine Hilfe mehr benötigt, brechen die Sozialkontakte weg, wenn man sich nicht sehr aktiv darum bemüht. Die Tatsache, dass die eigene Arbeit keine sichtbaren Produkte mehr hervorbringt, macht es nicht besser – Simone de Beauvoir spricht in diesem Sinne davon, dass die Hausfrau die Gegenwart verewige, und zieht einen Vergleich mit Sisyphos.[273] Die Einsamkeit der Hausfrau führt nicht selten zu Depression und Tablettenabhängigkeit, wie Mick Jagger in *Mother's little Helpers* thematisiert.

In der zweiten Hälfte des 20. Jahrhunderts schreibt man die Verantwortung für die Kinderbetreuung allein der Mutter zu, und auch die Kleinkindbetreuung, wenn man alleine dabei ist, macht einsam – sie ist oft langweilig, dabei durchgehend anstrengend und fordernd, Über- und Unterforderung zugleich. Umso schlimmer wird es, wenn man sich darüber nicht austauschen kann. Erwerbsarbeit bedeutet auch soziale Teilhabe. Für erwerbstätige Mütter war es nicht leicht, eine Betreuung zu organisieren, wenn es keine Verwandten in der Nähe gab: Die Versorgung mit Kindergartenplätzen lag in der BRD 1965 bei 32 Prozent, noch in meiner Kindheit stand der Kindergarten nur von neun bis zwölf Uhr zur Verfügung und erst für Kinder ab dem Alter von drei. In der Grundschule variierte der Stundenplan, sodass ich manchmal nur zwei Stunden hatte, dafür gab es jeden zweiten Samstag Unterricht; und auch ab der fünften Klasse ging die Schule nur von zehn vor acht bis dreizehn Uhr. Ein Organisationsaufwand für die Eltern (in dem Fall meine Mutter), der in der Zeit des Wechselunterrichts während der Corona-Pandemie wieder aktuell wurde.

Die Schriftstellerin Rachel Cusk beschreibt ihre Erfahrung mit der Kleinkindbetreuung als Zersetzung des Selbstwertgefühls, außerdem verhindere sie die Teilhabe am Erwachsenenleben: »Je weiter entfernt vom Rest der Welt sie stattfindet, desto härter ist sie.«[274] Um die eigene Integrität aufrechtzuerhalten, ist ein soziales Netzwerk wichtig, das ist aber schwierig zu pflegen, wenn sich alles nach den Bedürfnissen des Kindes richtet (es ist so viel einfacher, zu Hause zu bleiben). Ganz sicher machen nicht alle diese Erfahrung, sich völlig auf die Familie zu konzentrieren, und zu Hause zu bleiben kann für manche auch die absolute Erfüllung sein. Auch das sollte für Männer wie Frauen wertfrei möglich sein (ich würde nur eine vorausschauende Altersvorsorge empfehlen). Unheimlich sind mir allerdings die *traditional wives*, unter deren Hashtag #tradwife sich auch viel Rechtes und Religiöses findet. Ich plädiere vor allem für die gemeinsam ausgehandelte Entscheidung für einen Lebensentwurf, der möglichst wenig von gesellschaftlichen Zwängen bestimmt wird, und dafür müssen sich beide dieser Strukturen bewusst sein. Die Wiener Scheidungsanwältin Helene Klaar sieht das Scheitern der meisten Ehen im Zusammenspiel vom zweiten Kind mit der 40-Stunden-Woche. Ihre eigene Ehe habe nur gehalten, weil sie und ihr Mann der Meinung seien, »dass an allem wirklich Schlechten der Kapitalismus schuld ist. Daher lassen wir uns nicht gegeneinander hetzen.«[275]

In der von den *traditional wives* zurückersehnten Zeit war die Hausfrauenehe rechtlich und gesellschaftlich die Norm. Nicht nur die unbezahlte Hausarbeit, auch die übrigen Reproduktionsleistungen begannen, in den staatlichen Sozialplänen eine Rolle zu spielen. Der berufstätige Mann sollte sich in der Geborgenheit des Heims von der harten Arbeitswelt erholen und Kraft tanken können, um weiter leistungsfähig zu bleiben. Gisela Bock und Barbara Duden weisen auf die Verschleierung des Genderaspekts durch die Begrifflichkeiten hin: »Die Beschreibung der modernen Familie als Instanz für die Reproduktion ›der‹ Arbeitskraft vermeidet in ihrer vorgeblichen und vorgeblich wissenschaftlichen Geschlechtsneutralität systematisch nicht nur die Frage, wer denn eigentlich wen reproduziert, sondern auch die weitere, wer denn eigentlich die Arbeitskraft der Frau reproduziert.«[276] Somit wurden Haushalt und Familie für die Hausfrau zum Arbeitsplatz selbst-losen dauerhaften Arbeitens, sie selbst zur Maschine. Dieses Bild hat schon Anfang des 19. Jahrhunderts Christine Dorothea Gürnth aufgerufen: Man »schnizzelt und modelt so lange an uns, bis wir blos äusserlich die Figur des Menschen behalten, sonst aber nichts als Maschinen für den Mann werden.«[277]

Es scheint kein Zufall zu sein, dass in der Literatur zu dieser Zeit, um 1800, verschiedene Erzählungen entstehen, in der ein bürgerlicher, gebildeter Mann eine Frau aus niederem Stand heiratet, oft ein Dienstmädchen. Neben Rousseau und Goethe gibt es verschiedene reale Vorbilder dieser Konstellation, in der Männer ihre Versorgerinnen heiraten, die auch sexuell zu Diensten sind, aber nicht repräsentativ in Erscheinung treten (der Anteil der Männer, die mit ihren Dienstmädchen und Kindern in wilder Ehe gelebt haben, war vermutlich ziemlich hoch). In den romantischen Erzählungen wird die ungebildete Frau als naives »Naturkind« idealisiert und von ihrem Mann standesgemäß »erzogen«. Karl Immermann verbindet diese Fantasie 1825 mit dem Pygmalion-Mythos, in dem sich nach Ovid der von zügellosen Frauen enttäuschte Bildhauer in eine von ihm selbst geschaffene Statue verliebt, die dann durch die Göttin Venus Lebendigkeit erlangt.[278] Während aus der männlichen Perspektive die leblose Statue/das ungebildete Naturkind zum (richtigen, standesgemäßen) Leben erweckt wird, ist die weibliche Sicht mit Gürnth eine umgekehrte: Frauen werden zu passenden Ehefrauen geschnitzt, nur noch als funktionierende Maschine ohne Ich akzeptiert.

Das Bild der menschlichen Maschine, des Automaten zieht sich durch die Kulturgeschichte des Dienens. So beschränkte sich die Vorstellung von einem Roboter nicht nur auf die Fabrik, sondern erreichte 1911 in der Gestalt des elektrischen Dienstmädchens auch das Haus: »Es ist lautlos, immer dienstfertig bei Tag und Nacht, geht Sonntag nicht aus, hat auch keinen Schatz. Es hat keine Launen und Stimmungen, kennt keine Nerven und würde sicher sehr reich belohnt werden, wenn es nicht eine Maschine wäre.«[279] Diese Vorstellung brachte Ira Levin 1972 auf den Punkt, als er in der Horrorgeschichte *The Stepford Wives* die männliche Reaktion auf feministische Emanzipationsbemühungen persiflierte. Im Ersatz der Ehefrauen durch Hausfrauenroboter kulminieren hier alle Männerfantasien gleichzeitig: Sie sind Dienstmädchen, Kindermädchen und Sexpuppe in einem.[280]

Die Ich-Auflösung, erschreckend deutlich schon von Campe, Fichte und Co. formuliert, findet inzwischen (hoffentlich) eher selten in Bezug auf den Partner statt. Stattdessen erleben viele Frauen heute die Geburt eines Kindes und die anschließende Betreuung als Verlust des Ich. Das rührt auch daher, dass zumindest in einer bestimmten, wohlhabenden Schicht eine extreme Aufmerksamkeit auf das Kind gefordert wird. Kleinkinder brauchen Ansprache und Interaktion, und in der heutigen Kleinfamilie leisten das zunächst die Eltern, wenn es noch keine Geschwister gibt. Die Aufmerksamkeit der Eltern, die sich das leisten können, nimmt inzwischen jedoch teilweise solch extreme Züge an, dass diesen sogenannten Helikoptereltern dazu geraten wird, die Dauerüberwachung auch mal auszusetzen, damit das Kind lernt, selbstständiger zu werden. Aber die Erziehungsratgeber machen es einem auch nicht leicht, es wird abgeraten von Schnuller, Laufstall, Fernsehen, Handy, Tiefkühlkost und Fertiggerichten – alles, was das Leben einfacher macht, soll wieder abgeschafft werden.

Die Unsicherheit, die junge Eltern in der Frage befällt, was gut für das Kind ist und was nicht, ist absolut nachvollziehbar. Die Erziehungsrichtlinien ändern sich schließlich ständig, und man möchte ja das Beste für sein Kind. Um den eigenen Weg zu finden, braucht man Orientierung und Vorbilder. Der Grat zwischen Rat und Druck ist allerdings schmal. Mareice Kaiser gibt in *Das Unwohlsein der modernen Mutter* auf die Fragen, was das Schlimmste und was das Schönste am Elternsein ist, die gleiche Antwort: die anderen Eltern (beim Schönsten rangieren die nachvollziehbarerweise hinter den eigenen Kindern).[281] Sich an Rat zu orientieren, der keinen Druck ausübt und für die eigene Lebensrealität passt, scheint mir auch insgesamt eine gute Idee zu sein. Dazu bedarf es eines guten sozialen Netzwerkes. Und übrigens: Für sich selbst zu sorgen (und das heißt nicht, Pilateskurs und Friseur in der Zeit zwischen Job und Kitaabholung zu schaffen, sondern auch, einfach mal 20 Minuten an die Wand starren zu dürfen) bedeutet nicht, dass man sein Kind weniger liebt.

ZWISCHEN DOPPELBELASTUNG ODER NEUER ARBEITSTEILUNG

Mit der sinkenden Anerkennung der Arbeit, die eine Ehefrau verrichtet, die ›nur‹ Hausfrau ist, wurde diese Arbeit zunehmend als eine Tätigkeit angesehen, die jeder (bzw. hauptsächlich Frauen) nebenbei erledigen können muss, vor allem, wenn beide Partner berufstätig sind (was in der Realität oft zu einer Doppelbelastung der Frauen geführt hat). Außerdem bedeutet Konsum bei steigendem Wohlstand immer auch einen höheren Bedarf an Pflege und Verwaltung – ob es um raffiniert zuzubereitende Speisen, aufwendig zu reinigende neue Küchengeräte oder die Koordination von Klavier- und Reitunterricht der Kinder geht. Schritt für Schritt wird es heute gesellschaftlich wieder anerkannter, dass Arbeit aus dem Haushalt ausgegliedert wird (was allerdings in der Hauptsache dazu führt, dass unterbezahlte Migrantinnen diese Arbeiten übernehmen). Außerdem gibt es zumindest in den jüngeren Generationen die Tendenz, sich die häusliche Arbeit zu teilen. Vor noch 20 Jahren war es eine Seltenheit oder zumindest auffällig, wenn Väter alleine mit einem Kinderwagen oder einem vor die Brust geschnallten Baby unterwegs waren, im Erscheinungsbild hat sich das stark geändert. Trotzdem nehmen Väter im Durchschnitt nur zwei Monate Elternzeit, Mütter ein Jahr.

Das wird sich auch nicht ändern, solange die Arbeitsstrukturen diese Aufteilung unterstützen. Das Versorgermodell wird durch das Ehegattensplitting aufrechterhalten, und viele Väter stoßen immer noch auf Ablehnung im Job, wenn sie länger in Elternzeit oder in Teilzeit gehen wollen. Zur Lösung beitragen könnte eine Reduzierung der Arbeitszeit bei gleichbleibender Bezahlung, was sich in Versuchen in Island äußerst positiv auf Produktivität wie Wohlbefinden der Arbeitenden gleichermaßen ausgewirkt hat. In Deutschland erwirtschaften Mütter 70 Prozent weniger als kinderlose Frauen – das System beruht noch heute auf der kostenlosen Arbeit von Müttern.[282] Kein Wunder, dass ein großer Teil der Alltagsorganisation vor allem den Müttern zufällt: Arzttermine, Geburtstagseinladungen, Elternabende, Spielverabredungen, das rechtzeitige Einkaufen von Lebensmitteln, Windeln und Kleidung, die Alltagsessensplanung und die Organisation des Babysitters erwartet das soziale Umfeld immer noch zum großen Teil von der Mutter. Wenn Väter das übernehmen, wird es jedenfalls positiv bemerkt. Ich kann hier nur Jacinta Nandi zitieren, die dieses Ungleichgewicht sehr schön auf den Punkt bringt: »Ich wäre so ein guter Vater!«[283]

DIE ILLUSION DER PERFEKTION

Zum Schluss bleibt die Frage, warum ein Ratgeber wie die *Hausmutter*, der in seinem praktischen Wissen so sehr an seinem Zielpublikum vorbeigeschrieben wurde, trotzdem ein Verkaufserfolg war. Eine einfache Antwort könnte lauten, dass solche Bücher mehr verschenkt als gelesen werden. Aber auch wenn sie gelesen wurden, kann ein Aspekt von Bedeutung sein, der sich mit einem Blick auf die Zurück-aufs-Land-Ratgeber der 1970er-Jahre erschließt. Diese stellen konkrete Anleitungen zur Verfügung, die von vornherein ohne kompetente und erfahrene Hilfe gar nicht umsetzbar sind, ähnlich den Rezepten in der *Hausmutter*: Themen wie Hausbau,

Geburt oder Käseherstellung werden auf jeweils ein bis zwei Seiten abgehandelt.[284] Im Grunde wird in jeder Ratgeberliteratur ein Idealbild vermittelt, und so befriedigen die Bücher beim Lesen ein nostalgisches Gefühl, wenn man sich nicht der Illusion hingibt, alle Anforderungen auch erfüllen zu müssen. Insofern könnte man Ratgeberliteratur auch als ›Sonntagsfahrerliteratur‹ bezeichnen – sie vermittelt die Vorstellung, dass man ein anderer Mensch werden könnte, wenn man sich nur an die Regeln im Buch hielte. Oder ein hervorragender Stricker, eine großartige Handwerkerin, Haushalter, Rhetorikerin, Gastgeber, Gärtnerin, Sparfuchs, besserer Mensch – wenn man die Anleitungen nur befolgen würde. Man könnte, wenn man wollte. Muss aber nicht. Die größte Falle scheint mir im Perfektionsanspruch zu liegen, ob es sich um den selbst gebauten Schrank handelt, das geputzte Bad oder die Erziehung der Kinder.

Etwas selbst herzustellen kann jedoch eine Sehnsucht befriedigen (wenn es denn gelingt und nicht die Frustration steigert, weil die Anleitung nicht funktioniert). So ließen sich die Massen an selbstgehäkeltem, gestricktem, getöpfertem, genähtem Haushaltsnippes erklären, die Generationen von Hausfrauen in Handarbeitskränzchen (oder vor dem Fernseher sitzend) hergestellt haben: endlich etwas Sichtbares produzieren, anstatt nur den Status quo halten, der am Ende des Tages wieder zunichte gemacht worden ist. Das gilt nicht erst für das 20. Jahrhundert: In Georg Wilhelm Friedrich Hegels *Ästhetik* aus den 1820er-Jahren gibt es einen fiktiven Dialog mit einer Pfarrerin (hier wird die Frau nach dem Beruf ihres Mannes bezeichnet), die aus allen ihren selbst ausgeführten häuslichen Tätigkeiten Bestätigung und Befriedigung zieht. Das sind noch Produkte, die sich erleben lassen – Blumen,

Obst, Kuchen, Kleidung. Ihre Gesprächspartnerin hat alles für Geld gekauft, die Pfarrfrau verachtet das; sie erhält ihre Befriedigung durch die Freude, die sie dadurch, dass sie die Sachen selbst hergestellt hat, anderen macht. »Alle Selbständigkeit der Frau, auf die sie hat verzichten müssen, findet sich wieder im ›Selbstmachen‹, die selbstgemachten Gegenstände verdecken ihre Person, indem sie – mit Liebe gemacht – ihre Arbeit unsichtbar werden lassen.«[285] Hegel legt Wert darauf, dass die Arbeit der Hausfrau mühelos und leicht sein muss, damit sie befriedigt; sie darf nicht als Last empfunden (oder gesehen) werden, wenn sie als ästhetischer Wert gelten soll. Das funktioniert aber eigentlich erst, wenn die Tätigkeit eine freiwillige ist.

Was die Hausmutter durch ihre Arbeit erreichen konnte, die perfekte Repräsentation ihres Standes, kann der Hausfrau nicht gelingen, da die Hausarbeit und damit ihr Status gesellschaftlich entwertet sind. Das Selbstgemachte ist für sie eine Möglichkeit, sich mit ihrer Arbeit zu identifizieren. Ist sie aber auf die Anerkennung ihrer Familie und ihres sozialen Umfeldes angewiesen, steht die auf wackligen Füßen – wenn die pingeligen Kinder das aufwendig zubereitete Essen nicht mögen und die aufgeräumte Wohnung täglich aufs Neue verwüsten, der Mann die selbstgestrickten Socken nicht trägt, weil sie kratzen, und die Nachbarin den besseren Kuchen gebacken hat, muss man schon eine sehr gefestigte Persönlichkeit haben, um sich nicht aus der Bahn werfen zu lassen. Befriedigung aus Selbstgemachtem zu ziehen ist sehr viel leichter, wenn man auf das Lob der anderen nicht angewiesen ist.

Dass die Ehefrau als im jeweiligen Gebiet unausgebildete Laiin etwas besser mache als die für Lohn arbeitenden Experten, leuchtet nicht direkt ein; wenn sie ausgebildet wäre, bräuchte sie das Anleitungsbuch nicht. Die *Hausmutter* stellt zunächst Wissen zur Verfügung, um andere anleiten zu können und zumindest theoretisch Bescheid zu wissen; sie bereitet aber damit gleichzeitig die Möglichkeit vor, diese Tätigkeiten selbst auszuführen, falls es knapp wird mit dem Geld (wie Wäsche selbst waschen und ausbessern). Bei Germershausen ist zunächst die Aufgabe noch als Beruf definiert, in den das Mädchen hineinheiratet, während gegen Ende des 19. Jahrhunderts die Anerkennung der Hausarbeit als Arbeit verschwindet und der bürgerlichen Ehefrau als naturgegeben zugesprochen wird. In dem Moment, in dem die Gattung der Ökonomik sich überlebt hatte, wurde die in ihr immer wieder theoretisch geforderte Zuweisung der häuslichen Aufgaben für die Frau zur Realität.[286]

Es soll hier nicht behauptet werden, dass das Leben für Frauen vor dem 18. Jahrhundert das Paradies war. Es war von harter Arbeit und Schikanen im Patriarchat geprägt. Frauen und Mädchen wurden Bildung und Unabhängigkeit oft einzig und allein aufgrund ihres Geschlechts verwehrt. Was ich hier aufzeigen wollte, ist, dass die automatische Verknüpfung von Care- und Hausarbeit mit Geschlecht und Familienstand (Ehefrau / Mutter), und zwar fast die ganze Arbeit in Personalunion, noch nicht so lange her ist, sich aber hartnäckig in unseren Köpfen hält.

Wirtschaftlich gesehen zahlte sich das Konzept der Hausfrau aus. Als um 1900 durch die wachsende Mittelschicht der Bedarf an Dienstpersonal stieg, gab es eine sogenannte ›Dienstbotenkrise‹, denn gleichzeitig waren im Zuge der Industrialisierung viele alternative Jobs in den Fabriken entstanden. Die Lösung war, das Konzept der bürgerlichen Hausfrau auf alle Schichten auszubreiten. Während der ersten Weltwirtschaftskrise 1929 wurde unbezahlte weibliche Haus- und Familienarbeit als Wirtschaftsfaktor erkannt und in die Lebenshaltungskosten einkalkuliert. Das ermöglichte eine geringe Bezahlung der männlichen Arbeiter.[287] Aufgrund der schlechten Arbeitsbedingungen und der Doppelbelastung für erwerbstätige Frauen strahlte das Hausfrauendasein eine große Attraktivität aus. Die Ausweitung auf alle Schichten funktionierte auch dank der Vorarbeit im 18. und 19. Jahrhundert hervorragend, wie ein Wirtschaftswissenschaftler 1974 trocken konstatiert: »Die Verwandlung der Frauen in eine heimliche Dienerklasse war eine ökonomische Leistung ersten Ranges. Diener für niedere Arbeiten konnte sich nur eine Minderheit der vorindustriellen Gesellschaft leisten; im Zuge der Demokratisierung steht heute fast dem gesamten männlichen Bevölkerungsteil eine Ehefrau als Dienerin zur Verfügung.«[288] Die Folgen davon spüren wir noch heute.

Das bisschen Haushalt? Für mehr Anerkennung, Geld und Solidarität

Die Situation des Gesindes, vor allem der Mägde, der Dienstbotinnen, der Mädchen für alles, die ihren Hausherrinnen und auch den Hausherren und deren Kindern völlig ausgeliefert waren, möchte man niemandem zurückwünschen, und so ist dieses Buch kein Plädoyer für eine Rückkehr zur Dienerschaft und die Verschiebung der Ausbeutung von der Hausfrau/Mutter zurück zu unterbezahlten Putzfrauen, Lebensmittellieferanten und migrierten Pflegekräften. Es ist stattdessen ein Plädoyer für mehr Wertschätzung und Anerkennung von Haus- und Care-Arbeit, für die angemessene Bezahlung dieser Arbeit, dafür, dass sie nicht als privates Problem, sondern als öffentliche Aufgabe angesehen wird. Kinderbetreuung, Bildung, Kranken- und Altenpflege sollten in einem Staat absolute Priorität haben. Es kann nicht sein, dass Alleinerziehende in einem wohlhabenden Land zu der Gruppe gehören, die am meisten armutsgefährdet ist.

Das zweite Thema, das mir sehr am Herzen liegt, sind die Erwartungen, die an heutige Mütter gestellt werden, und die Bewertungen, mit denen sie sich konfrontiert sehen. Das betrifft vor allem den Umgang mit Kindern, der einem großen gesellschaftlichen Druck unterworfen ist und in einem permanenten schlechten Gewissen hauptsächlich der Mütter resultiert. Grundsätzlich ist es eine absolut begrüßenswerte Entwicklung, dass den Kindern eine größere Aufmerksamkeit zukommt. Doch die scheint mir inzwischen teilweise extreme Ausmaße angenommen zu haben, die vor allem für Mütter einen erhöhten Anspruch (auch an sich selbst) bedeuten. Dieser Anspruch ist fast unmöglich zu erfüllen, die Balance zwischen den Erziehungsratschlägen und dem eigenen Weg ist von großer Unsicherheit geprägt: Darf ich zufüttern, wenn der Säugling nicht satt wird? Darf ich dem schreienden Kind einen Schnuller anbieten? Muss es immer der selbstgemachte Bio-Babybrei sein? Und später: Wie bekomme ich meine Kinder dazu, sich gesund zu ernähren ohne das für alle kräftezehrende tägliche Drama am Küchentisch? Wie schaffe ich es bei dem ganzen Stress, den Kindern gegenüber liebevoll und geduldig zu bleiben? Und wie entgehe ich der Falle, mit dem Partner / der Partnerin in einen Opfer-Wettbewerb voller Vorwürfe zu treten (wer macht mehr, wem geht es schlechter)? Das Idealbild der guten Mutter lässt sich, vor allem neben Job und Haushalt, kaum erreichen und sorgt für Schuldgefühle, Frustration und Minderwertigkeitskomplexe.

Frustrierend finde ich auch die fehlende Solidarität unter Frauen. Alle reden von der Frauenquote in Vorständen und sind theoretisch dafür, wenn aber eine Frau tatsächlich versucht, Karriere zu machen, und trotzdem vier Kinder hat, wird sie (nicht ihr Mann) für jede Verhaltensauffälligkeit der Kinder verantwortlich gemacht und über ihre Zuhilfenahme von Au-pair oder Kindermädchen gelästert – von Frauen. Die fast alleinige Verantwortung für das Wohlergehen der Kinder wird immer noch den biologischen Müttern zugeschrieben, vor allem auch von anderen Müttern. Und so kommen wir zum nächsten Thema: die konstante Bewertung der anderen. Was geht es jemanden an, ob sich eine Frau für einen Kaiserschnitt ohne Indikation entscheidet oder für eine Hausgeburt? Für oder gegen das Stillen? Ob und wie viel Zeit die Kinder anderer Leute am Handy / vor dem Fernseher verbringen dürfen? Ob sie täglich ein Eis bekommen oder so lange wie möglich zuckerfrei ernährt werden (während gleichzeitig nur wenige Menschen ein Problem damit zu haben scheinen, unter welchen Lebensbedingungen Kinder in Flüchtlingslagern auf EU-Gebiet leben)? Ob eine Frau Karriere machen und trotzdem Kinder haben möchte (wie so viele Männer auch) oder ob jemand (egal ob Mann oder Frau) möglichst viel Zeit mit den Kindern verbringen möchte? Ob man sich für die monogame Kleinfamilie entscheidet oder für andere Modelle des Zusammenlebens? Der eigene Lebensentwurf sollte mit den Personen ausgehandelt werden, die es direkt betrifft, und oft heißt das, dass er immer wieder von Neuem besprochen und angepasst werden muss, und auch, sich eingeschliffener Verhaltensweisen oder gesellschaftlich bedingter Erwartungen bewusst zu sein. Und wenn erst die derzeitigen Arbeitsbedingungen so geändert wurden, dass sich alle diese Entscheidung für den eigenen Lebensentwurf leisten können, sollte einem die eigene Bewertung wie auch die der anderen dabei nicht im Weg stehen.

Dank

an Thomas Macho, ohne den es dieses Buch nicht geben würde, an meine hervorragende Lektorin Ute Maack, an Tanja Wagner und Philip Fleischer für essenzielles Feedback. Für alle Unterstützung, Anregungen und Diskussionen Dank an: Helena Reschucha, Nannette Elke, Hanna Leitgeb, Martin Mittelmeier, Anna Echterhölter, Rebekka Ladewig, Jasmin Mersmann, Iris Därmann, Pierre Lachaize, Jan von Brevern, meine Familie.

Anmerkungen

1 Christian Friedrich Germershausen: *Die Hausmutter in allen ihren Geschäfften*, 5 Bde., Leipzig 1778–1781.

2 Andrea Kammeier-Nebel: Frauenbildung im Kaufmannsmilieu spätmittelalterlicher Städte, in: Elke Kleinau, Claudia Opitz (Hrsg.): *Geschichte der Mädchen- und Frauenbildung*, Bd. 1: Vom Mittelalter bis zur Aufklärung, Frankfurt am Main / New York 1996, 78–90.

3 Michael Mitterauer: *Grundtypen europäischer Sozialformen. Haus und Gemeinde in vorindustriellen Gesellschaften*, Stuttgart-Bad Cannstatt 1979.

4 Barbara Beuys: *Familienleben in Deutschland. Neue Bilder aus der deutschen Vergangenheit*, Reinbek bei Hamburg 1980, 150.

5 Merry Wiesner-Hanks: Ausbildung in den Zünften, in: Kleinau / Opitz, Frauenbildung, 91–102.

6 Beuys, Familienleben, 156.

7 Wiesner-Hanks, Ausbildung, 99.

8 Friedrich Kittler: *Grammophon. Film. Typewriter*, Berlin 1986.

9 Luise F. Pusch: *Das Deutsche als Männersprache*, Frankfurt am Main 1984.

10 Vgl. z.B. Brigitte Röder (Hrsg.): *Ich Mann. Du Frau. Feste Rollen seit Urzeiten?*, Freiburg 2014.

11 Heinrich Schmidlin: *Arbeit und Stellung der Frau in der Landgutswirtschaft der Hausväter*, Heidelberg 1941; Heide Wunder: Herrschaft und öffentliches Handeln von Frauen in der Gesellschaft der Frühen Neuzeit, in: Ute Gerhard (Hrsg.): *Frauen in der Geschichte des Rechts. Von der Frühen Neuzeit bis zur Gegenwart*, München 1997, 27–54.

12 Irmintraut Richarz: *Oikos, Haus und Haushalt. Ursprung und Geschichte der Haushaltsökonomik*, Göttingen 1991.

13 Philip Hahn: *Das Haus im Buch. Konzeption, Publikationsgeschichte und Leserschaft der ›Oeconomia‹ Johann Colers*, Epfendorf 2013.

14 Luther, Der Kleine Katechismus, 3.975, *Martin Luthers Werke: kritische Gesamtausgabe*, Weimar 2001, Bd. 6, 149.

15 Luise Schorn-Schütte: »Gefährtin« und »Mitregentin«. Zur Sozialgeschichte der evangelischen Pfarrfrau in der Frühen Neuzeit, in: Heide Wunder, Christina Vanja (Hrsg.): *Wandel der Geschlechterbeziehungen zu Beginn der Neuzeit*, Frankfurt am Main 1993, 109–153; Lyndal Roper: *Das fromme Haus. Frauen und Moral in der Reformation*, Frankfurt am Main / New York 1995.

16 Irmintraut Richarz: Oeconomia. Lehren vom Haushalten und Geschlechterperspektiven, in: Heide Wunder, Gisela Engel (Hrsg.): *Geschlechterperspektiven. Forschungen zur Frühen Neuzeit*, Königstein 1998, 316–336, 325 (AT, Sprüche 31, 10–31).

17 Beuys, Familie, 263–267; Schorn-Schütte, Gefährtin.

18 Johann Coler: *Oeconomia oder Hausbuch*, Wittenberg 1616, Vorwort zum 3. Buch.

19 Hahn, Haus, 48f.

20 Richarz, Oikos; Schmidlin, Arbeit.

21 Barbara Krug-Richter: Agrargeschichte der frühen Neuzeit in geschlechtergeschichtlicher Perspektive. Anmerkungen zu einem Forschungsdesiderat, in: Werner Troßbach, Clemens Zimmermann: *Agrargeschichte. Positionen und Perspektiven*, Stuttgart 1998, 33–55; Wunder, Herrschaft.

22 Wilhelm Heinrich Riehl: *Die Naturgeschichte des Volkes als Grundlage einer deutschen Social-Politik*, Bd. 3: Die Familie, Stuttgart / Augsburg 1855, 53f., 108, 147.

23 Friedhelm Lövenich: *Verstaatlichte Sittlichkeit. Die konservative Konstruktion der Lebenswelt in Wilhelm Heinrich Riehls ›Naturgeschichte des Volkes‹*, Opladen 1992; Wilhelm Heinrich Riehl: *Wanderbuch*, Stuttgart 1869.

24 Otto Brunner: *Adeliges Landleben und europäischer Geist. Leben und Werk Wolf Helmhards von Hohberg (1612–1688)*, Salzburg 1949; Otto Brunner: Das ›Ganze Haus‹, in: ders.: *Neue Wege der Verfassungs- und Sozialgeschichte*, Göttingen [3]1980 [1956], 103–127.

25 Robert Jütte: Zwischen Ständestaat und Austrofaschismus. Der Beitrag O. Brunners zur Geschichtsschreibung, in: *Jahrbuch des Instituts für Deutsche Geschichte* 13 (1984), 337–362.

26 Gadi Algazi: Otto Brunner – ›Konkrete Ordnung‹ und Sprache der Zeit, in: Peter Schöttler (Hrsg.): *Geschichtsschreibung als Legitimationswis-*

senschaft. 1918–1945, Frankfurt am Main 1997, 166–203; Iris Därmann: *Kulturtheorien zur Einführung*, Hamburg 2011, 130–142.

27 *Zedler Universal-Lexicon*, Bd. 19 (1739), Sp. 985; Bd. 54 (1747), Sp. 23; Bd. 9 (1735), Sp. 1784.

28 *Frauenzimmer-Lexicon*, Leipzig 1773, Sp. 1075.

29 Bärbel Cöppicus-Wex: Der Verlust der Alternative. Zur Disqualifizierung weiblicher Bildungsideale im letzten Drittel des 18. Jahrhunderts am Beispiel zweier Ausgaben des *Nutzbaren, galanten und curiösen Frauenzimmer-Lexicons*, in: Claudia Opitz, Ulrike Weckel, Elke Kleinau (Hrsg.): *Tugend, Vernunft und Gefühl. Geschlechterdiskurse der Aufklärung und weibliche Lebenswelten*, Münster / New York / München / Berlin 2000, 271–286; Ulrike Weckel: Lehrerinnen weiblichen Geschlechts. Die ersten Herausgeberinnen von Frauenzeitschriften und ihr Publikum, in: Kleinau / Opitz, Frauenbildung, 428–439; Manfred Lemmer: Nachwort, in: Amaranthes: *Frauenzimmerlexikon*, Leipzig 1715, Nachdruck: Frankfurt am Main 1980, 1–33; Beuys, Familie, 316.

30 Adolph Knigge: *Über den Umgang mit Menschen*, Hannover 1788, Bd. 1, 194.

31 Ulrike Weckel: Der Fieberfrost des Freiherrn. Zur Polemik gegen weibliche Gelehrsamkeit und ihre Folgen für die Geselligkeit der Geschlechter, in: Kleinau / Opitz, Frauenbildung, 360–372; Siegrid Westphal: Von der Gelehrten zur Hausmutter. Aufklärung als geschlechtsspezifischer Bildungsprozess?, in: Inken Schmidt-Voges (Hrsg.): *Ehe. Haus. Familie. Soziale Institutionen im Wandel 1750-1850*, Köln / Weimar / Wien 2010, 49–69.

32 Johann Georg Krünitz: *Oeconomische Encyklopädie, oder allgemeines System der Staats- Stadt- Haus- u. Landwirthschaft, in alphabetischer Ordnung*, Bd. 14 (1778), Sp. 808, Bd. 235 (1856), Sp. 549.

33 Mary Wollstonecraft: *Vindication of the Rights of Women*, London 1792; Theodor Gottlieb von Hippel: *Über die bürgerliche Verbesserung der Weiber*, Berlin 1792; Olympe de Gouges: *Déclaration des droits de la femme et de la citoyenne*, Paris 1791.

34 Jean-Jacques Rousseau: *Émile oder Über die Erziehung*, Amsterdam 1762.

35 Georg Christoph Lichtenberg, *Göttinger Taschen Calender* 1779.

36 Ilsebill Barta: Der disziplinierte Körper. Bürgerliche Körpersprache und ihre geschlechtsspezifische Differenzierung am Ende des 18. Jahrhunderts, in: dies., Zita Breu, Daniela Hammer-Tugendhat, Ulrike Jenni, Irene Nierhaus, Judith Schöbel (Hrsg.): *Frauen, Bilder, Männer, Mythen. Kunsthistorische Beiträge*, Berlin 1987, 84–106.

37 Philipp Franz von Walther: *Physiologie des Menschen mit durchgängiger Rücksicht auf die comparative Physiologie der Tiere*, 2 Bde., Landshut 1807–1808, Bd. 2, 375f.

38 Joachim Heinrich Campe: *Väterlicher Rath für meine Tochter*, Braunschweig 1789, 23.

39 Amalia Holst: *Über die Bestimmungen des Weibes zur höheren Geistesbildung*, Berlin 1802; Pia Schmid: Weib oder Mensch, Wesen oder Wissen? Bürgerliche Theorien zur weiblichen Bildung um 1800, in: Kleinau / Opitz, Frauenbildung, 327–345.

40 Wollstonecraft, Verteidigung, 40.

41 Campe, Rath, 23.

42 Karin Hausen: Die Polarisierung der ›Geschlechtscharaktere‹. Eine Spiegelung der Dissoziation von Erwerbs- und Familienleben, in: Werner Conze (Hrsg.): *Sozialgeschichte der Familie in der Neuzeit Europas. Neue Forschungen*, Stuttgart 1976, 363–393; Simone de Beauvoir: *Das zweite Geschlecht*, Reinbek bei Hamburg 1951.

43 Siehe z. B. den Ausstellungskatalog *Rassismus. Die Erfindung von Menschenrassen*, hrsg. von Susanne Wernsing, Christian Geulen, Klaus Vogel, Deutsches Hygiene-Museum Dresden 2018.

44 Christian Friedrich Germershausen: *Der Hausvater in systematischer Ordnung*, 5 Bde., Leipzig 1783–86, Bd. 1, 188–200.

45 Gotthardt Frühsorge: Die Einheit aller Geschäfte. Tradition und Veränderung des »Hausmutter«-Bildes in der deutschen Ökonomieliteratur des 18. Jahrhunderts, in: Günter Schulz (Hrsg.): *Wolfenbütteler Studien zur Aufklärung*, Bd. 3, Wolfenbüttel 1976, 137–157.

46 Hausmutter, Bd. 4, 272–274.

47 Hans-Ulrich Wehler: *Deutsche Gesellschaftsgeschichte*, Bd. 1: Vom Feudalismus des Alten Reiches bis zur Defensiven Modernisierung der Reformära 1700–1815, München 1987, 69; Rolf Straubel: Das fridericianische Potsdam – eine wirtschaftlich prosperierende Stadt?, in: Peter-Michael Hahn, Kristina Hübener, Julius H. Schoeps (Hrsg.): *Potsdam: märkische Kleinstadt – europäische Residenz. Reminiszenzen einer tausendjährigen Geschichte*, Berlin 1995, 159–179, 160; Beuys, Familie, 301.

48 Marcus Popplow: Die Ökonomische Aufklärung als Innovationskultur des 18. Jahrhunderts zur optimierten Nutzung natürlicher Ressourcen, in: ders. (Hrsg.): *Landschaften agrarisch-ökonomischen Wissens. Strategien innovativer Ressourcennutzung in Zeitschriften und Sozietäten des 18. Jahrhunderts*, Münster / New York / München / Berlin 2010, 2–48.

49 Friedrich Eberhard von Rochow: *Der Kinderfreund. Ein Lesebuch*,

Brandenburg/Leipzig 1776; Anke Lindemann-Stark, Hanno Schmitt: Neue Forschungsbefunde zur Biographie Friedrich Eberhard von Rochows, in: Hanno Schmitt, Frank Tosch (Hrsg.): *Neue Ergebnisse der Rochow-Forschung*, Berlin 2009, 14–23; Heinz-Elmar Tenorth: Methode, Ernst und Spiel – Rochow und der pädagogische Fortschritt, in: Hanno Schmitt, Frank Tosch (Hrsg.): *Vernunft fürs Volk. Friedrich Eberhard von Rochow im Aufbruch Preußens*, Berlin 2001, 154–159.

50 Richard van Dülmen: *Die Gesellschaft der Aufklärer. Zur bürgerlichen Emanzipation und aufklärerischen Kultur in Deutschland*, Frankfurt am Main 1986, 67.

51 René Schiller: *Vom Rittergut zum Großgrundbesitz. Ökonomische und soziale Transformationsprozesse der ländlichen Eliten in Brandenburg im 19. Jahrhundert*, Berlin 2003; Axel Flügel: *Bürgerliche Rittergüter. Sozialer Wandel und politische Reform in Kursachsen (1680–1844)*, Göttingen 2000.

52 Hausmutter, Bd. 3, 297.

53 Straubel, Potsdam, 160; Ulrich Eisenbach: *Zuchthäuser, Armenanstalten und Waisenhäuser in Nassau. Fürsorgewesen und Arbeitserziehung vom 17. bis zum Beginn des 19. Jahrhunderts*, Wiesbaden 1994.

54 Hausmutter, Bd. 3, 317.

55 Dülmen, Gesellschaft, 126.

56 Wolfgang Radtke: *Gewerbe und Handel in der Kurmark Brandenburg 1740 bis 1806. Zur Interdependenz von kameralistischer Staatswirtschaft und Privatwirtschaft*, Berlin 2003, 207.

57 Hausvater, Bd. 5, Vorrede, XVIII.

58 Voltaire zitiert in: Radtke, Gewerbe, 362.

59 Lieselott Enders: Bäuerliche Arbeitswelt zwischen Unumgänglichkeit und Selbstbestimmung, in: Silke Lesemann, Axel Lubinski (Hrsg.): *Ländliche Ökonomien. Arbeit und Gesellung in der frühneuzeitlichen Agrargesellschaft*, Berlin 2007, 19–45.

60 Ingeborg Weber-Kellermann: Der Oikos, das ganze Haus, in: *Oikos. Von der Feuerstelle bis zur Mikrowelle. Haushalt und Wohnen im Wandel*, Ausstellungskatalog zur gleichnamigen Ausstellung, hrsg. von Michael Andritzky, Gießen 1992, 29–31, 29.

61 Werner Troßbach: Beharrung und Wandel ›als Argument‹. Bauern in der Agrargeschichte des 18. Jahrhunderts, in: ders., Clemens Zimmermann (Hrsg.): *Agrargeschichte. Positionen und Perspektiven*, Stuttgart 1998, 107–136, 109.

62 Reinhart Siegert: Volksbildung im 18. Jahrhundert, in: Notker Hammer-

stein, Ulrich Herrmann (Hrsg.): *Handbuch der deutschen Bildungsgeschichte*, Bd. 2: 18. Jahrhundert. Vom späten 17. Jahrhundert bis zur Neuordnung Deutschlands um 1800, München 2005, 443–483, 446; Stefan Brakensiek: *Agrarreform und ländliche Gesellschaft. Die Privatisierung der Marken in Nordwestdeutschland 1750–1850*, Paderborn 1991.

63 Hans-Heinrich Müller: *Märkische Landwirtschaft vor den Agrarreformen von 1807. Entwicklungstendenzen des Ackerbaus in der zweiten Hälfte des 18. Jahrhunderts*, Veröffentlichungen des Bezirksheimatmuseums Potsdam, Heft 13, Potsdam 1967, 215–218.

64 Heinrich Kaak: Vermittelte, selbsttätige und maternale Herrschaft. Formen gutsherrlicher Durchsetzung, Behauptung und Gestaltung in Quilitz-Friedland (Lebus / Oberbarnim) im 18. Jahrhundert, in: Jan Peters (Hrsg.): *Konflikt und Kontrolle in Gutsherrschaftsgesellschaften. Über Resistenz- und Herrschaftsverhalten in ländlichen Sozialgebilden der Frühen Neuzeit*, Göttingen 1995, 54–117.

65 Elena Serrano: Chemistry in the city: The scientific role of female societies in late eighteenth-century Madrid, in: *Ambix* 60/2, Mai 2013, 139–159.

66 Hausmutter, Bd. 3, 230–236.

67 Ebd., Bd. 4, 439–452; Victor Wang: *Die Vereinheitlichung von Maß und Gewicht in Deutschland im 19. Jahrhundert. Analyse des metrologischen Wandels im Großherzogtum Baden und anderen deutschen Staaten 1806 bis 1871*, St. Katharinen 2000, 202–206.

68 Irmintraut Richarz: *Herrschaftliche Haushalte in vorindustrieller Zeit im Weserraum*, Berlin 1971; Marion W. Gray: *Productive Men, Reproductive Women. The Agrarian Household and the Emergence of Separate Spheres during the German Enlightenment*, New York / Oxford 2000, 200; Wolfgang Neugebauer: Brandenburg im absolutistischen Staat. Das 17. und 18. Jahrhundert, in: Ingo Materna, Wolfgang Ribbe (Hrsg.): *Brandenburgische Geschichte*, Berlin 1995, 291–394, 363.

69 Marion W. Gray: Ökologie, Gesellung und Herrschaft im königlichen Vorwerksdorf Schlalach in den 1760er Jahren, in: Lesemann / Lubinski, Ländliche Ökonomien, 125–148.

70 Hausmutter, Bd. 2, 100, 389.

71 *Annalen der Märkischen Oekonomischen Gesellschaft zu Potsdam*, 3 Bde., 1792–1801.

72 Thomas K. Kuhn: Praktische Religion. Der vernünftige Dorfpfarrer als Volksaufklärer und Götz Warnke: Pfarrer als weltliche ›Volkslehrer‹. Motive und praktische Projekte, in: Holger Böning, Hanno Schmitt, Reinhard Siegert (Hrsg.): *Volksaufklärung. Eine praktische Reformbewegung des 18. und 19. Jahrhunderts*, Bremen 2007, 73–88 und 89–108.

73 Hausmutter, Bd. 1, 13.

74 *Königlich-Preußische Trauerordnung* von 1720, am 20 Mai 1754 mit einigen Zusätzen erneuert, Hausmutter, Bd. 5, 710–713.

75 Ebd., 99.

76 Ebd., 95f.; Bd. 4, 418f.; Prediger Schröder zu Böse: Wie ist den Knechten auf dem Lande eine Ehrensache daraus zu machen, daß sie sich in den Winterabenden mit Spinnen beschäftigen?, in: *Annalen* 3/5 (1801), 104–116.

77 Hausmutter, Bd. 1, 9.

78 Reinhild Kreis: *Selbermachen. Eine andere Geschichte des Konsumzeitalters*, Frankfurt am Main / New York 2020, 102–110.

79 Hausmutter, Bd. 4, 247.

80 Ebd., Bd. 3, 249.

81 Bee Wilson: *Swindled. From Poisin Sweets to Counterfeit Coffee – The Dark History of the Food Cheats*, London 2008, 39.

82 Popplow, Ökonomische Aufklärung, 46.

83 Hausmutter, Bd. 5, 220. Vermutlich bezieht er sich auf Samuel Morgenstern: *Unterricht für Hebammen*, Magdeburg 1779.

84 Eva Labouvie: Frauenberuf ohne Vorbildung? Hebammen in den Städten und auf dem Land, in: Kleinau / Opitz, Frauenbildung, 218–233.

85 Hausmutter, Bd. 5, 226–228.

86 Ebd., 758f.

87 Erich Schön: *Der Verlust der Sinnlichkeit oder Die Verwandlungen des Lesers. Mentalitätswechsel um 1800*, Stuttgart 1993.

88 Michael Giesecke: *Der Buchdruck in der frühen Neuzeit. Eine historische Fallstudie über die Durchsetzung neuer Informations- und Kommunikationstechnologien*, Frankfurt am Main 1991, 666.

89 Michael Giesecke: Überlegungen zur sozialen Funktion und zur Struktur handschriftlicher Rezepte im Mittelalter, in: Zeitschrift für Literaturwissenschaft und Linguistik 51/52 (1983), 167–184.

90 Michael Giesecke: ›Volkssprache‹ und ›Verschriftlichung des Lebens‹ im Spätmittelalter – am Beispiel der Genese der gedruckten Fachprosa in Deutschland, in: Hans Ulrich Gumbrecht (Hrsg.): *Literatur in der Gesellschaft des Spätmittelalters*, Heidelberg 1980, 39–67.

91 Hausmutter, Bd. 1, 283; Bd. 2, 187, 188.

92 Cynthia Barcomi: *Let's Bake*, München 2013, 10. Hervorhebung im Original.

93 Hausmutter, Bd. 2, 190, 191.

94 Ebd., 42.

95 Ebd., 43.

96 Johannes Sigmund Elsholtz: *Diaeteticon*, Leipzig 1715, zitiert in Hans und Heidi Zotter: *Wohl bekomm's! Alte Bücher übers Kochen und Essen*, Ausstellungskatalog, Universitätsbibliothek Graz (10.–22.12.1979), Graz 1980, 32.

97 Hanna Dose: Die Geschichte des Kochbuchs. Das Kochbuch als geschichtliche Quelle, in: *Beruf der Jungfrau. Henriette Davidis und Bürgerliches Frauenverständnis im 19. Jahrhundert*, Ausstellungskatalog, Museum für Kunst und Kulturgeschichte der Stadt Dortmund, Oberhausen 1988, 51–70, 60.

98 Maria Susanna Kübler: *Die Hausmutter. Ein wirthschaftliches Hülfsbuch für Frauen und Mädchen der mittleren Stände. Mit besonderer Berücksichtigung der Lehre von den Nahrungsmitteln und einem Kochbuch für die bürgerliche Küche*, St. Gallen 1857, 194–202.

99 Inga Wiedemann: *Herrin im Hause. Durch Koch- und Haushaltsbücher zur bürgerlichen Hausfrau*, Pfaffenweiler 1993, 28f.

100 Jean-Louis Flandrin: Der gute Geschmack und die soziale Hierarchie, in: Philippe Ariès, Georges Duby (Hrsg.): *Geschichte des privaten Lebens*, Bd. 3: Von der Renaissance zur Aufklärung, Frankfurt am Main 1994, 268–311, 296.

101 Doris Rumm-Kreuter: Heizquellen, Kochgeschirre, Zubereitungstechniken und Garergebnisse mittelalterlicher Köche, in: Irmgard Bitsch, Trude Ehlert, Xenja von Ertzdorff (Hrsg.): *Essen und Trinken in Mittelalter und Neuzeit*, Sigmaringen 1990, 227–244, 238.

102 Maria Sophia Schellhammer: *Das Brandenburgische Koch-Buch, Oder: Die wohl-unterwiesene Köchinn* […], Berlin ^{5}1723 [Nachdruck: Rostock 1984], 1f.

103 Dose, Geschichte, 60.

104 Hausmutter, Bd. 2, 191.

105 Ebd.

106 Thijs Hagendijk, Márcia Vilarigues, Sven Dupré: Materials, Furnaces, and Texts: How to Write About Making Glass Colours in the Seventeenth Century, in: *Ambix*, 67/4, 2020, 323–345.

107 Hausmutter, Bd. 2, 192.

108 Otto von Münchhausen, *Der Hausvater*, Bd. 2, Hannover 1766, 592.

109 Hausmutter, Bd. 2, Vorrede.

110 Ebd., Bd. 1, 365f.

111 Ebd., 355–357.

112 Ebd., 358f.

113 Ebd., 358.

114 Elke Bauer, Helmut Berthold (Hrsg.): *»Thue ein Häferl Wein…« – Das Kochbuch der Eva König. Rezepte von Lessings Frau*, Göttingen 2013; Rumm-Kreuter, Heizquellen; Wiedemann, Herrin; Dose, Geschichte.

115 Coler, Hausbuch, Bd. 1, Buch 3, 115f.

116 Margret Tränkle: Zur Geschichte des Herdes. Vom offenen Feuer zur Mikrowelle, in: Oikos, 37–52; Flandrin, Geschmack.

117 Hausmutter, Bd. 1, 59f.

118 Ebd., 389.

119 Ebd., 418.

120 Ebd., 357.

121 Christian Friedrich Germershausen: *Die Geschäffte der Hausmutter in der Gesinde- und Herrschaftsküche*, 1791.

122 Hausmutter, Bd. 2, Vorrede; 458f.

123 Ebd., 457–482.

124 Ebd., Bd. 1, 369.

125 Ebd., Bd. 4, 281.

126 Ebd., Bd. 1, 379.

127 Ulrike Kammerhofer-Aggermann: Imaginäre Modelle der Vergangenheit. Gesellschaftliche und kulinarische Fiktionen in Kochbüchern der Vergangenheit und Gegenwart, in: Lothar Kolmar, Christian Rohr, (Hrsg.): *Mahl und Repräsentation. Der Kult ums Essen*, Paderborn / München / Wien / Zürich 2000, 227–244.

128 Reinhart Koselleck: Die Auflösung des Hauses als ständischer Herrschaftseinheit. Anmerkungen zum Rechtswandel von Haus, Familie und Gesinde in Preußen zwischen der Französischen Revolution und 1848, in: ders.: *Begriffsgeschichten. Studien zur Semantik und Pragmatik der politischen und sozialen Sprache*, Frankfurt am Main 2010, 465–485, 465.

129 Hausmutter, Bd. 5, 111.

130 Ebd., 115–120.

131 Joachim Gessinger: Sprache und Denken auf dem platten Land, in: Schmitt / Tosch, Vernunft, 160–165.

132 Hausmutter, Bd. 1, 325; Axel Lubinski: Bäuerliches Gesinde und landwirtschaftliche Lohnarbeit in einer Gutherrschaftsregion Mecklenburgs im 18. Jahrhundert, in: Lesemann/Lubinski, Ländliche Ökonomien, 107–124.

133 Hausmutter, Bd. 1, 62f.

134 Schmidlin, Arbeit, 67.

135 Hausmutter, Bd. 1, 22.

136 Ebd., 19f.

137 Ebd., 50.

138 Ebd., 193.

139 Ebd., Bd. 4, 242.

140 Ebd., Bd. 1, 56.

141 Ebd., Bd. 5, 408.

142 Ebd., Bd. 3, 136.

143 Ebd., Bd. 5, 343f.

144 Ebd., Bd. 2, 329, 332.

145 Ebd., Bd. 1, 45.

146 Ebd., Bd. 2, 391–393.

147 Ebd., 401.

148 Günter Wiegelmann: *Alltags- und Festspeisen in Mitteleuropa. Innovationen, Strukturen und Regionen vom späten Mittelalter bis zum 20. Jahrhundert*, Münster 2006 [1967], 51 und 167f.; Wiedemann, Herrin, 138.

149 Hausmutter, Bd. 5, 63; Bd. 1, 349.

150 Ebd., 350, 85.

151 Ebd., 127

152 Uwe Henkhaus: *Das Treibhaus der Unsittlichkeit. Lieder, Bilder und Geschichte(n) aus der hessischen Spinnstube*, Marburg 1991.

153 Hausmutter, Bd. 5, 133.

154 Krünitz, Encyklopädie, Bd. 22, 1781, 412.

155 Hausmutter, Bd. 5, 137.

156 Ebd., 68.

157 Ebd., 94.

158 Ebd., 40.

159 Paul Münch: *Ordnung, Fleiß und Sparsamkeit. Texte und Dokumente zur Entstehung ›bürgerlicher Tugenden‹*, München 1984, 35.

160 Hausvater, Bd. 1, 232.

161 Hausmutter, Bd. 5, 460.

162 Wolfgang Kaschuba: »Deutsche Sauberkeit« – Zivilisierung der Körper und der Köpfe. Nachwort, in: Georges Vigarello: *Wasser und Seife, Puder und Parfüm. Geschichte der Körperhygiene seit dem Mittelalter*, Frankfurt am Main / New York 1992, 292–326.

163 Manuel Frey: *Der reinliche Bürger. Entstehung und Verbreitung bürgerlicher Tugenden in Deutschland, 1760–1860*, Göttingen 1997, 158.

164 C. L. Lenz: Ein Experiment (1792), in: Katharina Rutschky: *Schwarze Pädagogik. Quellen zur Naturgeschichte der bürgerlichen Erziehung*, Frankfurt am Main / Berlin 1988, 293.

165 Hausmutter, Bd. 5, 423f.

166 Samuel Thomas von Sömmering: *Über die Wirkungen der Schnürbrüste*, Berlin 1793.

167 Hausmutter, Bd. 5, 181.

168 Ebd., 465.

169 Ebd., Bd. 1, 372, 378.

170 Ebd., 391.

171 Ebd., 395, 396, 398.

172 Ebd., 548, 553.

173 Ebd., 484.

174 Ebd., 488, 564.

175 Ebd., 626.

176 Sheryl Sandberg wird in *Plan W*, Beilage der Süddeutschen Zeitung 02/2019, 5 zitiert.

177 Rudolf Helmstetter: Popularisierungen. Wissen für Frauen zwischen ›Fortpflanzungszwecken und Schönheitsidealen‹, in: Renate Lachmann, Stefan Rieger (Hrsg.): *Text und Wissen. Technologische und anthropologische Aspekte*, Tübingen 2003, 181–195.

178 Sabine Toppe: *Polizey und Geschlecht. Der obrigkeitsstaatliche Mutterschafts-Diskurs in der Aufklärung*, Weinheim 1999, 14.

179 Hausmutter, Bd. 5, 261, 263.

180 Gisela Bock / Barbara Duden: Arbeit aus Liebe – Liebe als Arbeit. Zur

Entstehung der Hausarbeit im Kapitalismus, in: Gruppe Berliner Dozentinnen (Hrsg.): *Frauen und Wissenschaft. Beiträge zur Berliner Sommeruniversität für Frauen*, Berlin ²1977, 118–199, 133.

181 Cöppicus-Wex, Frauenzimmerlexikon, 281.

182 Hausmutter, Bd. 5, 445.

183 *Allgemeines Landrecht für die preußischen Staaten*, Theil II, Titel 2, § 67.

184 Hausmutter, Bd. 5, 378.

185 Johanna-Luise Brockmann: Ammentätigkeit in Deutschland (1750–1925). Problemskizze zu einem vernachlässigten Thema der Sozialgeschichte, in: *Zeitschrift für Pädagogik* 28/5 (1982), 695–714; Sabine Seichter: *Erziehung an der Mutterbrust. Eine kritische Kulturgeschichte des Stillens*, Weinheim / Basel 2014.

186 Hausmutter, Bd. 5, 246.

187 Ebd., 251.

188 Seichter, Erziehung, 64.

189 Andreas Gestrich: *Geschichte der Familie im 19. und 20. Jahrhundert*, München 1999, 35.

190 Elisabeth zu Waldeck und Pyrmont: *Die Rolle der Ziegenmilch in der Säuglingsernährung des 19. und 20. Jahrhunderts*, Frankfurt am Main 2000.

191 Barbara Vinken: Rabenmütter, in: *Rabenmütter. Zwischen Kraft und Krise: Mütterbilder von 1900 bis heute*, Katalog zur gleichnamigen Ausstellung, LENTOS Kunstmuseum, Linz 2015, 25–31.

192 Brockmann, Ammentätigkeit, 704f.: Friedrich Benjamin Osiander: *Beobachtungen, Abhandlungen und Nachrichten, welche vorzüglich Krankheiten der Frauen und Kinder und die Entbindungswissenschaften betreffen*, Tübingen 1787, 161f.

193 Toppe, Polizey, 204.

194 *Allgemeines Landrecht für die preußischen Staaten*, Zweiter Theil, erster Titel, vierter Abschnitt, § 180: »Auch säugende Ehefrauen verweigern die Beiwohnung mit Recht.«

195 Brockmann, Ammentätigkeit, 705.

196 Hausmutter, Bd. 5, 399.

197 Marco Giesselmann: Mutterschaft geht häufig mit verringertem Wohlbefinden einher, in: DIW Wochenbericht 35, diw.de, 29. August 2018, zitiert in: Mareice Kaiser: *Das Unwohlsein der modernen Mutter*, Hamburg 2021, 87.

198 Orna Donath: *#regretting motherhood. Wenn Mütter bereuen*, München 2016.

199 Helmstetter, Popularisierungen, 185.

200 Toppe, Polizey, 227.

201 Hausmutter, Bd. 5, 450.

202 Ebd., 558f., 608.

203 Ebd., 188, 212–215, 216.

204 Ebd., 503.

205 Ebd., 216.

206 Paul Michel: Ursachen von Missgeburten, in: ders. (Hrsg.): *Spinnenfuß und Krötenbauch. Genese und Symbolik von Kompositwesen*, Zürich 2013, 227–236.

207 Ebd., 322, 512.

208 Ebd.

209 Eckart Schörle: *Die Verhöflichung des Lachens. Lachgeschichte im 18. Jahrhundert*, Bielefeld 2007, 334.

210 Hausmutter, Bd. 5, 249.

211 Ebd., 623.

212 Ebd., 623, 624.

213 Ebd., 609.

214 Samuel Auguste David Tissot, *L'Onanisme*, 1758 auf Latein, 1760 auf Französisch erschienen.

215 Thomas Laqueur: *Die einsame Lust. Eine Kulturgeschichte der Selbstbefriedigung*, Berlin 2008.

216 Norbert Finzsch: Weibliche Genitalverstümmelung, western style, in: *Geschichte der Gegenwart*, http://geschichtedergegenwart.ch/weibliche-genitalverstuemmelung/, Aufruf am 31.07.2021.

217 Laqueur, Einsame Lust, 33.

218 Hausmutter, Bd. 5, 408.

219 Siehe Rutschkys Quellensammlung *Schwarze Pädagogik*, z. B. unter dem Kapitel »Katastrophentraining«, 248–298 und »Erziehung als Triebabwehr«, 299–375.

220 Seichter, Erziehung, 79; Kaiser, Unwohlsein, 208.

221 Siehe K. F. Bahrdt (1776) in Rutschky, Schwarze Pädagogik, 406–408.

222 Petra Korte: Die Mutter bei Rochow und Pestalozzi, in: Hanno Schmitt, Rebekka Horlacher, Daniel Tröhler (Hrsg.): *Pädagogische Volksaufklärung im 18. Jahrhundert im europäischen Kontext: Rochow und Pestalozzi im Vergleich,* Bern/Stuttgart/Wien 2007, 76–91; Christine Mayer: Mädchenerziehung in Rochows Pädagogik, in: Schmitt/Tosch, Vernunft, 138–144.

223 Barbara Becker-Cantarino: Vom ›Ganzen Haus‹ zur Familienidylle. Haushalt als Mikrokosmos in der Literatur der frühen Neuzeit und seine spätere Sentimentalisierung, in: Gerhild Scholz Williams, Lynne Tatlock (Hrsg.): *Literatur und Kosmos. Innen- und Außenwelten in der deutschen Literatur des 15. bis 17. Jahrhunderts* (Daphnis 15, Heft 2/3), Amsterdam 1986, 509–533, 533.

224 Toppe, Polizey, 327.

225 *Brockhaus Conversations-Lexicon oder Handwörterbuch für die gebildeten Stände*, Bd. 4, Leipzig / Altenburg 1815, 211.

226 Hausmutter, Bd. 5, 48–56; Hausvater, Bd. 1, 200–213.

227 Münch, Ordnung, 19f. Münch zitiert aus Johann Heinrich von Justis Abhandlung »Von den bürgerlichen Tugenden« aus dessen Werk *Die Grundfeste zu der Macht und Glückseeligkeit der Staaten* von 1761.

228 Hausvater, Bd. 1, 147.

229 David Graeber: *Debt. The First 5,000 Years,* New York 2011; Valentin Groebner: Mobile Werte, informelle Ökonomie. Zur ›Kultur‹ der Armut in der spätmittelalterlichen Stadt, in: Michael Borgolte, Otto Gerhard Oexle (Hrsg.): *Armut im Mittelalter*, Ostfildern 2004, 165–188.

230 Münch, Ordnung, 14.

231 Wiedemann, Herrin, 112.

232 Renate Dürr: Von der Ausbildung zur Bildung. Erziehung zur Ehefrau und Hausmutter in der Frühen Neuzeit, in: Kleinau / Opitz, Frauenbildung, 189–206, 193–195.

233 Hausmutter, Bd. 1, 321.

234 Ebd., Bd. 3, 293; Bd. 4, 424ff.

235 Christian Friedrich Germershausen: Der Mann kan die Frau nicht reich machen, wohl aber die Frau den Mann. Denn der ersparte Pfennig ist besser, als der erworbene. Luthers Tischreden, 318, in: *Hannoversches Magazin* 21 (1783), 677–688 [zuerst erschienen in: *Wittenbergisches Wochenblatt*, 1782, 677].

236 Ebd., 685.

237 Marianne Ehrmann: Über weibliche Beschäftigungen, in: *Amaliens Erho-*

lungsstunden, 3. Jg. (1792), Bd. 2, Heft 5, 251, zitiert in Weckel, Häuslichkeit, 472.

238 Hausmutter, Bd. 1, 366.

239 Ebd., Bd. 5, 552.

240 Ulrike Weckel: *Zwischen Häuslichkeit und Öffentlichkeit. Die ersten deutschen Frauenzeitschriften im späten 18. Jahrhundert und ihr Publikum*, Tübingen 1998, 485.

241 Weckel, Häuslichkeit; Kreis, Selbermachen, 17, 74; Hildegard Westhoff-Krummacher: *Als die Frauen noch sanft und engelsgleich waren. Die Sicht der Frau in der Zeit der Aufklärung und des Biedermeier*, Ausstellungskatalog, Westfälisches Landesmuseum für Kunst und Kulturgeschichte, Münster 1995, 167.

242 Kreis, Selbermachen, 14f.

243 Ebd., 321ff.

244 Westhoff-Krummacher, Sanft, 271–291.

245 Amalie [Christine Dorothea Gürnth]: *Die Witwe*, Berlin 1811, 99; Michael Niedermeier: Die aufgeklärte ›Hausmutter in allen ihren Geschäfften‹. Die ökonomischen Wurzeln der Hausmütterliteratur und Aspekte ihres vormodernen Emanzipationspotentials, in: Böning/Schmitt/Siegert, Volksaufklärung, 367–389.

246 Gray, Productive Men, 279.

247 Ebd., 201; Theodor Christian Enslin: *Bibliotheca Oeconomica oder Verzeichnis aller brauchbaren, in älterer und neuerer Zeit, bis zur Mitte des Jahres 1824 in Deutschland erschienenen Bücher über die Land- und Hauswirthschaft im Allgemeinen, und deren einzelne Zweige, nemlich den Feld- und Gartenbau, die Bienen-, Schaaf-, Rindvieh- und Pferdezucht, Kochkunst u.s.w. so wie über die gewöhnlichen landwirthschaftlichen Gewerbe, als das Bierbrauen, Branntweinbrennen, Essigbrauen, Färben, Bleichen u.s.w.*, Berlin 1825; Johann Traugott M. Müller: *Einleitung in die Oekonomische und Physikalische Bücherkunde und in die damit verbundenen Wissenschaften bis auf die neuesten Zeiten*, 2 Bde., Leipzig 1780–1784; Friedrich Benedict Weber: *Handbuch der ökonomischen Literatur; oder Systematische Anleitung zur Kenntniß der deutschen ökonomischen Schriften, die sowohl die gesammte Land- und Hauswirthschaft, als die mit derselben verbundenen Hülfs- und Nebenwissenschaften angehen; mit Angabe ihres Ladenpreises und Bemerkung ihres Werthes*, Bd. 2: Enthält die Literatur der Viehzucht, der ökonomischen Mineralogie, der ökonomischen Technologie, und der Landhaushaltungskunst, Berlin 1803.

248 Jasmin Meerhoff: *Read Me! Eine Kultur- und Mediengeschichte der Bedienungsanleitung*, Bielefeld 2011, 78.

249 Vgl. bspw. Dose, Geschichte; Kammerhofer-Aggermann, Imaginäre Modelle; Kirsten Schlegel-Matthies: *›Im Haus und am Herd‹. Der Wandel des Hausfrauenbildes und der Hausarbeit 1880–1930*, Stuttgart 1995; Wiedemann, Herrin.

250 Zweite Auflage. Die erste Auflage 1857 trug noch den Titel *Die Jungfrau*. Vgl. Eckehard und Walter Methler: *Henriette Davidis. Biographie – Bibliographie – Briefe*, Veröffentlichungen des Henriette-Davidis-Museum, Bd. 10, Wetter (Ruhr) 2001, 20.

251 Davidis, *Die Hausfrau*, 1863, 55, siehe Weckel, Häuslichkeit, 491.

252 Sibylle Meyer: *Das Theater mit der Hausarbeit. Bürgerliche Repräsentation in der Familie der wilhelminischen Zeit*, Frankfurt am Main / New York 1982.

253 Gerhard Renda: Von der Herrin des Hauses zur Hausfrau, in: *›Und eh' die Hausfrau es gedacht…‹? Kleine Helfer im Haushalt*, Begleitbuch zur gleichnamigen Wanderausstellung des Westfälischen Museumsamtes, Münster 2002, 50–59, 51.

254 Fr. W. Eckhardt, *Der sparsame Haushalt*, 1854, 71, zitiert in Meyer, Theater, 76.

255 Siehe exemplarisch bspw. Lorenz von Stein, *Die Frau, ihre Bildung und Lebensaufgabe*, Berlin 1890, 214, zitiert in Meyer, Theater, 87.

256 Kaiser, Unwohlsein, 42.

257 Bock / Duden, Arbeit; Henriette Davidis: *Die Hausfrau*, ²1864; Kirsten Schlegel-Matthies: *›Im Haus und am Herd‹. Der Wandel des Hausfrauenbildes und der Hausarbeit 1880–1930*, Stuttgart 1995.

258 Julius Bernhard von Rohr in der *Hausmutter*, Bd. 4, 235; Alice Schwarzer 1973, zitiert in Wiedemann, Herrin, 180.

259 Bock / Duden, Arbeit.

260 Barbara Duden: Arbeit aus Liebe – Liebe als Arbeit. Ein Rückblick, in: *Olympe. Feministische Arbeitshefte zur Politik*, Heft Nr. 30, Dezember 2009: Care-Ökonomie. Neue Landschaften von feministischen Analysen und Debatten, 16–36, 20.

261 Bock / Duden, Arbeit, 142.

262 Johann Gottlieb Fichte: *Grundlage des Naturrechts nach Prinzipien der Wissenschaftslehre*, 1796, 306, zitiert in Ute Gerhard: *Verhältnisse und Verhinderungen. Frauenarbeit, Familie und Rechte der Frauen im 19. Jahrhundert*, Frankfurt am Main 1978, 146.

263 ALR § 211 II.1, in Gerhard, Frauenarbeit, 165.

264 Petra Malsbenden: *Die rechtliche Stellung der Frau im ehelichen Güter-*

recht vom ALR zum BGB, Frankfurt am Main / Bern / New York / Paris 1991, 268–271, 320–323, 346.

265 Gerhard, Frauenarbeit, 166.

266 ALR § 181.

267 Gerhard, Frauenarbeit, 148.

268 Kaiser, Unwohlsein, 128.

269 § 17,1.

270 BGB § 1354.

271 Harald Jähner: *Wolfszeit. Deutschland und die Deutschen 1945–1955*, Hamburg 2020, 180.

272 Krug-Richter, Agrargeschichte, 44.

273 Simone de Beauvoir: *Das andere Geschlecht*, Reinbek bei Hamburg 1968, 428.

274 Rachel Cusk: *Lebenswerk. Über das Mutterwerden*, Berlin 2019, 16, zitiert in Kaiser, Unwohlsein, 95.

275 Im Gesetz steht von Liebe kein Wort, Interview von Gabriela Herpell mit Helene Klaar, *SZ-Magazin* vom 15.02.2016.

276 Bock / Duden, Arbeit, 167.

277 Gürnth, Witwe, 99f.

278 Nacim Ghanbari: Erziehung zur Natur, oder: Wie heiratet man eine Magd?, in: dies., Albrecht Koschorke, Eva Eßlinger, Sebastian Susteck, Michael Thomas Taylor: *Vor der Familie. Grenzbedingungen einer modernen Institution*, Konstanz 2010, 173–312; Claudia Weiser: *Pygmalion. Vom Künstler und Erzieher zum pathologischen Fall. Eine stoffgeschichtliche Untersuchung*, Frankfurt am Main 1998.

279 Friedrich Otto: Das elektrische Dienstmädchen, in: *Daheim*, 1911, 13, zitiert in Renda, Herrin, 53.

280 Ira Levin: *The Stepford Wives*, New York 1972, verfilmt von Bryan Forbes (USA 1975).

281 Kaiser, Unwohlsein, 185–196.

282 Kaiser, Unwohlsein, 80.

283 Jacinta Nandi bei einer öffentlichen Diskussion 2021, aber siehe auch ihr Buch: *Die schlechteste Hausfrau der Welt*, Hamburg 2020, 181.

284 John Seymour: *Das große Buch vom Leben auf dem Lande. Ein praktisches Handbuch für Realisten und Träumer*, Ravensburg 1978; Jacques Massacrier: *Handbuch für Lebenskünstler*, Bern 1974.

285 Barbara Duden: Das schöne Eigentum. Zur Herausbildung des bürgerlichen Frauenbildes an der Wende vom 18. zum 19. Jahrhundert, in: *Kursbuch* 47: Frauen, März 1977, 125–140, 134: Georg Wilhelm Friedrich Hegel: *Vorlesungen über die Ästhetik 1820–1829*, Bd. 1, 254.

286 Ulrike Hörauf-Erfle: *Wesen und Rolle der Frau in der moralisch-didaktischen Literatur des 16. und 17. Jahrhunderts im Heiligen Römischen Reich deutscher Nation*, Frankfurt am Main u.a. 1991, 289.

287 Duden, Rückblick, 23.

288 John Kenneth Galbraith: *Wirtschaft für Staat und Gesellschaft*, München 1974, 51.

Literatur (Auswahl)

Badinter, Élisabeth: Die Mutterliebe. Geschichte eines Gefühls vom 17. Jahrhundert bis heute, München 1984.
Becker-Cantarino, Barbara: Vom ›Ganzen Haus‹ zur Familienidylle. Haushalt als Mikrokosmos in der Literatur der frühen Neuzeit und seine spätere Sentimentalisierung, in: Gerhild Scholz Williams, Lynne Tatlock (Hrsg.): Literatur und Kosmos. Innen- und Außenwelten in der deutschen Literatur des 15. bis 17. Jahrhunderts (Daphnis 15, Heft 2/3), Amsterdam 1986, 509–533.
Beruf der Jungfrau. Henriette Davidis und Bürgerliches Frauenverständnis im 19. Jahrhundert, Ausstellungskatalog, Museum für Kunst und Kulturgeschichte der Stadt Dortmund, Oberhausen 1988.
Beuys, Barbara: Familienleben in Deutschland. Neue Bilder aus der deutschen Vergangenheit, Reinbek bei Hamburg 1980.
Bock, Gisela / Barbara Duden: Arbeit aus Liebe – Liebe als Arbeit. Zur Entstehung der Hausarbeit im Kapitalismus, in: Gruppe Berliner Dozentinnen (Hrsg.): Frauen und Wissenschaft. Beiträge zur Berliner Sommeruniversität für Frauen, Berlin [2]1977, 118–199.
Böning, Holger / Hanno Schmitt / Reinhard Siegert (Hrsg.): Volksaufklärung. Eine praktische Reformbewegung des 18. und 19. Jahrhunderts, Bremen 2007.

Brockmann, Johanna-Luise: Ammentätigkeit in Deutschland (1750–1925). Problemskizze zu einem vernachlässigten Thema der Sozialgeschichte, in: Zeitschrift für Pädagogik 28/5 (1982), 695–714.
Brüning, Hermann: Geschichte der Methodik der künstlichen Säuglingsernährung, nach medizin-, kultur- und kunstgeschichtlichen Studien, Stuttgart 1908.
Ehlert, Trude (Hrsg.): Haushalt und Familie in Mittelalter und früher Neuzeit, Wiesbaden 1997.
Donath, Orna: #regretting motherhood. Wenn Mütter bereuen, München 2016.
Duden, Barbara: Arbeit aus Liebe – Liebe als Arbeit. Ein Rückblick, in: Olympe. Feministische Arbeitshefte zur Politik, Heft Nr. 30, Dezember 2009: Care-Ökonomie. Neue Landschaften von feministischen Analysen und Debatten, 16–36.
Dülmen, Richard van: Die Gesellschaft der Aufklärer. Zur bürgerlichen Emanzipation und aufklärerischen Kultur in Deutschland, Frankfurt am Main 1986.
Eichler, Helga: Die Märkische Ökonomische Gesellschaft zu Potsdam um 1800, in: Forschungen zur brandenburgischen und preußischen Geschichte, Bd. 3, 1993, 193–227.
Frey, Manuel: Der reinliche Bürger. Entstehung und Verbreitung bürgerlicher Tugenden in Deutschland, 1760–1860, Göttingen 1997.
Gerhard, Ute: Verhältnisse und Verhinderungen. Frauenarbeit, Familie und Rechte der Frauen im 19. Jahrhundert, Frankfurt am Main 1978.
Germershausen, Christian Friedrich: Die Hausmutter in allen ihren Geschäfften, Bd. 1, Leipzig [3]1782, Bd. 2, Leipzig [3]1783, Bd. 3, Hannover [4]1809 (bearbeitet von Friedrich Carl

Gustav Gericke), Bd. 4, Hannover [4]1811, Bd. 5, Leipzig [2]1785.
Germershausen, Christian Friedrich: Der Hausvater in systematischer Ordnung, 5 Bde., Leipzig 1783–1786.
Graeber, David: Debt. The First 5,000 Years, New York 2011.
Gray, Marion W.: Productive Men, Reproductive Women. The Agrarian Household and the Emergence of Separate Spheres during the German Enlightenment, New York / Oxford 2000.
Hausen, Karin: Die Polarisierung der ›Geschlechtscharaktere‹. Eine Spiegelung der Dissoziation von Erwerbs- und Familienleben, in: Werner Conze (Hrsg.): Sozialgeschichte der Familie in der Neuzeit Europas. Neue Forschungen, Stuttgart 1976, 363–393.
Helmstetter, Rudolf: Popularisierungen. Wissen für Frauen zwischen ›Fortpflanzungszwecken und Schönheitsidealen‹, in: Renate Lachmann, Stefan Rieger (Hrsg.): Text und Wissen. Technologische und anthropologische Aspekte, Tübingen 2003, 181–195.
Hirschfelder, Gunther: Europäische Esskultur. Geschichte der Ernährung von der Steinzeit bis heute, Frankfurt am Main 2005.
Kaiser, Mareice: Das Unwohlsein der modernen Mutter, Hamburg 2021.
Kleinau, Elke / Claudia Opitz (Hrsg.): Geschichte der Mädchen- und Frauenbildung. Bd. 1: Vom Mittelalter bis zur Aufklärung, Frankfurt am Main / New York 1996.
Koselleck, Reinhart: Die Auflösung des Hauses als ständischer Herrschaftseinheit. Anmerkungen zum Rechtswandel von Haus, Familie und Gesinde in Preußen zwischen der

Französischen Revolution und 1848, in: ders.: Begriffsgeschichten. Studien zur Semantik und Pragmatik der politischen und sozialen Sprache, Frankfurt am Main 2010, 465–485.

Kreis, Reinhild: Selbermachen. Eine andere Geschichte des Konsumzeitalters, Frankfurt am Main / New York 2020.

Krug-Richter, Barbara: Agrargeschichte der frühen Neuzeit in geschlechtergeschichtlicher Perspektive. Anmerkungen zu einem Forschungsdesiderat, in: Werner Troßbach, Clemens Zimmermann: Agrargeschichte. Positionen und Perspektiven, Stuttgart 1998, 33–55.

Krünitz, Johann Georg: Oeconomische Encyklopädie, oder allgemeines System der Staats- Stadt- Haus- u. Landwirthschaft, in alphabetischer Ordnung, 242 Bde., 1773–1858, digitale Version: www.kruenitz1.uni-trier.de.

Laqueur, Thomas: Die einsame Lust. Eine Kulturgeschichte der Selbstbefriedigung, Berlin 2008.

Lesemann, Silke / Axel Lubinski (Hrsg.): Ländliche Ökonomien. Arbeit und Gesellung in der frühneuzeitlichen Agrargesellschaft, Berlin 2007.

Meyer, Sibylle: Das Theater mit der Hausarbeit. Bürgerliche Repräsentation in der Familie der wilhelminischen Zeit, Frankfurt am Main / New York 1982.

Münch, Paul: Ordnung, Fleiß und Sparsamkeit. Texte und Dokumente zur Entstehung ›bürgerlicher Tugenden‹, München 1984.

Oikos. Von der Feuerstelle bis zur Mikrowelle. Haushalt und Wohnen im Wandel, Ausstellungskatalog zur gleichnamigen Ausstellung, herausgegeben von Michael Andritzky, Gießen 1992.

Opitz, Claudia / Ulrike Weckel / Elke Kleinau (Hrsg.):

Tugend, Vernunft und Gefühl. Geschlechterdiskurse der Aufklärung und weibliche Lebenswelten, Münster / New York / München / Berlin 2000.
Popplow, Marcus (Hrsg.): Landschaften agrarisch-ökonomischen Wissens. Strategien innovativer Ressourcennutzung in Zeitschriften und Sozietäten des 18. Jahrhunderts, Münster / New York / München / Berlin 2010.
Pusch, Luise F.: Das Deutsche als Männersprache, Frankfurt am Main 1984.
Richarz, Irmintraut: Oikos, Haus und Haushalt. Ursprung und Geschichte der Haushaltsökonomik, Göttingen 1991.
Roper, Lyndal: Das fromme Haus. Frauen und Moral in der Reformation, Frankfurt am Main / New York 1995.
Rulffes, Evke: Die angewiesene Frau. Christian Friedrich Germershausens *Hausmutter* – Anleitungsliteratur für den Haushalt der Spätaufklärung, Berlin 2018.
Rutschky, Katharina: Schwarze Pädagogik. Quellen zur Naturgeschichte der bürgerlichen Erziehung, Frankfurt am Main / Berlin 1988.
Schlegel-Matthies, Kirsten: ›Im Haus und am Herd‹. Der Wandel des Hausfrauenbildes und der Hausarbeit 1880–1930, Stuttgart 1995.
Schmidlin, Heinrich: Arbeit und Stellung der Frau in der Landgutswirtschaft der Hausväter, Heidelberg 1941.
Schmitt, Hanno / Frank Tosch (Hrsg.): Vernunft fürs Volk. Friedrich Eberhard von Rochow im Aufbruch Preußens, Berlin 2001.
Schmitt, Hanno / Rebekka Horlacher / Daniel Tröhler (Hrsg.): Pädagogische Volksaufklärung im 18. Jahrhundert im europäischen Kontext: Rochow und Pestalozzi im Vergleich, Bern / Stuttgart / Wien 2007.

Schön, Erich: Der Verlust der Sinnlichkeit oder Die Verwandlungen des Lesers. Mentalitätswechsel um 1800, Stuttgart 1993.
Seichter, Sabine: Erziehung an der Mutterbrust. Eine kritische Kulturgeschichte des Stillens, Weinheim / Basel 2014.
Toppe, Sabine: Polizey und Geschlecht. Der obrigkeitsstaatliche Mutterschafts-Diskurs in der Aufklärung, Weinheim 1999.
›Und eh' die Hausfrau es gedacht…‹? Kleine Helfer im Haushalt, Begleitbuch zur gleichnamigen Wanderausstellung des Westfälischen Museumsamtes, Münster 2002.
Vigarello, Georges: Wasser und Seife, Puder und Parfüm. Geschichte der Körperhygiene seit dem Mittelalter, Frankfurt am Main / New York 1992.
Vinken, Barbara: Die deutsche Mutter. Der lange Schatten eines Mythos, München / Zürich 2001.
Weckel, Ulrike: Zwischen Häuslichkeit und Öffentlichkeit. Die ersten deutschen Frauenzeitschriften im späten 18. Jahrhundert und ihr Publikum, Tübingen 1998.
Westhoff-Krummacher, Hildegard: Als die Frauen noch sanft und engelsgleich waren. Die Sicht der Frau in der Zeit der Aufklärung und des Biedermeier, Ausstellungskatalog, Westfälisches Landesmuseum für Kunst und Kulturgeschichte, Münster 1995.
Westphal, Siegrid: Von der Gelehrten zur Hausmutter. Aufklärung als geschlechtsspezifischer Bildungsprozess?, in: Inken Schmidt-Voges (Hrsg.): Ehe. Haus. Familie. Soziale Institutionen im Wandel 1750-1850, Köln / Weimar / Wien 2010, 49–69.
Wiedemann, Inga: Herrin im Hause. Durch Koch- und Haushaltsbücher zur bürgerlichen Hausfrau, Pfaffenweiler 1993.

Wiegelmann, Günter: Alltags- und Festspeisen in Mitteleuropa. Innovationen, Strukturen und Regionen vom späten Mittelalter bis zum 20. Jahrhundert, Münsteraner Schriften zur Volkskunde / Europäischen Ethnologie, Münster 2006 [1967].
Wunder, Heide: ›Er ist die Sonn', sie der Mond‹. Frauen in der frühen Neuzeit, München 1992.
Wunder, Heide / Christina Vanja (Hrsg.): Weiber, Menscher, Frauenzimmer. Frauen in der ländlichen Gesellschaft 1500–1800, Göttingen 1996.
Zedler, Johann Heinrich: Grosses vollständiges Universal-Lexicon aller Wissenschaften und Künste, welche bißhero durch menschlichen Verstand und Witz erfunden und verbessert worden, Halle / Leipzig 1731–1754, digitale Version: www.zedler-lexikon.de.

Bildnachweis

S. 24 © bpk

S. 25 © akg-images

S. 54, 55, 56, 57 © Staatsgalerie Stuttgart

S. 170 © Landesmuseum Hannover – ARTOTHEK

S. 186 © ullstein bild – Georg August Busse